智能时代的未来学校

本书是北京市教育科学"十三五"规划优先关注课题"基于信息网络技术的未来学校研究"（立项编号：CHEA2020024）课题成果

未来学校学习空间

丛书主编　余胜泉

主　　编　李葆萍　杨　博

电子工业出版社
Publishing House of Electronics Industry
北京•BEIJING

内 容 简 介

本书是北京师范大学未来教育高精尖创新中心在多年聚焦未来学校和智慧教育领域的研究与实践基础之上编写而成的。从发展的视角出发，全书梳理了近百个新型学习空间建设的优秀案例，总结了不同类型学习空间的特点、结构、形态、教育功能及发展趋势等，可为未来学校的学习空间建设提供参考。全书共八章。第一章为未来学校内涵及相关理论的介绍；第二章为学习空间的发展历史、变革趋势及设计理念的介绍；第三章为未来学校学习空间的整体设计及典型案例的介绍；第四章从布局设计、空间功能划分、空间弹性、光照、色彩、温度和湿度、声音等方面介绍了教室空间环境的设计；第五章介绍了走廊、屋顶等学校过渡空间的教育功能及其设计；第六章介绍了各种不同类型的线上学习空间建设；第七章介绍了科技场馆、学习中心等非正式学习空间的设计和建设；第八章为可持续发展理念下的未来学校空间建设。本书兼顾理论研究与实践探索两类取向，将空间建设与空间的育人功能融为一体，分门别类地展示了各类学习空间的建设案例。

本书可为未来学校的研究者与实践者提供未来学校学习空间的变革思路，同时也为学校管理者、师生及家长提供面向未来的管理方式、教学方式、学习方式的借鉴，适合学校管理者、师生及家长、未来学校相关研究者及其他对未来学校感兴趣的读者阅读。

图书在版编目（CIP）数据

未来学校学习空间 / 李葆萍，杨博主编.—北京：电子工业出版社，2022.4
（智能时代的未来学校 / 余胜泉主编）
ISBN 978-7-121-42979-8

Ⅰ. ①未… Ⅱ. ①李… ②杨… Ⅲ. ①校园规划－空间规划－环境设计－案例 Ⅳ. ①G47

中国版本图书馆 CIP 数据核字（2022）第 028001 号

责任编辑：米俊萍　　　文字编辑：刘真平
印　　刷：三河市鑫金马印装有限公司
装　　订：三河市鑫金马印装有限公司
出版发行：电子工业出版社
　　　　　北京市海淀区万寿路 173 信箱　邮编：100036
开　　本：787×1 092　1/16　印张：17　字数：407.4 千字
版　　次：2022 年 4 月第 1 版
印　　次：2024 年 6 月第 2 次印刷
定　　价：88.00 元

凡所购买电子工业出版社图书有缺损问题，请向购买书店调换。若书店售缺，请与本社发行部联系，联系及邮购电话：（010）88254888，88258888。

质量投诉请发邮件至 zlts@phei.com.cn，盗版侵权举报请发邮件至 dbqq@phei.com.cn。

本书咨询联系方式：mijp@phei.com.cn。

编 委 会

丛书主编： 余胜泉

本书主编： 李葆萍　　杨　博

本书编委： 孙晓园　　许婷婷　　宁方京　　陈秋雨
　　　　　　　张贤茹　　李彤鑫　　崔京菁　　陈　玲
　　　　　　　吴　娟　　马　宁　　卢　宇　　曹培杰

未来学校的核心特征

以互联网、大数据、人工智能为代表的新一代信息技术正在飞速发展，成为当今世界各行业变革的驱动力。云网端一体、万物互联、人工智能、5G、云计算等一系列新兴技术正在改变世界的产业模式、运营模式，以及人们的消费结构和思维方式。技术的快速发展为未来教育的发展带来两方面的变革：一方面，以人工智能为代表的一系列智能技术通过与各行业的深度融合，实现了对传统产业的重构，取代了很多简单的脑力劳动，使得未来社会对人才的需求发生了重大变化，教育必须思考如何培养面向未来的人才；另一方面，信息技术的发展为教育提供了迥异于以往的"信息化生态系统"，信息技术不再是游荡在教育边缘的"不速之客"或补充，而是广泛应用于日常的教育教学活动中，成为教育系统有机的组成部分，为教育发展带来了更多可能性，为教育者提供了更多的想象空间。新一代信息技术在学校各种主流业务中扩散应用，将实现信息共享、数据融合、业务协同、智能服务，推动教育服务业态转型升级，推动整个学校的运作流程发生变化，创造出新的教学方式、教育模式和教育服务新业务，构建出灵活、开放、终身的个性化教育的新生态体系。

未来学校是以学习者为中心进行设计与建造的，遵循脑与学习科学发展规律，基于 5G、云计算、人工智能等新一代信息技术所打造的物联化、智能化、感知化、泛在化的新型教育空间，能够通过人机协同的教育智能支撑创新课程形态和教育模式，以关键能力、核心素养为导向培养面向未来发展的创新人才，是数字化、智能化时代的学校组织新形态。未来学校具有以下七个核心特征。

1. 智能化的办学空间

未来学校空间是以云计算、普适计算、人工智能和物联网等智能信息技术为基础，以人为本对校园的基础设施、教育内容、教育活动、教育信息资源等进行数字化升级，并通过网络互联构建而成的虚实融合、信息无缝流通、智能适应的均衡化生态系统；是通过技术与教育的深度融合来最优化地实现学生的学习和教师的教学、生活质量提升，促进师生全面发展的智慧化成长环境。未来学校的办学空间将会发生实质性的变化，学校不仅包括实体的物理空间，教师、学生和家长交往的社会空间，还包括电脑及智能装备互联的信息空间、网络空间和服务空间，是一种人-机-物三元融合的办学空间。

在这种空间中，所有的教育装备都是互联的，各种装备无缝协同，结合之下形成虚实融合的教育空间，可以智能感知到学习者的需求，能够理解用户的行为与意图，并提供主动适应的服务。智能空间是数据驱动的，数据可以推动各种各样的自动化的处理，可以实现教育装备、教育设备的智能管控，实现人机结合，实现以眼神、动作、姿态、语言等各种方式进行自然交互，使得用户认知资源聚焦于任务，而非底层技术，并且使得技术适应人的工作行为，而非人适应技术规则。

装备物联、无缝协同、虚实融合、感知适应、数据驱动、智能管控、人机融合、自然交互这八个方面的特点，是未来学校办学空间的演进方向。

2．人机协同的教师

人类头脑内部的认知网络与外部网络空间的知识网络通过智能平台连接以后，可以显著扩展我们的认知思维和认知能力。智能时代复杂社会的生存呼唤着人机结合的教育智能。充分发挥机器与人类的不同优势，是提高教育生产力的关键。未来学校的教师应该能够以人机协同的方式来开展工作。未来学校的智能空间不仅可以代替教师完成大量重复单调的工作，更可以赋能教师，使得教师能够处理超越个体认知能力的复杂工作，大幅度提高教师的工作效率，增强教师处理更高层次问题的能力，从而显著提高教育体系的生产力。

未来的教育将进入教师与人工智能协作共存的时代，教师与人工智能将发挥各自的优势协同实现个性化的教育、包容的教育、公平的教育与终身的教育，促进人的全面发展。未来教师角色将发生极大的变化，教师知识型的教学角色将会被人工智能所取代；教师育人的角色将越来越重要。教师要发挥人类在创新、复杂决策、情感关怀激励等领域的优势，做好促进学生的创新、协作、沟通、表达、情感、认知能力发展等育人工作。

教师工作的重心不仅是传道、授业、解惑，更需要激发学生的好奇心与想象力，实施促进学生个性化发展的差异化、精准化教育，从而培养具有创新意识、创新思维与创新能力的国际化人才。教师的核心价值不仅是促进学生的学科知识和专业技能的发展，而且需要促进学生的人文底蕴、责任担当、国家认同、跨文化交往、审美等核心素养的发展。教师的责任不是灌输知识，而是帮助学生挖掘每个人最大的潜质，成为学生的精神导师，发挥培养学生智慧、帮助学生成才、启迪学生心智的智者作用。

3. 促进个性发展的人才培养模式

提供可选择的个性化教育服务将是未来学校变革的一个关键基点。今后的教育课程将不再是整齐划一的，而是有选择性的、弹性的、适应个性发展的。在未来学校，学生及其家长完全可以定制个性化的学习课程与活动，根据学生的能力与特征制订学生自己的学习计划、学习节奏与学习步调。未来的教育服务是多元化、丰富性的，学生不仅可以选择来自学生自己所在学校的教育服务，也可以选择来自学校以外有教育服务资质的社会机构或其他学校所提供的优质教育服务。学生和家长完全可以定制个性化的教育服务，以反映儿童的个性、兴趣，以及家长的目标与价值观。

未来学校会转变学生获取知识的方式及获取知识的途径。学校不再是唯一获取知识的主要场所，教师不再是教授知识的唯一角色，未来学习是随时随地发生的，而不是只能在固定的场所和时间开展，虚实融合的泛在学习空间将会给学生提供真实的、情境性的、随时可获得的教育体验。未来学校要重视学生的学习体验，重视学生的学习时机、情绪和可获得性，给予学生真实性的、泛在的、容易获取的学习体验。

未来，数据将成为学校中最重要的资产，变成学校最有价值和最需要投入资源的地方。未来学校在全面采集学生全学习过程数据的基础上，按照心理学、学习科学等原理与模型，进行教育大数据分析后，可以精确了解学生的认知结构、知识结构、情感结构、能力倾向和个性特征，在此基础上可以支持完全的个性化与精准的学习，为学生提供适应性的精准教学服务。学校不仅能够对学习问题进行诊断与改进，还能够发现和增强学生的学科优势；不仅能够补齐学习者薄弱处的知识结构，还能够增强学习者优势与特长的发展。

未来学校的课程表现形态、课程结构、课程实施方式将会发生翻天覆地的变化。课程的形态将会越来越多地体现出虚实融合的立体化课程形态，在线课程将成为学校日常教学的常规设置，课程会越来越多地体现出线上线下优势互补、融合一体的发展趋势。课程结构不再是单一的学科的课程结构，而是体现出多学科交叉、跨学科课程的形态，这种跨学科的课程形态具有情境性、体验性、趣味性、实证性、协作性、设计性、艺术性等一系列的特点。课程的实施方式也将发生根本性的变化，知识的讲授与实际问题的解决，认知能力的训练和社交技能的锻炼同样重要。未来学校课程的实施将会跟实际生活结合在一起，融入真实情境的，个性化、适应性、精准化协作协同的课程实施形态。

4．数据驱动的发展性评价

教育大数据及人工智能技术会重构学校的评价体系。这种评价体系变化的方向是：第一，评价目标从注重基本知识和基本能力评价变为关注德智体美劳全面评价；第二，评价功能从甄别选拔变为精准改进，促进发展；第三，评价对象从面向部分学生变为面向所有学生；第四，评价关注的能力方面，从关注个体能力绩效表现变为关注团队群体协作表现，从关注个体的知识迁移运用变为关注人机结合的知识应用；第五，评价信息从单一模态的信息变为多元化、丰富化、多模态化的信息；第六，评价任务从非典型纸笔考试场景变为真实化、生活化、趣味化的任务场景，评价方式从显性化、总结性评价变为伴随式、隐形性评价；第七，评价结果反馈从滞后反馈变为即时反馈，从面向群体反馈变为面向群体和个体反馈。

智能技术将为我们提供自然采集学习过程数据的环境，并提供全过程、多维度、高效率的反馈手段。通过大数据可以做描述性统计、诊断性分析和预测性分析，可以更好地进行发展性评价，可以更好地理解学生的发展状态、认知障碍、认知问题、学习状况，可以提供很好的面向学习过程、促进学生发展的评价。利用网络及智能感知技术采集并储存学习过程中的各类数据，如学生的课堂信息、作业信息、在线学习系统交互信息、体质健康数据、情感健康数据等，再通过数据挖掘和机器学习等技术对这些数据进行分析和建模，可以用来评估学习者的学业成就、体质状态和认知水平等，从而帮助教师了解学生的认知能力、知识状态、知识误区等方方面面的信息，并了解学生对每个知识点的掌握情况、核心素养的发展情况、学科能力的发展情况，以及非智力因素的发展情况，通过形成一个发展性的评估报告，对学生进行发展性评价。基于发展性评估报告，可以提供精准的智能教学服务，可以实现我们千年以来强调的"因材施教、个性发展"的教育理想。

5．人机结合决策的管理

未来教育是复杂的系统，大数据和人工智能技术可以通过教育仿真模拟提供人机结合的决策系统，从而推动整个教育管理的智能化和智慧化，推动学校教育管理走向教育治理。未来学校中，数据会成为关键管理业务的核心支撑，让数据说话，实现智慧决策，在智能技术的支持下，学校可以实时监控教育运行状况，提高安全管理水平，实现事情发生之前的安全预警；可以实现远程督导，实现全方位、随时的、远程的监控；各种设备、设施的管理将会越来越可视化、自动化与智能化。数据将成为教学管理的核心要素，支持学习、教学、评价、教研、管理、培训、服务等；数据还可以沟通教育利益相关者的关键角色，使得关键角色产生协同效应，使得学生、学科教师、年级主任、家长等都可以对学生的学习达成一致理解，采取协同联动的教学干预方式。

未来学校管理决策模式将从经验决策转变为数据支持的决策，从单主体自上而下的决策转变为多主体参与、自上而下和自下而上相结合的决策，从静态治理走向动态治理与适应性治理，从前置审批走向事前、事中、事后全过程监管。人机结合的群体决策将会成为未来学校治理非常重要的一种形态，整个学校的治理将会发生意义深远的改变。

6. 社会化协同的教育供给

互联网、5G 技术的进一步发展，将使信息和数据迅速流通，大大加深教育的分工合作，进一步加速教育系统大规模社会化协同的教育服务形态的形成。学校与社会的双向开放将是大势所趋。双向开放意味着今后社会上各种优质在线教育将会成为学校教育的有机组成部分，同时一些学校教育有特色的教学内容和优质的教学服务一定会向社会和其他渠道辐射。未来学校的关键教学业务呈现出大规模的社会化协同的形态。

未来学校将提供多元供给的开放教育服务，基于互联网的教育服务将成为学校的日常组成部分。学校围墙不断被打破，传统学校赖以存在的内容传递、师生交流、学习考核、学生文凭和认证等优势领域都会在互联网上出现竞争者，越来越多的教育服务将以外包的形式由社会机构和社会人士承担，这些竞争者将会以社会化协同的方式成为未来学校的基本组成部分。

未来教师的协同主体也会越来越多元化，教师作为知识垄断者的权威地位将会被彻底打破，每个拥有情境性实践知识和社会性知识的人都可以通过网络提供教育服务。未来将是人人教、人人学的形态，教师的主体将会多元化，教师的服务供给形式将更多体现出多人协同和人机协同的特征。教学活动将会出现更精细的社会化分工，个体户性质的教师工作模式将会消失，教学活动不再由单个教师完成，而是由多个教师组成的团队分别承担备课、授课、设计、辅导等更专业化的任务分工，而且在人工智能教师的协助下，这种协同的教学不仅能够提高教师的工作效率，降低工作负担，而且能够发挥教师的特长，让他们专注把一件事情做好，提高教育服务的质量。

教育大规模的社会化协同会加速新的学校教育生态的形成。这种生态由实体和虚拟空间结合形成，是在线教育和学校教育融合的形态。学生在实体学校、社区里面会接触到教师、家长、同伴、教练，在虚拟网络空间里面能够获得更好的交互工具、信息源、知识源和学习同伴，形成一种在线教育和学校教育双向融合的生态。在这种生态中，学校和教育机构不再是封闭的社会单元，而是通过网络的汇集作用形成集体智慧聚变的节点，是充满活力、人性化和高度社会化的地方；学校不再是静态知识的仓储地，而是开放的、流动的、社会性的、分布的、连接的智慧认知网络与个性化发展空间。这种生态环境不再是一个割裂的学习空间，而是通过网络连接全球性社会、学生日常生活经验与未来生活，学习也不仅发生在教室和学校里，而是终身的、全面的、按需获得的。

7．面向未来的创新人才培养

未来学校的最终目的和落脚点是培养具有创新能力、能够适应未来变化与发展的人才。未来学校所培养的是全面发展的人，是对从知识、能力素养到价值观，从人际、社会到自我实现的全方位重视；未来学校将向着以人为本、为人服务、促进人的自由全面且富有人性发展的方向发展。

当前人工智能在知识记忆、检索、处理等多个方面都取得了超越人类的表现，这呼吁教育工作者对智能时代的人才培养目标进行重新思考。未来学校需要回应智能时代和知识经济时代的挑战，需要关注核心素养，培养全面发展的人。未来学校绝不能反复训练学生机器能做的事情，而应该着力塑造人区别于机器的创造力、社会能力、价值观、意志力等，着重培养学生的思维能力，使其形成完善的人格，具备善良的品质，并使其富有学识、感情与智慧，能为自己的生活和社会承担责任，能够协调矛盾困境与应对不确定性。

面向未来的创新人才的培养需要落实到未来学校教学范式转型之中：从教师讲、学生听的知识传递的教学范式，转变到在教师精心设计问题、精心准备资源、精心设计活动，诱导学生一步一步解决问题的过程中促进学生知识建构的教学范式，再进一步地，转变到教师引导学生进行知识表达，进行跨学科的综合性学习，进行作品制作的学习，实施知识创生的教学范式。整个演化趋势使学生能够对知识变换加工表达，解决真实情境下的复杂问题，促进高级认知能力的发展。

引导学生进入富有挑战性、提升学生学习智慧的深度学习将成为未来创新人才培养的关键。我们不仅要给学生一些知识，还要培养学生的全球意识、协作能力、学习和创新能力、信息技术基本素养、公民素养，发展学生的 21 世纪技能；不仅要关注学生的基础知识、基本技能，还要让学生理解基本的学科思想、获得基本的活动经验，培养学生发现问题、提出问题、分析问题、解决问题的能力。

今天的学校是为明天的社会培养人才的场所。在智能技术整体促进社会转型的大背景下，未来社会的复杂性和不确定性日益增加。这些变化将使我们对人才标准的定义和培养方式发生巨大的改变，学校发展面临着前所未有的机遇和挑战。未来学校是什么样的？今日学校该如何应对未来社会的需求？……尽管这些问题此时此刻并无定论，但世界各国已经着手开始各种尝试和探索。基于此，"智能时代的未来学校"丛书立足于教育学及学习科学规律，结合信息技术发展前景，参考社会各行业发展的趋势，试图从智能技术发展将对学校产生变革性影响的视角，探讨未来学校的发展理念、结构与形态，对未来学校教育体系的变革开展全面的探索。丛书将围绕未来学校的学习科学基础、学习空间、教学方式、学习方法、课程形态、教师发展、学生成长、教育评价、学校治理等方面刻画未来学校可能的发展方向、表现形态。丛书将为教育研究者、教育管理者、教育实践者、校长与教师等提供未来学校改革的实践案例、路径选择和理论启示。

余胜泉

北京师范大学未来教育高精尖创新中心

前　言

以知识为核心要素的智能化社会急需创新性高素质人才，呼唤人才培养模式的真正变革。学习内容的综合化、学习方式的多元化、学习组织的扁平化、学习评价的精准化、课程供给的个性化、认知方式的协同化、师生关系的平等化成为未来教育的变革方向。这些变革对学习赖以发生的重要场所——学习空间提出了新的要求，而脑科学、心理学等理论研究成果在教育中的应用，以及信息技术的快速发展，则为学习空间的革新提供了可能。

基于这样的背景，世界各国纷纷开展对未来学习空间的积极探索，一批极具特色和想象力的未来学校应运而生。这些新型学习空间通过技术与设备的支持，将物理空间和虚拟空间连接起来，通过可见和不可见的空间设计让学习真实发生，让面向未来的教育从理论走向现实。几乎所有的新建学校都将学习空间作为学校规划和设计的重要一环，大量的建成学校也在原有校园建筑的基础上积极推进空间改造升级。因而，本书通过梳理各种类型的学习空间建设案例，呈现出各类学习空间的特点、结构、外在形态、教育功能及发展趋势等，为面向未来的学习空间建设提供参考。

未来，学习空间将深度体现"以人为中心"的核心理念，在脑科学、认知科学和教育学等多学科规律指导下进行设计，增强学习空间的人性化和舒适度，针对不同学段学生需求进行前瞻式预设和反思式优化，营造出基于脑、适于脑、促进脑的新型学习空间。基于空间设计与育人功能相一致的原则，本书总结提炼了五类典型的学习空间及发挥其育人功能的设计方式；介绍了学习空间中五类典型信息化支持系统；通过立体丰富的案例展示和分析，表达了我们对于新型学习空间建设的观点，即空间设计、技术装备配置等要为教育教学和学生的成长发展服务，通过将无形的知识与文化蕴含于有形的学校物理空间中，实现空间即课程、处处可育人的目标，不能只追求时髦的表现形态而忽视学习空间本身的教育价值。在新型学习空间建设中，大力加强技术设备的体系化建设，实现数据的多场景贯通，将数据深度应用于各教育业务环节。学习空间的设计引入安全节能、绿色环保的设计观念，融入和体现可持续发展理念。

本书力争从发展的眼光回顾学习空间建设的历史，反思学习空间建设的现状和问题，展望学习空间发展的趋势，通过将勾勒学习空间整体架构和刻画学习空间局部要素相结合的方式，用一个个真实的案例描绘出学习空间的完整谱系，有助于教育研究者、一线的教育管理者、学科教师及学校建筑设计师等，理解学校的建筑和线上线下各类学习空间的核心特征及教育功能定位。

本书为"智能时代的未来学校"丛书中的一册，在编写过程中得到了余胜泉教授的指导，以及杨博、宁方京、陈秋雨、张贤茹、李彤鑫、孙晓园、许婷婷、崔京菁、陈玲、吴娟、马宁、卢宇、曹培杰等团队老师和同学们的大力支持；同时，得到了国内外从事学习空间设计的学者和有影响力的研究组织（如必达亚洲）等研究成果的启发，在此向他们表示衷心的感谢。尽管笔者精益求精，但由于水平有限，书中难免存在疏漏和不足之处，恳请广大读者批评指正。

编　者

目 录

第一章
——CHAPTER1——

未来学校与未来教育

　　新一轮科技革命和产业变革蓄势待发，以移动互联网、大数据、云计算、物联网、虚拟现实、人工智能、5G 通信等为代表的新一代信息技术迅猛发展，并加速与经济社会各领域的深度融合，各领域的数字化创新转型步伐加快，促进了人类社会向数字社会和智能社会快速发展。互联网思维和相关新兴技术推动社会进入数字经济和网络经济时代，造就了新一轮科技竞争和产业革命中层出不穷的新业态和新模式。一场触及人类社会方方面面的深层次变革拉开了帷幕，教育自然也不例外。传统教育具有工业化时代的鲜明烙印，其流水线式的标准化知识传授模式已经无法满足未来社会的需要，加强教育系统的改革和创新，大力探索未来教育成为一个事关国家民族未来前途与命运的重大课题。

　　教育是促进人的学习，获得知识、技能、价值观、信念和习惯的过程，是在一定的社会背景下发生的促使个体的社会化和社会的个性化的实践活动。人类社会所呈现的全新发展态势必然引起教育领域的联动变化，教育因而面临着全新的发展机遇与挑战：首先，新兴技术的复杂度远超以往，对于使用者的能力提出了更高的挑战，学习和教育已经从单纯对知识信息的掌握转变为对创新能力的培养，对现有的教育模式和人才培养目标提出了前所未有的要求；其次，信息爆炸和知识更新使得已有知识迅速折旧，需要不断地获取新信息以保持竞争优势，进而推动教育从静态和统一的集中获取向动态和持续的终身学习转变。此外，教育的手段与方式也在各种新兴技术的加持下日新月异，技术设备对教育产生重大甚至颠覆性的影响。技术的单纯应用是快速而简单的，但面对纷繁复杂、眼花缭乱的技术手段，技术的教育价值需要得到深入挖掘，教育的核心价值取向同样面临着在技术变革的浪潮中如何保持和强化的挑战。

　　无论如何，在这样一个百花齐放、日新月异的崭新时代，我们需要紧紧跟上时代变化的步伐，在推动传统教育转型提升，加快未来教育相关研究和实践方面积极谋划，前瞻式布局。迎接未来，勇于变革的号角已经吹响！

第一节　未来教育的变革方向

　　面对人类社会前所未有的发展新趋势、运行新态势和内在新特征，要成功推动教育的同步转型和革新，培养符合未来时代要求的高素质人才，必须清楚认识和把握在新的社会经济大环境下，教育领域发展的全新脉搏与方向。综合教育领域的内在要素和社会发展的全面潮流，我们认为教育呈现出了下列面向未来发展的八个新趋势。

一、学习环境智能化

学习环境是教育活动发生的场所，对教学实施和教育实践起着基础性支撑的作用。学习环境随着教育活动的发生而出现，其历史可以追溯到数千年前。20世纪末以来，随着信息技术的发展，计算机、多媒体和互联网等数字技术逐渐进入校园和课堂，学习环境进入了数字化学习空间时代。然而数字化学习空间如果只停留在改变知识信息表现形式的层次，则将很难真正地革新教育，实现"分析、评价和创造"等高阶认知目标的培养。随着近年来云计算、大数据和人工智能技术的发展和完善，在数字化学习环境难以满足新时代学习需求的情况下，学习环境逐步向智慧阶段发展。

有别于传统学习环境和数字学习环境，智能学习环境是以人为核心，虚实结合，能够感知学习情境，识别学生特征，支持学习互动，提供个性化学习资源与工具，自动记录学习过程和评价学习结果，从而促进学生有效学习的适应性信息系统。其核心特征包括：情境感知、异构通信、无缝移动、自然交互、任务驱动、可视化、智能管控和自动适应。智能学习环境的具体形态多种多样，融合线上虚拟云端和线下实体空间，包括智慧教室、智能实验室、智慧图书馆、智慧教育云平台等。

二、学习内容综合化

课程内容编制的基本原理有两个：一是以学科为单位编制，二是以特定主题（课题）为中心综合地组织多学科内容来编制[1]。以"学科"为单位的学习和以"主题（课题）"为中心的学习的差异，就是以文化领域为基础的学习与以现实问题为对象的学习间的差异，这两者建构课程的逻辑是不同的。

传统的课程内容组织逻辑以"学科"为单位编制，以适应基于升学考试的知识传授。这种方式强调学科逻辑，重视学科知识的系统性。21世纪以来，西方发达国家开始强调以"主题（课题）"为单位组织课程与教学，"去学科化"特征越来越明显，如以美国为代表的项目学习和以芬兰为代表的现象教学。

当然，"去学科化"并不意味着对学科课程的否定，而是说未来学校在课程组织实施逻辑方面，将越来越多地采用主题（课题）逻辑，在整个课程组织中会逐步提高主题（课题）式课程的比例。具体而言，未来学校课程的"去学科化"改革，将呈现以下三个趋势[2]。

---

[1] 佐藤学. 教育方法学[M]. 于莉莉, 译. 北京：教育科学出版社, 2016.

[2] 搜狐网. 张志勇：未来社会已至，走向未来学校将迎来十大变革[EB/OL]. (2018-03-27)[2021-04-22]. https://www.sohu.com/a/226445811_498139.

一是主题化，即以学科知识主题为单元组织实施课程教学活动。

二是跨学科化，即课程内容打破学科界线，强调跨学科教学。最典型的就是美国的综合学习、STEM 到 STEAM 学习，越来越强调跨学科学习。

三是情境化，即打破知识教学与应用情境相脱节的局面，回到真实的情境中组织课程体系及其教学活动。

未来的课程更具跨学科的融合性。随着知识间的边界越来越模糊，专业设置及课程越来越具有跨学科的倾向。2001—2008 年，在诺贝尔自然科学奖中，跨学科研究成果占其获奖成果的比例达到 66.7%[1]。跨学科的课程有利于培养大学生更广阔的视野，以及掌握多样化的研究方法与解决问题的能力。国外一些名校已经越来越重视跨学科的课程。例如，哈佛大学 2018 年秋季开始实行的新的通识教育体系中，将社会科学与技术、伦理与公民等跨学科课程列入必修的范畴。我国大学在专业设置上已经出现了越来越多的跨学科的倾向，如金融数学专业，政治学、经济学和哲学专业等[2]。交叉学科课程也开始增多，如近年来国内多所大学在人工智能领域设置了交叉学科。

三、学习方式多元化

随着移动互联网时代的到来，移动学习终端的出现正在打破固有的学校教育垄断知识传播的局面，学习成为任何人在任何地方和任何时候都可以进行的活动。由此，学校教育与家庭教育、社会教育之间的边界正在消解；泛在学习、移动学习和混合式学习，正式学习和非正式学习，个人学习和社会化学习这些学习方式开始深度融合、自然切换。不同教育形态和学习方式有机协同，促进了"泛在学习"时代的到来，使得学习者有可能脱离时空的限制，在任何时候、任何地方都可自由地开展学习活动。同时，这些不同的教育形态的融合交互将会共同构成未来"全纳和公平"的教育体系，赋予每个公民受教育的权利，并实现人人教育机会均等。

四、学习组织扁平化

在面向未来的教育教学变革中，学校的内部组织结构开始趋于扁平化，将"以学习者为中心，为学习服务"作为宗旨来重构学校的时间、空间和人际关系，把学校建设成效能良好的学习型组织。

学校的组织架构开始摆脱层级化的行政管理形式，走向扁平化的"管理+服务"形式，更加便捷地汇集和响应学校师生的诉求和需要，为师生的发展创造良好的组织结构环境。

---

[1] 郭德红, 杨丹. 关于协同开发和设置大学跨学科课程的思考[J]. 北京教育（高教）, 2014(10): 11-13.
[2] 孙晓园, 崔伟. 大学人才培养的未来趋势探讨[J]. 北京教育（高教）, 2018(11): 8-12.

学校在班级编排上打破传统，把数个不同的班组成一个班组群，每个班组群都由来自不同年级的班级构成，数名教师共同组成家庭式的工作团队，承担一个班组群所有学生的教育及管理工作。

在班组群中，坚持多元化的组织管理，促使学校成员在管理中自主、合作与探究，人人学会制定规则、人人领受管理项目、人人参与评价、人人反思总结，自促自律、自主决策，参与管理与主动发展。班组群的组织形式利于形成柔性化的人际互动方式，能更好地促进异质群体之间的互动与学习。

五、学习评价精准化

现代教育价值趋于多元化，学习评价的方式也面临着全面转变。同时，互联网时代的新型教育生态也对学习评价提出了全新的诉求，呼唤多元主体参与、个性化、精准化、发展性的评价体系。而新一代信息技术的发展，为新型学习评价体系提供了技术的支撑和实现的可行性。

通过互联网和大数据技术所生成的海量数据为学习评价带来了前所未有的可能，为精确诊断学习者学习过程和学习结果提供了完备的素材支撑。基于教育大数据的诊断性评价体系涵盖四个层次：第一层是数据采集层，对相关学习数据，包括过程性和结果性数据，进行收集、存储；第二层是分析处理层，结合人工智能、机器学习和教育理论建构经典模型，进行多样化数据分析和实时追踪；第三层是结果发布层，即从教师测评、学生自评、各维度横向与纵向比较的角度形成全方位学习诊断报告；第四层是后续提升层，根据分析结果，为学生、教师和家长提供针对性的后续优化建议和反馈。

知识地图是关于知识结构及其内在关系的表征，能够以智能化的动态导航和知识管理的方式，将各种知识内容、知识主题及其内在关系进行连接，形成动态可变的知识网络体系。通过平板电脑等智能学习终端收集学习者的过程性信息之后，基于数据分析及学生情况与知识地图的匹配仿真，可以定位并构建学生的知识结构和能力结构模型，精准判定学习者的薄弱板块，从而进行个性化、有针对性的强化与提升。

通过知识图谱和教育大数据构建的新型学习评价体系可以实现及时反馈、实时交互、精确诊断的评价效果，提升学习者学习的效率和效果，为教育发展提供精准反馈。

六、课程供给个性化

传统学校教育发端于西方工业革命，其目的是适应机器大生产的需要，培养有知识技能的熟练劳动力。这种学校教育采用高度统一的标准化模式，而新兴技术的复杂度远超以往，对于使用者的能力提出了更高要求，教育已经从单纯对知识信息的掌握转变为对创新能力的培养，这就要求必须最大限度地匹配不同学习者的个性特点，从而实现更好的学习效果，促进个人发展。因此，在达到国家课程标准统一要求的基础上，教育的内容和方式要能够激发和匹配学习者的个性发展需求，使得教育真正为学习者各具特色的全面发展服务。

正如当年美国教育家杜威所言："这是一种变革，这是一种革命，这是和哥白尼把天文学的中心转到太阳一样的那种革命。在这里，儿童变成了太阳，而教育的一切措施则围绕着他转动，儿童是中心，教育的措施便围绕他而组织起来。"[1]课程教学愈发从以教师为主导转变为以学习者为中心，为学习者的个性化发展服务。

如果说供给方式从统一批发到个性化适配是未来教育的一种愿景趋势，那么基于互联网、云计算、大数据、物联网及人工智能技术应用的学生学习诊断、分析和推荐则是实现这种愿景的具体路径。由此，在人工智能时代，课程等学习内容的供给方式将逐步走向适应每个学生的"定制化课程方案"。

七、认知方式协同化

在日趋复杂的互联网时代，已有知识迅速折旧而新知识空前增长，人们的知识很难在较长时间内保持价值。人类要适应越来越先进的技术和精密的设备，认知世界和驾驭世界的认知方式必然会逐渐依赖强大的软硬件设备，以实现人类与智能设备的分布认知和协同思维。未来教育需要在结合信息知识的基础上，培养人类利用智能装备和信息技术来筛选信息、处理信息并建构知识，从而逐步形成人类认知的能力。这样的"人机结合"思维方式将会决定未来人类的基本生活方式、未来的发展，以及能否适应复杂多变的未来社会。

对于教育，传统观点就是把外部世界的知识，通过教师的讲授迁移到学生的大脑中，但由于现在知识和信息的快速膨胀，我们无法把所有信息都迁移到学生的大脑中。在信息时代，我们适应这一时代的复杂性，而信息时代基本的认知方式正在发生意义深远的改变，正从个体认知转变为分布式认知，应对知识与信息膨胀的根本途径要依赖对人和软硬件设备的协同的分布式认知，这是信息时代人适应复杂性的基本思维方式[2]。

分布式认知认为，认知的本性是分布式的，认知不仅仅发生在我们的头脑之中，还发生在人和工具之间的交互过程之中[3]。举例来说，假设让你去算 1234×5678，这是一个认知过程，心算的时候认知过程发生在我们的大脑中，但一般都比较费劲。而如果用纸笔去算就很轻松，心算的过程认知发生在你的大脑里面，用纸笔算则是一部分认知发生在大脑里面，一部分发生在纸笔表征知识的过程中，这就是分布式认知[4]。

现代人基本的认知方式正在发生改变，应对社会复杂性的生存方式也正在改变。分布

1　赵祥麟, 王承绪. 杜威教育论著选[M]. 上海：华东师范大学出版社, 1981: 31-32.

2　余胜泉. 技术何以革新教育[N]. 中国教育报, 2015-02-08(003).

3　余胜泉. 技术何以革新教育——在第三届佛山教育博览会"智能教育与学习的革命"论坛上的演讲[J]. 中国电化教育, 2011(7): 1-6, 25.

4　搜狐网. 余胜泉：大数据时代的未来教育[EB/OL]. (2018-11-13)[2021-05-12]. https://www.sohu.com/a/275015667_100264023.

式认知是信息时代的基本认知方式，人和智能设备的协同思考和协同思维，使得现代人能够处理越来越复杂的问题，能够应对越来越多的知识[1]。教育需要培养学习者"人机结合"的思维能力和实践方法，从而应对未来社会的海量信息和复杂现实。人与软硬件设备的深度融合将会使得学习可以突破时空界限和教育群体的限制，无处不在的"泛在学习"时代即将到来。此时，教师的角色将会从知识的传授者转变为学习组织者，精准化、个性化地培养学习者"人机结合"的学习能力。

八、师生关系平等化

顾明远先生曾经总结自己的教育经验，强调"学生愿意学，就学得好；不愿意学，就很难学好。不把学生放在主要地位，很难提高教育质量。"[2]日本学者佐藤学先生认为："不是研究教的技巧，而是研究孩子是怎么学的。只有以学生为中心，课堂文化、学校文化、教研文化才能真正发生改变。"

因此，在教育教学中，学生成为学习的中心，课堂不再是教师单方面主导的活动。要适应新时代的学习需要，最大限度地帮助学习者成长，教师需要从传统教育的绝对主导者转变为引导者。在以学生为中心的学习共同体中，通过应用技术手段，创设教学情境，激发学生活力动机来引领学习活动的展开。至此，教学中师生关系从传统上教师把控、学生服从的单向模式转变为以学生为学习过程的中心，教师全程引导，双方平等分工协作，可以动态调整的双向模式。师生关系不再是以前的高低或者主从关系，而是在学习共同体中平等地扮演不同的角色，行使不同的职能，共同完成学习和成长的过程。

同时，这种转变并不是孤立单一的，而是伴随着教师和学生数字素养的提升及对终身学习的坚持。随着学习空间和教育环境全面走向智慧化，大量信息技术开始得到应用和普及，在本身的学科知识和教育教学理论以外，教师和学生都应该具备和掌握在信息技术支持的环境下有效开展教育和学习活动的知识与技能。新时代的教师必然也会随之而成为"数字化"教师，具备数字素养，能够设计和利用数字化教育环境，有效支持和引导学生去适应动态、交互和全球化的未来社会。

第二节 未来学校的内涵与特征

在形态日新月异、新技术蓬勃发展的当今时代，面对社会经济的全面变革，作为教育

[1] 戴汝为. 社会智能科学[M]. 上海：上海交通大学出版社, 2007.
[2] 搜狐网. 顾明远对话佐藤学：一场教育"江湖"的"华山论剑" [EB/OL]. (2016-11-05) [2021-04-22]. https://www.sohu.com/a/118200941_227820.

最重要主体的学校，也走到了转型与创新的十字路口。未来的生活和工作方式我们无从得知，因此培养学生面对未知挑战的能力，以适应未来的无限可能就显得尤为重要。在这种大背景下，主张变革传统学校，强调学生个性化学习，着重培养学生能力和素养的新型学校受到国内外的广泛关注，越来越多的人将目光投向了面向未来的学校改革。面向未来趋势，适应未来需要，培养未来社会人才的新型未来学校应运而生，成为当前教育研究与实践的一个重要组成部分。

一、未来学校的内涵

随着技术的发展，未来学校不再仅仅是一个学术概念，也不是某一所学校的代名词，当然也不是指未来的任何一所单独的学校，而是人们对于学校发展的一种期望，对于不同于传统学校的新型形态的一种展望和设计，是引领学校发展的导向。

不同学者从各自不同的出发点赋予了未来学校不同的含义。有的学者认为未来学校应该依托技术支持，在技术的影响下，传统的学校学习方式、空间、教学等会发生极大的变化。例如，尚俊杰教授认为，未来学校建设有三层境界，首先是信息化基础设施建设，然后是技术支持下的学习方式变革，最终实现教育流程再造[1]。杨宗凯教授指出，未来学校将通过信息技术促进教育流程再造，打破传统教育中标准化、流水线的生产方式，进行个性化和差异化的教学，解决长期以来困扰教育发展的"规模化"与"个性化"的矛盾[2]。有的学者回归到"以人为本"的角度，从学校最基本的功能出发，从以学生为中心这一理念出发来认知未来学校。例如，李蓓、夏英认为，无论学校怎么变，都应该实现以学习者为中心的学习，实现以儿童为中心的天性回归，走向以人为中心的生活教育[3]。余胜泉教授在2016年"互联网+"个性化教育发展论坛上指出，未来学校是柔性化和个性化的，是学生、家长和教师根据自己的兴趣和价值观去选择适合自己的课程和教育的学校[4]。吕文清将未来学校定义为：未来学校是学校渐进变革链条的一个新阶段、新层次和新样态。未来学校要教会学生学习、合作、思考、创造、适应，要教生活、职场、成长背后的隐性知识，以能适应迅速变化的世界[5]。还有的学者从教育活动的主体入手，认为未来学校是开放的、包容的。例如，李明华提出学校可以形成一种办学竞争的常态机制：校园及其之上的建筑、图书馆及设施可以是开放的公共教育物质载体，开放给教育管理当局同意而又有资格办学的教育家或团队办学[6]。

---

[1] 尚俊杰. 未来学校建设的三层境界[J]. 基础教育课程, 2014(23): 73-76.

[2] 杨宗凯. 借助信息化再造教育流程[N]. 人民日报, 2016-03-31(18).

[3] 李蓓, 夏英. 建未来学校迎学校未来——成都市实验小学"未来学校"建设思考与实践[J]. 教育科学论坛, 2016(13): 40-41.

[4] 余胜泉. "互联网+"时代发展个性的未来学校[N]. 中国信息化周报, 2016-06-13(7).

[5] 吕文清. 未来学校内涵、本质及其发展导向思考（上）[J]. 教育与装备研究, 2016(8): 7-12.

[6] 李明华. MOOCs 视角的未来学校及治理——孔夫子办学模式的回归[J]. 开放教育研究, 2015(3): 11-20.

通过对学者已有研究的整理，可以发现多数学者对于未来学校的内涵理解只是基于不同的侧重点，目前已达成一定的共识，即未来学校是一种学校未来的发展趋势或新形态，以期给学校的发展提供一个方向。2017 年 10 月，我国教育部学校规划建设发展中心发布了《未来学校研究与实验计划》。这一计划对"未来学校"也做出了界定：一是绿色、智能和泛在互联的基础设施；二是集成、智慧、因变的新学习场景；三是灵巧学习及创新的赋能场；四是开放融合的学习生态；五是创新的知识和信息网络拓扑结构；六是与人工智能融合的教师课程智慧系统[1]。祝智庭等人则从比较综合的视角对于未来学校内涵给出了界定，认为未来学校是基于网络信息技术赋能教育，打破教学过程中的时空限制，实现办学主体多样化、自主化，以通过充分尊重学习者个体差异的方式，培养其适应未来社会发展的各项能力为特征的各类学校[2]。

基于此，本书认为，目前的未来学校是对新型学校形态的一种探索，代表了一种发展趋势或方向，未来学校是从学习者出发来进行设计与建造的，是基于一定的技术手段，变革现有的学习方式和学习空间，开发适应学生未来发展的课程体系，致力于培养学生核心技能和核心素养的各种创新型的学校形态。

二、未来学校建设现状

现代的学校模式发源于工业革命时期，在这种模式中，老师站在讲台前授课，学生们听讲、做笔记、参加考试，学校则根据考试成绩给学生打分。然而，未来社会对于人才的要求越来越高，传统教学模式中学生掌握的基础知识很可能会在社会变革中被时代淘汰。在这个大背景下，我们强调学校要培养学生的核心能力和素养，以应对未来社会未知的复杂挑战。因此，"未来学校"的概念在全球各个国家受到重视。"未来学校"以培养新式人才为目标，以现代教育信息技术手段为支撑，通过开展个性化的学习与教学活动，培养能够适应未来社会发展的人才。

重新定义学校，重新设计学校，从而应对社会未知的挑战，已经成为全球的共识。美国创建了世界上第一个正式以"未来学校"命名的学校，即费城未来学校（School of the Future），如图 1.1 所示[3]。该校于 2003 年筹建，2006 年建成，由费城学区和微软公司共建，政府负担经费，微软提供学校设计理念、师生发展指引、信息化的课程体系及技术支持。在这所学校里，没有纸笔和课本，学生借助网络和移动终端设备，随时随地开展学习，允许每位学生有不同的学习进度；并且该校从以教为主的班级授课制，慢慢过渡到新型学习空间支持下的以探究、协作为主要活动的项目式学习。新加坡信息通信发展管理局与教育

---

[1] 教育部学校规划建设发展中心. 未来学校研究与实验计划[EB/OL]. (2017-10-10) [2021-08-08]. https://www.csdp.edu.cn/onepage74.html.

[2] 祝智庭, 管珏琪, 丁振月. 未来学校已来: 国际基础教育创新变革透视[J]. 中国教育学刊, 2018(9): 57-67.

[3] 搜狐网. 全球国家"未来学校"到底什么样？ [EB/OL]. (2019-09-16)[2021-05-22]. http://www.sohu.com/a/341092715_120080528.

部联合发起了为期十年的"智慧国 2015"项目（Intelligent Nation 2015），其中包括"新加坡未来学校"计划（FUTURESCHOOLS@SINGAPORE），如图 1.2 所示[1]。该计划鼓励学校利用信息技术手段，扩大学校教学的内涵和外延，为学生提供更好的学习体验，提升学习成效，以应对未来社会的挑战。此外，俄罗斯启动了"我们的新学校"计划，日本启动了"超级科学高中"计划，德国成立了"MINT 创造未来"联盟等。在政府与社会各界的推动下，国外出现了一批极具代表性的未来学校案例。比如，瑞典的 Vittra Telefonplan 学校把传统教室变成各种开放式空间，被誉为一所"没有教室的学校"，如图 1.3 所示[2]；美国的 AltSchool 依赖信息技术深度参与，利用大数据技术快速响应教师的教学需求，为每个学生提供个性化的学习方案，如图 1.4 所示[3]；法国的 École 42 学校没有课本、没有宿舍、没有教室，却通过线上线下混合学习培养出很多优秀的软件工程师[4]，如图 1.5 所示[5]。

图 1.1　美国费城未来学校

我国也陆续开展了丰富多样的未来学校探索项目。例如，中国教育科学研究院于 2013 年正式启动中国未来学校创新计划，成立了未来学校实验室，利用信息化手段促进学校教育的结构性变革，推动空间、课程与技术的融合创新。该计划得到各地中小学校的热烈响应和广泛支持，组建了覆盖全国 400 多所学校的"中国未来学校联盟"，并联合北京海淀区、深圳南山区、成都青羊区、广州荔湾区、天津和平区、大连金州区、宁波北仑

1　方兆玉. 新加坡未来学校——新加坡未来学校计划：培养学生面对未来的能力[J]. 上海教育, 2018(17): 6-9.

2　筑梦创造. Vittra Telefonplan：一所没有教室的学校[EB/OL]. (2017-04-10)[2021-05-12]. http://www.mongcz.com/archives/27345.

3　搜狐网. 美国当下最火的学校是什么样子的？[EB/OL]. (2016-06-08)[2021-05-12]. https://www.sohu.com/a/82119548_387142.

4　曹培杰. 未来学校的兴起、挑战及发展趋势——基于"互联网+"教育的学校结构性变革[J]. 中国电化教育, 2017(7): 9-13.

5　搜狐网. 这可能是法国最酷的学校：没有老师教课的 École 42[EB/OL]. (2020-07-17)[2021-05-12]. https://www.sohu.com/a/408299693_283519.

区、杭州下城区等 20 个实验区进行未来学校建设试点工作[1]。

图 1.2　新加坡未来学校计划

图 1.3　瑞典的 Vittra Telefonplan 学校

图 1.4　美国的 AltSchool

图 1.5　法国的 École 42 学校

■ 三、未来学校的发展方向

　　未来学校将从学习空间、学习方式、课程体系、学校组织等方面突破传统模式的限制，满足学生的不同学习需要，可以更好地提高学生的能力，以应对未来更加复杂的社会挑战[2]。曹培杰等人认为，未来学校的创新有四大趋势：一是未来学校要营造灵动的学习空间；二是未来学校要采取多元的学习方式；三是未来学校要构建满足学生个性需求的课程体系；四是未来学校要创设弹性的组织管理形态[3]。目前，国内外的未来学校有着不同的发展背景和设计理念，尽管具体形态各有不同，但基本都在教育理念、校园空间、学习方式、课程形态和组织架构等方面提出了创新的思路，进行了前瞻性探索。

　　[1] 张治, 李永智. 迈进学校 3.0 时代——未来学校进化的趋势及动力探析[J]. 开放教育研究, 2017, 23(4): 40-49.

　　[2] 王素, 曹培杰, 康建朝, 等. 中国未来学校白皮书[R]. 北京：中国教育科学研究院未来学校实验室, 2016.

　　[3] 曹培杰, 王素. 未来学校："互联网+"时代的教育创新[J]. 中小学信息技术教育, 2017(5): 9-11.

1. 教育新理念

未来学校普遍强调个性化教育理念和"做中学"的思想，新型的科技学校和虚拟学校也都普遍贯彻个性化的教育理念，强调为每个孩子提供定制化的教育，让他们获得个别化学习体验。个性化教育理念并非创新，但未来学校借助技术为学生提供个性化学习计划、个性化课程方案、个性化学习过程记录等，是对个性化教育理念的有效落实。例如，美国加利福尼亚州的达芬奇学校采用与传统学校完全不同的教育理念来设置课程，根据个性特长和兴趣爱好为每位学生制定"职业发展途径"，进而配备一系列该学生在特定领域的课程，每位学生的学习成长路径都是差异化的。同时，通过一系列在特定领域的实践体验课程，使得学生在贴近其职业目标的实践中尽可能获得实际工作经验的体验。

2. 学习新空间

弗雷泽和沃尔伯格认为"学习环境是具有社会心理背景的学习发生的场所"（Fraser & Walberg，1991）[1]，洛根、克伦普和雷尼则把学习环境描述为学校或者教室的基调、文化、氛围或者气氛等（Logan，Crump & Rennie，2006）[2]。乔纳森（Jonassen）认为学习环境是学习者共同体一起学习或相互支持的空间，学习者控制学习活动，并且运用信息资源和知识建构工具来解决问题。国内学者何克抗、李文光将学习环境看作学习资源和人际关系的组合，其中学习资源包括学习材料（即信息）、帮助学习者学习的认知工具（获取、加工、保存信息的工具）、学习空间（如教室或虚拟网上学校）等；人际关系包括学生之间的人际交往和师生人际交往[3]。

从国内外学者对学习环境的描述中不难发现，学习环境既包括物理设施，如教室空间、课桌椅、教学装备等，同时又包括元素间的相互关系，如学习者与学习资源的交互、学习者之间的人际交往和文化等，可以说物理特性、关系特性及文化特性是学习环境需要具备的基本元素。

最典型的学习环境就是我们的教室或者课堂[4]。未来学校创新教室布局，配备可移动、易于变换的桌椅设施，提供更加丰富的技术和资源，支持教师开展多样化的教学活动；探索包括学习角、开放式长廊、社会性活动空间及生活休闲空间等在内的非正式学习空间的设计；扩展学校的公共空间，给学生提供更多的活动和交往空间，让学生在交往中建立人际关系，了解自己与他人的思想感情，提升学生的理解能力和控制能力；打造数字化学习社区，利用虚拟现实、物联网、学习分析等新技术，提供更加智慧的育人环境。

例如，欧洲学校联盟于 2012 年 1 月在布鲁塞尔成立了"未来教室实验室"创新项目。

---

[1] FRASER B J, WALBERG H J. Educational environments[M]. Oxford: Pergamon Press, 1991.

[2] LOGAN K, CRUMP B, RENNIE L. Measuring the Computer Classroom Environment: Lessons Learned From Using a New Instrument[J]. Learning Environments Research, 2006, 9(1): 67-93.

[3] 何克抗, 李文光. 教育技术学[M]. 北京：北京师范大学出版社，2002: 187.

[4] 李葆萍, 江绍祥, 江丰光, 陈桃. 智慧学习环境的研究现状和趋势——近十年国际期刊论文的内容分析[J]. 开放教育研究, 2014, 20(5): 111-119.

该项目是为了支持教与学的方式变革，呈现如何重新组织传统的教室和其他学习空间。未来学校实验室由六个学习区组成，分别为交互区、展示区、探究区、创造区、交换区、发展区，如图 1.6 所示[1]。每个学习区侧重于特定的教和学领域，并且联动组织各个关键点：物理空间、学习资源、教师和学生角色变化、支持不同学习类型，从而为开展新型教育教学提供空间组织支持。

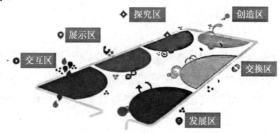

图 1.6　欧洲学校联盟"未来教室实验室"

3. 学习新方式

技术丰富性是未来学校的一大特征。技术参与教与学，为教育发展难题（如教育的公平、优质、创新、个性、灵活等）提供解决方案。在技术设备的加持下，学习已经从由人自身单独开展变为人与技术设备协同完成的"人机结合"方式。不同学校运用技术解决问题的突破口各不相同。

例如，美国费城未来学校借助网络和移动终端设备，帮助学生随时随地开展学习，允许每位学生有不同的学习进度；美国硅谷的 AltSchool 通过系统记录师生行为数据，为学生提供精准教学，架设个性化学习平台，提供个性化学习服务；日本东京虚拟学校利用在线平台为学生增加学习机会，共享优质课程资源；美国高中联盟 MTC 应用技术平台为每位学生提供动态跟踪的全息档案，实现学生学习过程的动态记录及学习能力的实时评估。

4. 课程新形态

未来学校要构建满足学生个性需要的课程体系，需要重新审视传统学科分类，改变单纯以学科逻辑组织课程内容的做法，强调以学习者的经验、个体生活和核心素养为基础，打破学科的固有界限，以真实问题为核心进行课程重组，转变过分注重知识学习、轻视实践体验的状况，显著增加学生动手实践和体验感悟的时间，增强学生与自然、社会和实际生活的联系，让学生用完整的视角去发现和解决问题、体验和感受生活，培养学生的创新精神和实践能力。

例如，美国纽约的思考全球学校（THINK Global School）被称为世界上第一所旅行式学习高中。其研发的"我们来探索"（weXplore program）就是学校的特色课程，通过每年四个国家的旅行安排，让学生接触与了解独特的异域文化。学生在墨西哥探索玛雅文明，

---

[1] 搜狐网. 未来已来，世界各国都做了哪些"未来学校"计划？[EB/OL]. (2018-10-15)[2021-05-22]. http://www.sohu.com/ a/259657325_379440.

在中国攀登长城，在肯尼亚与大象共舞，在布拉格感受基督教的千年传承[1]。行前，学校对学生将前往的各个国家做好了一系列的教学计划，包括如何与当地社区、学校互动，饮食住宿安排等，并在旅行途中及归来后强化相关知识的学习。正所谓"读万卷书，行万里路"，在这样身临其境地实地探访和体验世界不同文明、国家、宗教、气候、地理、经济、人文、语言和建筑的课程项目中，学生完成了与旅行联动的多方面深度学习，实现全面发展。

5. 组织新架构

未来学校不再拘泥于传统的组织体系，学校的交流组织也不必只能在学校之间展开。需要打造多元主体参与的全方位学校组织管理结构，增加家庭、企业等其他社会主体在教育中的参与度，促使学校从封闭走向开放，学校与社会、政府和家庭形成良性互动，共同为学生创设多元融合的学习组织保障。

例如，为了培养面向未来的国际型高科技人才，2014 年日本在"信息化时代教育愿景"的推动下开展了"超级科学高中"建设计划。该计划通过打造由政府管理机构、科研院所、高校、民营企业和指定中学组成的产学研一体化，治理、学习和实践贯通式的组织管理平台来促进优秀高中的发展，进而带动日本基础教育改革，如图 1.7 所示[2]。

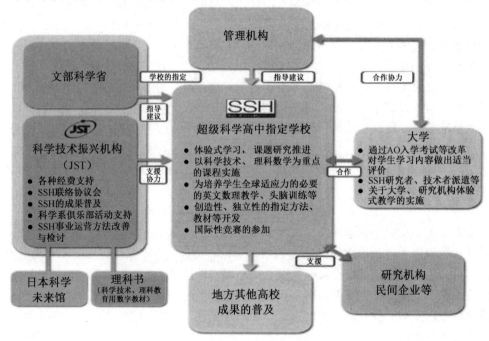

图 1.7 日本"超级科学高中"建设计划

---

1 搜狐网. 思考全球学校：在全球旅行中学习，行走中感知世界[EB/OL]. (2019-03-07)[2021-04-22]. http://www.sohu.com/a/299656990_691021.

2 搜狐网. 全球国家"未来学校"到底什么样？[EB/OL]. (2019-09-16)[2021-04-22]. http://www.sohu.com/a/341092715_120080528.

第三节 未来学校的空间与学习

空间是一切人类活动发生和发展的物理场域承载，学校教育与学习活动也同样必然发生在一定的空间环境之中，任何教育和学习实践得以展开的首要条件便是适当的空间物理环境。学习空间的形态、尺度、色彩和光影等元素会对空间内人的行为产生暗示或引导。如果有意识地对空间环境进行设计，可以用不同的空间来引导学习与教学行为，制约不良或消极的行为。然而，在很长一段时期中，学习空间发展缓慢，逐渐走向固化，越来越不适应现代社会人才培养的需求。为了培养未来社会所需的人才素质，学习空间的设计正在得到重视，尤其是计算机网络技术的发展与普及给学习空间注入了变革的强大动力和崭新的元素。

■ 一、学习空间对学习的重要性

学习是学习者的内在认知结构与外界学习环境互动的结果[1]。我国自古就重视环境对育人的影响，"近朱者赤，近墨者黑"和"孟母三迁"等论述不胜枚举。苏联教育学家苏霍姆林斯基说："在学校走廊里的墙壁上、教室里、活动室里，孩子在他周围经常看到的一切，对于他的精神面貌的形成具有重大意义。"我国教育家陶行知先生曾指出："天然环境和人格陶冶有密切的关系。"近年来，很多实证研究也已经证明学习环境对学习有很大影响。良好、适宜的环境刺激能帮助学习者更有效地适应外部环境，并主动地朝与环境积极互动的方向发展[2]。大量行为研究发现，外界环境能够对个体的注意力、记忆力等方面产生影响。卢家楣等人发现与白色书写纸相比，绿色书写纸更能引起学生正向、积极的心理体验，更利于注意力的保持[3]。教育心理学、发展心理学与环境心理学也从不同的角度研究空间及其心理影响。教育心理学强调应营造良好的学习环境来促进学生的学习；发展心理学认为应给不同心理发展阶段的学生提供相适应的外部环境；环境心理学系统研究环境与人的心理之间的相互作用和关系，认为环境与人的行为会呈现相互制约的关系[4]，学生置身于优美舒适的校园环境中，可能会潜移默化地使学生行为得体，激发学生奋发向上的学习动力。

---

1 林静. CAT：基于学习科学的科学概念学习环[J]. 全球教育展望，2009(10): 31-35.

2 单文顶, 袁爱玲. 环境如何影响幼儿发展：来自脑科学的证据[J]. 早期教育（教科研版），2016(2): 30-33.

3 卢家楣, 卢盛华, 贺雯, 等. 绿、白两种颜色书写纸对学生心理影响的对比研究[J]. 心理科学，2003, 26(6): 41-44.

4 化明明. 基于环境心理学的昆明市高校户外空间研究[D]. 云南：昆明理工大学，2011.

脑科学、学习科学、心理学等不同领域为学习空间对学习的影响提供了证据。

1. 脑科学关于学习空间的观点

脑科学的研究发现，环境的丰富性与脑的正常生长之间存在联系，纽约大学通过对老鼠脑生长与环境关系的研究发现，"在丰富环境中的老鼠拥有更多的神经突触，因此把学习任务完成得更好"[1]。为促进学生大脑的正常发展与生长，应当为学生提供适度丰富性的学习环境，以及确保脑运作的良好的学习条件和物质环境[2]，如满足生理需求的公共空间、舒适优美的室内空间、多样的游戏场所等。

2. 多元智能理论关于学习空间的观点

美国哈佛大学心理学教授霍德华·加德纳提出多元智能理论，其核心教育思想认为，人有多种智能类型，教育的起点在于教师怎样使儿童变得更聪明、在哪些方面聪明[3]。学习空间的建筑师应思考如何添加适合多元智能培养的新因素，选择合适的空间组合，尊重学生个性化发展需求，通过营建不同学习空间促进学生多种智能均衡发展，形成语言、数理逻辑、人际关系等多种智能培养的专属区域。

3. 建构主义学习理论关于学习空间的观点

建构主义学习理论认为，学习是学习者在与环境的交互作用过程中主动建构知识体系、获取知识的过程，需要关注学习的社会合作性及学习的情境性。在教与学过程中，学生是建构知识的主体，教师必须为学生营造相应的学习情境，包含实现学习目标、解决问题等所需的信息，以支持并促进学习者主动学习、探究性学习，锻炼学生学以致用的能力。基于此，学习空间的规划与设计需要注重学生原有经验与新经验之间的关联，学生的社会交往需求，空间的灵活性、可组合性及学习情境的营造等，促进营造开放、互动、丰富、浸润式的学习空间，帮助学生利用各种工具和信息资源，达到自己的学习目标[4]。

4. 需求层次理论关于学习空间的观点

美国心理学家马斯洛提出的需求层次理论中，将人类的需求分为生理需求、安全需求、社交需求、尊重需求和自我实现需求，要求从学校的物质环境到开放性学校空间、融合性空间、富有文化内涵的空间环境，能够由低到高契合学生的心理需求，助力学生实现自我价值。

1 解建团. 脑科学与教育[D]. 西安：陕西师范大学，2004.
2 邵兴江. 学校建筑研究：教育意蕴与文化价值[D]. 上海：华东师范大学，2009.
3 裴新宁，张贵春. "多元智力"：教与学的关注与理解[J]. 全球教育展望，2001(12): 19-22.
4 邵兴江. 学校建筑研究：教育意蕴与文化价值[D]. 上海：华东师范大学，2009.

二、学习空间对学习的影响

很多学者研究发现，学习环境会对师生教学产生不同的影响。例如，弗雷泽、穆斯和沃尔伯格等从师生对学习环境感知的角度来收集和分析数据，考察师生对学习环境的主观感受及其与教师教学和学生学习效果之间的关系，师生对学习环境的主观感受会影响教师教学活动的选择和学生的学习效果。学习空间感知因素包括色彩、照明、温度、声音、建筑物的形状与排列、设施配置等。

1. 环境要素对学习的影响

学习空间中的物理环境要素（如光线、色彩、温度等）会给人带来不同的生理与心理感受，将直接影响师生的情感体验与身心活动[1]。2011—2012 学年，索尔福德大学的建筑环境系教授 Peter Barrett 的研究团队调查研究了英格兰 7 所小学 34 间教室 751 名学生，发现教室空间设计对学生的学习进步有 25% 的贡献[2]。光线、温度、颜色、声音、家具、空气质量等会不同程度地影响师生的教学心理与行为。

充足的自然光可优化学生的情绪，增强兴奋水平，提高学习效率。Heschong Mahone集团在 1999 年对 2000 间教室调查后发现，对比非自然光环境，学生在自然光环境的教室学习，其数学成绩提高要快 20%，阅读成绩提高快 26%。很多学校通过混合照明（包括自然光和可控光源）对教室的光线进行调节。另外，加利福尼亚州卡马里奥的 Rancho Campana 学校将教室环绕于"村庄绿地"之中，保证学生们可以在充足的自然光线下露天学习[3]。

温度是影响学生在课堂上的舒适感受的最重要因素之一[4]。与心理状态相比，温度变化对生理状态的负面影响更大[5]。高温会使学生的心率升高，有关大学生的认知表现研究发现，开始测试时的平均血压、测试期间的最高心率都和气温有关[6]。一般来说，温度在

---

[1] 李秉德. 教学论[M]. 北京：人民教育出版社, 1991.

[2] 张渝江. 未来学习空间的展望[J]. 中国信息技术教育, 2015(7): 98-101.

[3] 必达更好的学校建设. 21 世纪课堂的六大设计要点，创建一个现代的学习环境[EB/OL]. (2019-07-24)[2021-05-13]. https://mp.weixin.qq.com/s?__biz=MzkzODE4NjA5NA==&mid=2247534006&idx=1&sn=6dadb7e38206ffb4da73f2755bb7b390&source=41#wechat_redirect.

[4] YANG Z, BECERIK-GERBER B, MINO L. A study on student perceptions of higher education classrooms: Impact of classroom attributes on student satisfaction and performance[J]. Building & Environment, 2013, 70(15): 171-188.

[5] ZHANG Y, ZHANG J, CHEN H, et al. Effects of step changes of temperature and humidity on human responses of people in hot-humid area of China[J]. Building&Environment, 2014, 80(7): 174-183.

[6] SIQUEIRA J, SILVA L, COUTINHO A, RODRIGUES R. Analysis of air temperature changes on blood pressure and heart rate and performance of undergraduate students[J]. Work, 2017, 57(1): 43-54.

20～24℃是体感最舒适、最有利于学生学习的[1]。

色彩以其独有的感性特征，可以激发处于空间之中人的想象力，传递空间的情感[2]，对师生的情绪和学习表现产生影响。例如，蓝色可以帮助学生放松，感到平静；彩色的设计可以激发学习者的积极情绪，提高学习者的学习动机，降低学习者所感知的学习材料的难度[3]。

声音可能会成为学习的催化剂，或者直接分散学生的注意力。在噪声控制方面，学生和教师都指出，相邻的教室中的设备噪声和教师讲课的声音是干扰他们的主要因素[4]，设备噪声一般包括电灯、暖风、空调系统、视听设备及计算机的噪声。这些噪声会使学生过早疲劳，消耗他们的认知能力[5,6]，对小学生的学习和学业成绩有负面影响[7]。

2. 空间形态对学习的影响

学习空间的多样性可为师生提供更丰富的信息量，而长期单调的环境则不利于思维能力与智力水平的提高。例如，法国巴黎长颈鹿育儿中心用一只巨大的黄色长颈鹿的形状贯穿学校，用城市丛林的形象激发了儿童的想象力。打通教室与走廊的墙壁，建设开放式教室、教学楼，将走廊开辟为不同学年、不同学科学生的公共学习空间，促进学生的协作学习，形成良好的人际关系；连接教学楼、不同功能区域，建立连廊模式，有利于学生互动玩耍、学习交流，适应选课走班的教学模式；此外，灵活弹性地摆放课桌椅、改造教与学的空间可支持学生的主动学习和团队合作。例如，芬兰东部的 Heinävaara 开放式学习环境学校，学校创建移动式教室，并设置移动隔板，根据不同的教学需求进行改造，引导学生主动参与学习。

---

[1] LEWINSKI P. Effects of classrooms' architecture on academic performance in view of telic versus paratelic motivation: a review[J]. Front Psychol, 2015(6): 746.

[2] 李琳. 色彩在室内设计中的应用研究[D]. 北京：中央美术学院, 2016.

[3] 龚少英, 上官晨雨, 翟奎虎, 等. 情绪设计对多媒体学习的影响[J]. 心理学报, 2017, 49(6): 771-782.

[4] ZANNIN P, MARCON C. Objective and subjective evaluation of the acoustic comfort in classrooms. Applied Ergonomics[J]. 2007, 38(5): 675-680.

[5] KRISTIANSEN J, LUND S, PERSSON R, SHIBUY H, NIELSEN P, SCHOLZ M. A study of classroom acoustics and school teachers' noise exposure, voice load and speaking time during teaching, and the effects on vocal and mental fatigue development[J]. International Archives of Occupational & Environmental Health, 2014, 87(8): 851-860.

[6] SARLATI S, HARON Z, YAHYA K, DARUS N, DIMON N, ATHARI P. The Importance of Acoustic Quality in Classroom[J]. Jurnal Teknologi, 2014, 70(7): 71-76.

[7] GILAVAND A, JAMSHIDNEZHAD A. The Effect of Noise in Educational Institutions on Learning and Academic Achievement of Elementary Students in Ahvaz, South-WestofIran[J]. International Journal of Pediatrics, 2016, 4(3): 1453-1463.

3. 设施配置对学习的影响

教育信息技术的发展革新了教学的学习设施配置，为学习空间赋能，推动学生核心素养的发展。Newhouse 认为计算机是一种具有双向交互功能的设备，计算机软硬件增加了教师、学生、教材之间的互动途径，从而提高了整个学习系统的复杂度和学习的多样性，增加了学生开展个别化、探究性和协作化学习的机会[1]。随着移动终端技术、云计算技术等在教育领域的应用，教室技术装备有了极大的扩展，能够为学生提供情境感知、多种交互通道及自适应学习等功能。例如，智慧教室所装备的技术融合了真实和虚拟学习空间，多层次、多通道地扩展教学交互活动，支持学习获得真实的学习体验；智慧教室还具备对学习过程数据和学习环境数据的自动化采集、分析、建模和决策能力，为教师和学生提供全程化的教学管理和支持[2]。

通过对前述一系列相关研究的梳理和分析，可以看出在教育和学习过程中，学习空间在其所涉及的诸多元素中具有举足轻重的全局性影响，对学习者、学习过程和学习方式都起着基础性与引领性的作用，在技术装备日益深入课堂、变革传统学习空间的当下更是对接未来的关键桥梁。因此，未来学校今后发展的重要突破点之一就是对学习空间的变革。未来学校区别于传统学校的突出特点便是突破了时间和空间层面上的限制。传统学校各学段的分离、各年级的分隔、各班级的分设将因学生的合作学习、混龄学习而消融重构；封闭的学校围墙，各教室之间隔绝的墙面，校园内教学、运动、生活区的功能隔离等，因教室可移动的隔板、透明的玻璃、灵活的多功能分区等不具有封闭区隔的设计而消失。传统学校空间上隔绝的形式正在消解，学生只能在教室里学习的观念也在转变，学校空间将呈现出多元的形态，传统的长方形的教室空间结构将被打破；圆形、多边形的教室设计更加常见，甚至出现无教室学校，泛在教育正在兴起。未来学校区别于传统学校的特征是其时空的多元化，即未来学校时空将从一元走向多元、从单一走向复合。未来学校时空的安排将由学生做主，以满足学生需要为前提。虚拟学习空间也越来越受到关注，学生可以突破时空的限制，在任何时间、任何地点开展自主学习。

三、学习新形态呼唤新型空间

学习空间作为一种为教育和学习服务的功能性空间环境，由教育和学习的需求、需要所塑造和决定，同时又会对教育的变革发展产生反向推动作用。随着新一代信息技术得到广泛应用，教育和学习发生巨大变化，课堂从以教师为主导转变为以学生为中心，各种非正式学习和泛在学习方式的出现，必然要求承载学习活动的空间产生与之相匹配的新变化。

---

[1] NEWHOUSE C P. Development and use of an instrument for computer supported learning environments[J]. Learning Environments Research, 2001(2): 115-138.

[2] 李葆萍, 江绍祥, 江丰光. 智慧学习环境的研究现状和趋势：近 10 年国际期刊论文的内容分析[J]. 开放教育研究, 2014(5): 111-119.

在各种不同的发展变化之中，技术融入教育推动的学习空间智能化、学习组织新形式引发的教室形态重构和学习方式多元化导致的不同空间融合成为新型学习空间的代表性发展趋势。

1. 技术融入教育推动学习空间智能化

20 世纪末以来，随着信息技术的发展，计算机、多媒体和互联网等数字技术逐渐进入校园和课堂，开始进入数字空间时代。随着近年来云计算、大数据和人工智能技术的发展和完善，学习空间逐步向智慧阶段发展。

在教室中，信息技术与课堂的深度融合发生在实际的教学场景中。教学课堂不再是传统意义上的"预习—上课"，而是利用网络学习平台、教育数据分析模型和学习智能感知设备，在教学结构、教学模式与教学方法上进行深度变革，实现对学习过程的了解和引导，以获得高效的教学效果。其特点包括：各种技术装备深入教育全流程，从区域—学校—课堂三个层面为教育教学赋能；各种教育资源（包括班级资源、校本资源和社会网络优质资源）无缝共享、优化配置；真实记录学生个体和学习过程的行为状态，支持个性化指导和精准诊断、调整和反馈；支持实时智能调节空间内部环境，空间舒适度大幅提升，保证学习生活福祉；师生和生生之间开展多种交互，包括面对面、网络远程、实时音视频和同异步学习社群等。

2. 学习组织新形式引发教室形态重构

在面向未来的教育教学变革中，学校的学习组织结构开始摆脱层级化的行政管理形式，走向扁平化的"管理+服务"形式。例如，有些学校打破传统的班级编排形式，把数个来自不同年级的班级组成一个班组群，数名教师共同组成家庭式的工作团队，承担一个班组群所有学生的教育及管理工作。还有的学校以学科作为组织桥梁，根据学科要求打造与之适应的学科教室，根据各个学科的特点和需求来指导教学的组织和管理。

在这样的扁平化组织形式之下，原先占据主流的、全校统一的班级教室已经无法适应新形势的需要，开始向可以容纳多个班级的大型班组群教室和适合对少量层次相同需求相似的学生开展针对性教学的小班教室分化发展。教室之间也不再是封闭的，相邻相关教室之间采用可以灵活调整的弹性区隔，加强不同教室学生的交流互动，帮助教室根据现实需要实现灵活重构组合。此外，支持教室内部小组合作学习的协作教室及高度适配各个学科特点和需要的学科教室也开始不断涌现，使得高度统一的标准教室空间开始向着多元化、个性化和定制式的方向发展。

3. 学习方式多元化导致不同空间融合

学习方式多元化，各种学习空间形态开始摆脱传统上封闭而独立的架构体系，学校空间、家庭空间、网络空间和社会空间开始互联互通、有机融合，共同促进了"泛在学习"时代的到来，使得学习者有可能脱离时空的限制，在任何时候、任何地方都可自由地开展学习活动。

第四节 学校学习空间现状调查

为了对目前的学校学习空间现状有更直观的了解，获取第一手信息，我们结合未来学校学习空间特征和发展趋势编制了调研内容，开展了针对一线在职教师的相关调查。

一、学习空间感知评测工具

学习空间环境的情况来自教师对其所任教学校的空间环境的感知，主要通过问卷工具来开展调查。现有的关于信息化教室的调查问卷有 TROFLEI（Technology-Rich Outcomes-Focused Learning Environment Inventory）、TICI（Technology Integrated Classroom Inventory）、CCEI（Computerized Classroom Environment Inventory）等。这些工具主要适用于普通的信息化教室环境。作为学习空间的一个典型类别和实例，信息化教室和一般意义上的学习空间既有关联又有区别。比如，新型学习空间的一大表征就是技术设备融入空间设计，成为学习空间的重要组成部分；又如，新型学习空间强调通过创设适宜的学习环境，帮助学习者提高学习效果，实现全面发展，这同样离不开现代信息技术与装备。但是，在传统的信息技术之外，新型学习空间还注重基于学习数据的教学分析诊断与改进的智慧学习环境元素，同时在技术装备之外的物理环境、空间元素和教育意义设计等方面具有鲜明的特征。这些新的特征应当在测量工具中加以体现。基于此，我们选择了智慧学习环境量表[1]。相较其他信息化教室感知量表，其突出特点在于它更全面、准确地描述了智慧学习环境，重点强调空间设计、智能化学习和线上空间的师生交际等。以此为基础，再补充上其他学习空间元素的量表共包括 12 个维度，具体如表 1.1 所示。

表 1.1 学习空间环境量表介绍

维 度	描 述	示 例
教室装备	教室的家具、信息技术基础装备和设备配备及性能	教室安装有控制系统，需要输入自己的账号（刷卡）才能进入
空间弹性	教室空间的重新布置和安排，技术的弹性使用	教室能重新摆放桌椅，变成会议室或者小剧场等
技术使用方式	各类技术设备的使用方式和场景	教师通过计算机、平板电脑或其他电子设备向学生推送学习信息
数据应用	教学数据的可获得性和分析处理程度	学生有一个电子档案袋，记录自己的学习情况

[1] LI B, KONG S, CHEN G. Development and validation of the smart classroom inventory[J]. Smart Learning Environments, 2015, 2(1): 1-18.

维度	描述	示例
使用体验	师生对空间设计和技术设备效果的感受	教室里的设备或软件用起来很容易
个别化教学	教学活动对学生个性化需求的满足和支持程度	课堂上学生可以按照自己的步调学习
探究性教学	对学生探究性学习活动的满足和支持程度	学生会对教师提出的问题或者讨论的问题开展一些调查来求证
协作化教学	对学生协作化学习活动的满足和支持程度	学生会和同学及教师以外的其他人合作完成一项学习任务
师生关系	教师对于学生学习的关爱和支持，以及师生的交互	教师会了解学生最近的情绪和感受
室内环境	室内物理环境（光线、温度、空气等）对于学习的支持程度和人的舒适程度	学校/教室的自然采光充足，白天一般不用开灯
空间设计	空间的设计方式：空间布局，教育意义设计，环保理念、配色、安全性等	走廊等连接空间采用有教育意义的设计，如校园文化墙、走廊博物馆等
社会化开放性	学校对于社会资源的引入情况以及向社会开放自身资源的情况	学校将一些自有场馆在课余时间向社会开放

二、学习空间现状调查

基于上述量表工具，本节编制了学习空间现状调查问卷，包括 12 个维度 49 道题目。本次调查问卷通过在线方式发布，作答者可以选择用手机或计算机完成。

1. 参与调查的样本情况

本次问卷发放的对象是中小学校的一线教师，最终共回收有效问卷 366 份。本次调查中被调查教师的基本情况如表 1.2 所示。

表 1.2 被调查教师的基本情况（共计 366 人）

特 征	类 别	数 量/人	占 比
年龄	20～35 岁	181	49.45%
	36～50 岁	165	45.08%
	50 岁以上	20	5.47%
教龄	3 年以下	74	20.22%
	3～5 年	47	12.84%
	6～10 年	51	13.93%
	11～20 年	113	30.87%
	20 年以上	81	22.14%
学段	小学	287	78.42%
	初中	55	15.02%
	高中	24	6.56%

续表

特　征	类　别	数　量/人	占　比
	农村学校	170	46.45%
学校类型	城区普通学校	109	29.78%
	城区重点学校	87	23.77%
	河北	265	72.40%
	广东	79	21.58%
所在地区	贵州	13	3.55%
	北京	5	1.37%
	广西	2	0.55%
	福建	2	0.55%

2. 各维度的得分情况及现实意义解读

本次调查问卷中各维度的得分情况及问卷结果在 12 个维度的现实意义解读如表 1.3 所示。

表 1.3　各维度的得分情况及现实意义解读

维　度	得　分/分	解　读
教室装备	2.59	该维度分数出现较大分化，教室中课桌空间和投影设备的配备相对较多，而空调设备和控制系统普及率很低
空间弹性	3.04	该维度得分存在差别，教室用途固定，空间弹性较低；学校中有灵活性更好的空间，但总体情况一般
技术使用方式	2.38	从该维度均分基本略高于 2 分可以看出，信息技术设备在作业完成、信息推送、课程材料、学习讨论、家校交互和资源共享等场景的应用率都较低
数据应用	2.04	从该维度均分基本在 2 分上下可以看出，历史作业数据和学生学习数据的应用率很低
使用体验	3.66	该维度得分较高，说明技术设备的使用体验和效果较好，得到了教师认可，尤其是对激发学生兴趣动机的作用最好
个别化教学	2.48	该维度得分基本在 2.5 分左右，说明学生在自主学习方面的选择余地较小，课堂可能仍旧处于教师的高度把控之中
探究性教学	2.92	该维度得分存在差别，整体得分居中，说明学生的探究性活动在学习中有一些开展，其中学生自主探究相对较少，教师会相对注重让学生为其观点提供一些依据
协作化教学	2.87	该维度得分存在分化现象，说明学生会与教师、同学或者其他人开展合作，但更多的是课堂内部交流分享，与教师、同学之外的人交流讨论的情况较少
师生关系	3.32	该维度得分出现分化现象，说明师生之间有交流互动，但这种互动中教师对学生的关注较多，学生对教师的关注较少
室内环境	3.75	该维度得分都较高，说明学校室内环境状况不错，自然采光，灯光强度和空气质量都较好
空间设计	3.24	该维度得分出现分化现象，说明在空间设计中，接触自然、节能环保、教育意义和配色等方面都不错，但安全性仍有待加强
社会化开放性	2.74	该维度得分不高，说明学校较少注意社会化开放，且相对地更多利用社会资源，自身开放更少

三、启示和建议

问卷调查结果表明,目前的学习空间在不同的维度上出现了较为明显的分化,同时在一些维度内部的不同方面也出现了差别。这些结果,尤其是相对薄弱的方面对于开展学习空间建设提供了有价值的启示,具体表现在以下几点。

1. 学习空间建设要注重以人为本,更加关注学习者的福祉

问卷调查的结果显示,目前在教室温/湿度调节和校园设计人性化安全性方面存在较大不足。如果说学习空间的物理结构布局代表了空间建筑"硬配置",那么这两个方面则更多地代表了"软环境"的一面。

首先,从调查结果可知,目前对教室的光照等传统元素方面的配置已经取得了较好的效果,但对于温/湿度则较为忽视。尽管从我国教育传统而言,基础教育阶段教室大都以配备电扇为主,较少采用空调等设备,但随着经济的发展,空调等设备已经成为各行各业的标准配置,在经济条件允许的情况下,学习空间同样可以与时俱进。同时,我国基础教育阶段在很多地区还存在大班额现象,在炎热的夏季,师生会大汗淋漓、十分难受。这不但会严重妨碍正常的教学活动,还会对身体机能造成负面影响甚至危及健康。

其次,一味追求华丽的外在容易出现本末倒置的情况,校园空间发挥教育功能的前提就是学生能够舒适而安全地在校园中生活和学习,空间设计的人性化、安全性考量应该始终被放在重要甚至优先的位置上,在空间建筑设计中应该更多地对学生的性格、年龄、特征做出有针对性的前瞻式预设和事后反思式调整。

学习空间是为学习者创设学习环境的场所,但学习者在其中并不单单是在学习,同样也在生活。人的学习和发展是全方位的,学习者的福祉也是多面而无处不在的,校园空间要发挥教育功能,促进学生全面发展,就要改善学习空间的人性化和舒适程度,在学习空间的建设中真正做到以学习者为中心。

2. 强化技术设备的多场景贯通式应用,更好地为教育教学服务

问卷调查的结果显示,目前在学习空间中技术设备的多场景深度应用存在较大不足。尽管计算机、多媒体系统、投影仪、电子白板等技术装备已经在学校中得到了广泛应用,但这种应用还更多地停留在显示和展示的单一层面,在作业完成、信息推送、课程材料、学习讨论、家校交互和资源共享等更多教育场景则应用很少。这样的单一场景的技术应用没有完全发挥出技术装备的潜力和特长,需要在学习空间建设中大力加强技术设备的体系化建设,实现多场景贯通式应用,提高学习效率,优化学习效果。

3. 学习空间需要为以学习者为中心的教育变革提供支持

问卷调查的结果显示,目前在学习空间中仍然较多地采用传统的以教师为中心的模式,

对于探究性学习和个别化学习等更加关注学生个性需求和探究体验的方面较为忽视。随着近年来教育事业的发展和教育改革的深入，传统的以教师为中心的课堂模式开始动摇，教师角色开始转型，需要逐步从课堂主导者转变为学习活动的组织者和引导者。只有将学习主导权交还给学习者自己，才能更充分地调动学习者的积极性，更好地提升学习效率和效果。作为学习活动开展场所和支撑平台的学习空间也要紧跟这一变革趋势，在教室布局、空间设计、技术装备配置、数据采集、虚拟空间建设等方面也要以学习者为中心，更好地实现学习空间与学习活动的匹配和契合，推动教育事业全面发展。

4. 发掘学习数据价值，建设数据空间和数据平台

问卷调查的结果显示，目前在学习空间中对数据平台的利用不足，作业的历史数据和学生学习数据的应用率很低。在新技术的助推下，学习空间已经从单纯的物理实体空间拓展为实体+虚拟空间。在虚拟空间平台中，学习数据起着基础性和引领性的作用，尤其在作业完成、考试分析、学习讨论和交互、历史数据保存和学生学习数据记录等动态生成方面有着无可替代的作用。例如，学生以往的考试成绩、错题选项对应知识点和历史作业情况可以帮助教师和学生自己掌握学习情况的历史轨迹和发展变化情况，为目前的学习提供对比基础，为未来的学习提供针对性启示。这样的学习数据既可以为教师掌控全班整体情况提供基础支持，也能为教师对个体学生辅导加强和学生自我反思诊断提供保障，从而使教育教学更加精准化。

第二章

——CHAPTER2——

学习空间的历史与发展

历史学家汤因比曾说："人类的生活是生活在时间的深度上的；现在的行动的发生不仅在预示将来，而且也根据了过去。假如你随意忽视、不去思考甚或损伤过去，那么你就妨碍自己在现在去采取有理智的行动。"

探寻过去的历史对于把握现在和预测将来都具有重要的指引意义，要探索面向未来教育的新型学习空间，梳理和反思人类历史上学习空间变迁发展的过程也同样必不可少。

第一节　学习空间的发展历史

学习空间是指开展学习活动的场所，它蕴含着学习可以发生在任意空间场所的隐喻[1]。学习空间一般包括物理实体空间和虚拟线上空间，本节所论述的学习空间主要指的是人类历史上早已有之的物理实体空间，主要包括教室空间和其他校园空间。

在漫长的历史进程中，传承于各自不同的文化渊源，我国与国外其他文明走上了各具民族文化特色的学习空间发展之路。经过不断演变，最终又在 19 世纪工业革命大潮中确立的集中授课式学习模式下趋于统一。

一、我国学习空间发展历史

我国有数千年的悠久历史和灿烂文化，在学习空间的使用和设计方面同样也有源远流长的传承。在漫长的历史长河中，我国不同时期、不同朝代出现了各具特色的学习空间形态。

1. 夏、商时期的起源

我国历史上学校起源于夏、商时期，当时的主要教学内容为"六艺"，而"为政尚武"是当时的政治指导思想，教育配合这两件国家大事来进行，于是具有军事训练意义的武，成了当时教育的主要内容。夏、商、周的教育机构有"庠、序、辟雍"等，序是一间无墙无室的敞厅，为射箭习武的地方；辟雍是天子的乡射之宫，在一块周围环水的圆形土洲上，

---

[1] 许亚锋，尹晗，张际平. 学习空间：概念内涵、研究现状与实践进展[J]. 现代远程教育研究，2015(3)：84-96, 114.

盖上一间简陋的茅草房子，作为天子游射、飨宴、习乐的地方，这间茅草房子又称射庐。无墙无室的房子和茅草房子应该是教室的雏形。这种结构与当时的社会生产生活的需要相适应，其内部布局和其他器物的配置按当时的生产条件进行布置，以最大化便利习射。

2. 春秋时期的私学

春秋时期，孔子创办私学，"有教无类"，不分贫富贵贱开门讲课，以自由讲学的模式开展教学，《庄子·渔父篇》记载，"孔子游于缁帷之林，休坐乎杏坛之上。弟子读书，孔子弦歌鼓琴。"孔子垒土筑坛，并移来银杏树栽在坛边，就形成杏坛，即孔子讲学的地方。在缺少资金支持的情况下，又是私学启蒙阶段，这是与尚武习射不同的另一种"教室"的原始形态。

3. 汉代的太学

进入封建社会，汉朝设立官学太学，建立太学校舍和博士舍，博士舍中有内外讲堂。这个讲堂就是官学中的教室形态。私学进一步发展为书馆、乡塾、精舍（精庐）。精舍一般位于林壑幽深、风景优雅、远离市井之地。私学大部分是在经师自己的宅第举办，有的没有专门的施教场所，就在各种地点和场合随机开展教学活动。如李恂"潜居山泽，结草为庐，独与诸生织席自给"。汉代将经学作为主要的教学内容，自由研习和问难是其主要教学形式。无论是官学的讲堂还是私学的精舍，都已具有专门施教的场所，适应当时独尊儒学的政治需要，也为了满足统一帝制国家经济发展人才培养的需要。当时的教室形态已有发展和进步，室内已有专设的讲台席和学生坐席，竹简的应用也使室内的装备更显丰富。

4. 宋、元、明、清的书院与私塾

书院是我国宋、元、明、清时期与官立学校并行的一种学校教育机构，它是孔子私学教育传统的继承和发展。讲堂是书院的核心功能区，是教师完成讲学与论道的主要教学场所。嵩阳书院是我国四大书院之一，建于北魏，历经唐、宋、元、明不断增建，明末毁于兵火，清初重建。如图 2.1 所示[1]，书院中的讲堂是一座面阔三间、硬山卷棚式建筑。从实景图来看，讲堂的结构延续了汉代精舍与讲堂的形态，教室的布局主要适用于当时讲学与自由研习式教学方式，堂内的陈设也因木艺进步，教师的讲台有桌椅的出现，其他物品配置也是适应教学需要的。

岳麓书院建于北宋，其讲堂五间单檐歇山，前出轩廊七间，总面积 468 平方米，位于书院的中心位置，是书院教学重地和举行重大活动的场所，现存建筑为清康熙年间重建。讲堂的檐前和中央大厅挂有皇上所赐牌匾，四周的墙壁上嵌有名人的碑刻。讲堂的正中是一个高约 1 米的长方形讲坛，讲堂内不设椅子，学生自带蒲团席地而坐，以示对教师的尊

---

1 新浪博客. 嵩山之嵩阳书院（上）[EB/OL]. (2011-04-08)[2021-06-13]. http://blog.sina.cn/dpool/blog/s/blog_4e03443f0100qznp.html.

重。岳麓书院的创建晚于嵩阳书院,其讲堂内的布局与环境的创设似乎比嵩阳书院更加突出教师的作用和环境氛围对学生的影响,如图 2.2 所示[1]。

图 2.1 嵩阳书院讲堂外景

图 2.2 岳麓书院讲堂内景

大约在同一时期,私塾是不同于书院的另一种教育机构,主要是为幼童提供启蒙教育的场所。如图 2.3 所示[2],因为私塾位于塾师的宅第或家族的祠堂内,其教学场所室内的结构不同于书院讲堂开放式的结构,但其教学方式以诵读为主,在布局形式上与书院并无差

1 新浪博客. 岳麓书院·讲堂 [EB/OL]. (2009-10-22)[2021-05-07]. http://blog.sina.com.cn/s/blog_5f1b8c5f0100g4f7.html.

2 搜狐新闻. 古代流行大龄入学 小孩读书不好家人受罚(组图)[EB/OL]. (2009-10-22)[2021-05-07]. http://roll.sohu.com/ 20140221/n395463460.shtml.

别，室内也以木制家具和纸、墨、笔、砚作为主要的教育工具，而成为私塾教室的主要陈设物，同时也重视室内环境氛围的建设。

图 2.3 清朝私塾课堂

5. 近现代学堂

受国外班级授课制的影响，清政府于 1898 年下令改书院为学堂。以班级授课制为主要办学形式的学堂逐步成为教学的主要形式，如图 2.4 所示[1]。学堂内结构形态最大的变化就是黑板的出现，课桌椅布局变成了秧田式，教室的学生容量大大增加。

图 2.4 民国学堂

自民国到新中国成立，直到现在，学校教室形态并未发生太大的变化，教室的外形结

---

1 搜狐网. 不同时期的中国学堂的珍贵老照片[EB/OL]. (2017-07-29)[2021-05-07]. https://www.sohu.com/a/132907912_604223.

构以四方形为主，黑板、讲台和课桌是教室最主要的配置。尽管随着视听技术的发展，教室内配置的设备先后出现过幻灯机、录像机、录音机、电视机和多媒体计算机等，并且因信息技术的进步，这些产品逐步被电子白板、交互式触摸屏等设备所取代，但这样的教室整体模式基本固定下来，一直沿用至今。

二、国外学习空间发展历史

下面按照时间顺序挑选了具有代表性的学习空间形态加以简要呈现。

1. 雅典学院

公元前 4 世纪古希腊哲学家柏拉图举办雅典学院的逸闻传说被著名画家拉斐尔选为题材，为梵蒂冈教皇创作了经典壁画《雅典学院》，用来追忆曾拥有灿烂文明的黄金时代，如图 2.5 所示[1]。在柏拉图前方很显赫的位置上，斜坐着的沉思者是古希腊大哲学家赫拉克利特；在亚里士多德脚前的台阶上斜卧着一位衣冠不整、半裸其身、颇似乞丐的人物，他就是古希腊犬儒派哲学家第欧根尼。在他的外侧画面上，一位从第欧根尼身边走过去的人，摊开双手对他的行为表示无奈……总的说来，这些人物或行走、或交谈、或争论、或计算、或深思，完全沉浸在浓厚的学术氛围和自由辩论的气氛中。

图 2.5 雅典学院壁画

尽管雅典学院只是基于古希腊文化的传说，但画中气势磅礴的穹顶大厅、六角形的天花板、多立克式石柱、栩栩如生的阿波罗和雅典娜雕像，都为我们展现了古典时期的学习

1 搜狐网.《雅典学院》——文艺复兴时期理想美的化身 [EB/OL]. (2020-08-28)[2021-05-07]. https://www.sohu.com/a/ 415294348_100204451.

空间图景。尤其令人印象深刻的是，学习空间的兼容并蓄、自由开放的思想，打破时空界限，把哲学、数学、音乐、天文等不同学科领域的研究者会聚一堂的包容和博大，被表现得淋漓尽致。

2. 泥板书舍

一系列考古发现为我们揭秘了古代学习空间的诸多信息。20 世纪 30 年代，法国人在西亚两河流域发掘出了苏美尔人的学校遗址，也就是"泥板书舍"，如图 2.6 所示[1]。这所学校建造于公元前 3500 年左右，被认为是现今发掘的世界上最早的学校。这所房舍包括一条信道和两间房屋，大间房屋长 44 英尺、宽 25 英尺；小间房屋面积为大间房屋的 1/3。大间房屋排列着 4 排石凳，可坐 45 人左右；小间房屋排列着 3 排石凳，可坐 20 人左右。房中没有讲课用的讲台，但发现了很多泥板，被认为是学生的作业。苏美尔人办学的目的主要是为王室和神庙培养书吏或书记员。

图 2.6　泥板书舍遗址

3. 卢达斯

古罗马最早的一类学校大约于公元前 4 世纪中叶出现，被称为卢达斯（Ludas）。此时恰逢平民阶级政治权力增加，在父母家庭教育之外，需要有场所传授农业知识、军事技能，还有最重要的德育和公民责任，以为共和国培养合格的公民。此时的教学场所采用松散自

---

[1]　搜狐网.《文字知识》_苏美尔原始楔形文字的会意字 133 个[EB/OL]. (2018-06-30)[2021-05-07]. http://www.sohu.com/a/ 238575245_534801.

由的组织形式，如图 2.7 所示[1]。

图 2.7　卢达斯教学场景

4. 教会学校

在中世纪的西欧，基督教成为封建社会的支柱，教会逐步地控制了整个社会生活。在教育领域，教会学校纷纷建立并垄断了教育。西欧的教会学校主要包括三种类型：修道院学校、大教堂学校和区学校。作为教会的延伸，教会学校的教室往往被打上了深深的宗教烙印：穹顶立柱、威严的大厅、条形的桌椅、宽大的讲台、厚重的大门及对宗教信条的虔诚笃信。

尽管不同地域的文明孕育了各富特色的学校教室空间，但总体而言，由于社会生产力发展缓慢，这一时期的学校空间组织较为简单、松散，在漫长的历史时期中保持了基本稳定的样貌。

5. 近现代教室的形成

随着 16 世纪的宗教改革、17 世纪的资产阶级革命和 18 世纪的工业革命，人类世界在社会、政治和经济领域发生了一系列剧烈变革，极大地加快了教育近现代化的进程，近现代学校模式和教室空间开始确立。

夸美纽斯在其《大教学论》等著作中提出统一学校制度，主张普及初等教育，采用班级授课制度，扩大学科的门类和内容，这为确立近现代学校和教室模式奠定了基础。但近现代教室空间模式的确立并不是短时间内一帆风顺地急速发展，而是在漫长的历史进程中逐步地完成了演化。

19 世纪之前的学校教室氛围整体比较自由散漫，缺乏必要的严格规制。学生们可以

---

[1] 中国大百科全书出版社编辑部. 中国大百科全书（教育卷）[M]. 北京：中国大百科全书出版社, 1985.

在教室中自由地走来走去，课堂管理容易杂乱。就像英国教育委员会在 1856 年发表的学校计划中所描摹的一样，这些教室往往都是一种开放空间，几十名甚至上百名不同年龄和学段的学生都会集中在一个宽大的教室中，由一位教师督导。借助于幕帘，一间教室可以被划分为不同的区格，教师可以在不同区格间来回指导。这样的"混合"教室能够以较少的教师和空间资源来同时教育大量学生，显著降低了教育成本。但教师只能同时顾及一部分学生，而其余学生则无所事事、无人照看，教育效率和效果都难以保证。

德国教室与以英国为代表的自由混合教室不同，创新地采用了班级制取代了传统的大混合方式，起到了分类和调节学生学习的作用。德国教室的布局强调课堂的秩序，通过规整的空间布局，如教室蜂窝式分布、固定成排的座椅和房间前方的讲台等，实现教师对班级内大量学生的有效管理和统一讲授。这也成了现代教育空间布局的起点，在此后的 100 多年里，尽管出现了各种各样的调整和变型，但这样的教室空间模式却一直得到了保留和传承。

第二节　学习空间的转型变革

19 世纪确立的近现代教室形态与当时的社会环境相适应，极大地推动了人类社会的发展：一方面，随着社会规则、制度和法律的细化完善，整个社会生活走向规范化和有序化，对社会公民服从规则和遵纪守法的要求大大提升，需要通过统一规范的学校教育来培养相关的纪律意识和行为习惯；另一方面，机器大生产要求大量具备一定知识技能的劳动力，支持流水线式标准化知识传授模式的学校很好地契合了这一需求。

此后，教室空间又经历了进一步的演化发展，但课堂的班级式组织形式及与之相匹配的集中授课式教室却一直沿用至今，成为全世界范围内教育空间最主流的模式。

然而，正所谓"世殊则事异"，随着信息技术的快速发展，各类高新技术层出不穷，推动了第四次工业革命的到来，教育领域面临着全新的挑战与机遇，也同样对学习空间的发展产生了重大而深远的影响：新型技术装备不断应用于学校，改变着与之对应的学校及教室的物理空间形态；网络与云技术开辟了实体空间之外的虚拟学习平台，改变了学习空间的供给范式；一系列新理念、新思潮大大拓展和丰富了学习空间的内容和形式。各种新型学习空间形态开始不断出现，推动学习空间由近现代教室群向综合化的学习空间共同体拓展和进化。

一、学习空间的变革趋势

教室是学校中最基础和最核心的空间形态，在学习空间发展的早期，教室几乎就等同于学校。随着人类社会生产力的发展和教育分工的细化，在教室发展相对成熟之后，教室之外的其他空间板块开始出现在校园中。进步主义教育中的关注师生室内健康、倡导探究式学习和个别化教学等理念都对学校空间设计产生了很大影响，使得学习空间的范畴和形式不再局限于单一的教室。一方面，诸如宿舍、餐厅和学生浴室等校园建筑为学生提供生活服务；另一方面，操场、图书馆和实验室等直接服务于教学的建筑则拓宽了学生学习的空间范围，给学生多样化的学习活动提供了便利。学校的空间呈现以集中授课教室为核心，其他多种功能板块并存的复合形态。

在以集中授课教室为核心的学校框架确立之后，尽管学校形态在较长的时间里保持了基本稳定，但空间建筑与教育教学的联系和交互开始不断加深，一系列校园空间的发展转变逐渐出现。

1. 从建筑空间向教育空间发展

在学校的空间中，每种空间形态都不是仅仅以物理特性或物质空间而存在的，它们都需要具有一定的教育意义和作用，均以教育的载体或符号的形式出现在学生的面前。而教师和学生也不只是生活在一个单纯的物理空间建筑之中，而是同时生活于一个教育场域，在各种校园空间板块所提供的教育功能的支持下完成教育和学习活动，并在富于教育意义的环境营造下获得教育体验。

学校环境是育人的场所，是经过教育者精心设计的特殊空间环境。苏霍姆林斯基重视学校环境的教育意义，他认为："在孩子精神面貌形成的过程中，具有重要意义的是，他在自己的周围、在学校走廊的墙壁上、在教室里所见到的是什么。这里的任何东西都不应当是偶然出现的。孩子所处的环境，应该召唤他向往某种事物，教给他某种东西。"[1]

学校建筑的基本特性是构建一个教育形态环境，而这些形态、景观和功能会对学生的活动产生强烈的暗示和导引作用，传递着某种价值观。通过与空间建筑对话中的感受、理解、领悟和欣赏活动，学生对以往的知识经验进行再发现和再创造。美国学者威廉姆·卡笛尔认为设计教学环境的建筑家应当把教育的要求翻译成建筑学的要求[2]。例如，新加坡某学校的雨水收集和排水处理的构思诠释了建筑语言，屋顶采用翼状形式把流水引向中央引水槽，接着通过普通雨水管导向地面，并用穿孔金属板加以装饰而夸大其尺度感。在地面则有几根这样的导管把水排入池塘。这个设计构思是要把学生的注意力引向水流和水声，进而让学生注意到集水装置，通过实景来教育学生感知环保理念。

2. 从隔离空间向开放空间发展

传统校园空间采用科层化观念的理想学校建筑设计和生产线式的工厂空间设计。在校园最核心的建筑——教室中，每间几乎都是按照统一的面积、相同的教学装备和固定排列的课桌等设计的，这都是为了容纳尽可能多的学生，进行标准化教学。这样的校园空间模式

---

[1] 苏霍姆林斯基. 教育与艺术[M]. 长沙：湖南出版社，1983.

[2] WILLIAM C. Space for Teaching[J].Bulletin of the Agricultural and Mechanical College of Texas, 1941,12(9):42.

方便学生接受来自教师或其他教育监管者持续的监督,教室本身代表着校园中的权利运行架构和学生的空间纪律模式。

以教师为中心的教室空间设计,是为了便于教师巡视和检验。学校的生活在各个方面因为空间设计与校园权利和纪律的结合而改变,学校建筑设计的关键就是为封闭的学校教学和管理提供围墙。

传统的教学空间结构是一种刚性结构,即主要教学区域都以坚硬的墙壁互相隔离,这种结构会阻碍小组教学的进行。美国学者弗里德里克·诺克认为:"学校空间设计首先要关注两个问题,建筑是为哪些学生设计的?学生学习的内容是什么?一切学习环境的设计实际上都建立在对这两个问题的回答的基础上。如果教学空间、设施等的设计不能回答这些问题,那么真正积极有效的学习活动就不可能顺利进行。"[1]这段论述揭示了教学建筑设计的一个中心问题,即教学建筑设计必须考虑学生学习和教学活动的需要。随着教育改革关注学生的主体性和个性的发展,开放性的学校和教室正在出现。过去那种火柴盒式的教室已经在一定程度上被消解和取代,即使在中小学,一班一个固定教室的传统也已被打破,学生被允许在更大的空间中活动。整齐划一的桌椅摆放方式也开始发生变化,学生可以非常自由地选择自己所坐的方式和地方。最为引人注目的变化是"开放教室"的出现,"开放教室"是针对传统的自我封闭式教室而采取的一种新的教学空间的设计方式,其设计类型和空间规模多种多样。有的学校利用走廊作为教学空间,同时将教室的门敞开以增强教室之间活动的便利程度。

3. 从集体空间向个性空间发展

尽管不同学校各种空间的外观千差万别,但传统学校空间设计基本存在着共通点:注重支持集体性学习活动,较少关注学生的个人私密空间;关注教师开展教学的活动空间,较少考虑学生的个人学习空间的需求;学校空间大都在整体统一的设计规划下保持高度程式化,缺乏对不同年龄、学业水平和发展阶段的学生的个性化关怀,用于教师教学的空间和设施远远多于学生学习的空间资源。

从本质而言,人具有高度的社会性,学校也是典型的社会性活动场所。但人同时也是一个个活生生的个体,个体之间存在各种各样的差别,每个个体或独立的群体又都有自己的隐私。尽管同处一所学校,不同年级的学生处于不同的学习发展阶段,需要有与之相匹配的个性化学习空间与设施。同时,即便是同一年级和班级的学生,也存在个体之间的巨大差异。因此,新型校园空间开始更多地注意塑造空间的差异性和个性化,通过对不同年级年龄、个性特长的专属空间的打造来更好地匹配学生不同的学习发展需要,促进学生的个性化全面发展。而在传统校园空间中,很少存在集体公共空间之外的个体空间,导致学生无所遁形,在特定情况下对个体私密空间的需求无法得到满足。环境心理学的研究表明,个人需要有自己的空间,个性化空间孕育着开阔的精神空间与心灵空间。个人空间的大小

---

[1] KNIRK G F. Designing Productive Learning Environments[M]. Inc., Englewood Cliffs: Educational Technology Publications, 1979.

对人的行为、情感和生理均有重要影响。当人们生活的空间过小时，个体的行为和情绪会产生一系列变化，如烦躁易怒、焦虑紧张、有攻击性行为、心理上的无助感和压抑感等[1]。因此，在新型学校空间中开始出现能供个体或小群体在一定时间内独享的空间形态。例如，有些学校在图书馆设置了专属学习隔间，通过预订可供个体或小组使用。这样的个人空间使得学生可以按照自己的意愿支配环境，放松自己的情绪，进行自我思考，隔绝外界的干扰，进而保证学生的心理、精神健康。

二、新型学习空间的变革动力

学习空间的产生和发展是多重要素共同作用的结果，从对学习空间的发展变迁的分析可以看出，学习空间的发展受到政治、经济、科技水平、教育理念和文化历史传承等诸多因素的影响和制约。尽管不同的因素在不同的时代所产生的作用千差万别，但一些因素始终贯穿于学习空间发展的漫长历史，结合当今时代特征，对新型学习空间的变革发展起到主要推动作用的包括以下三点。

1. 教育理念因素

历史上，一些教育理念对于学校空间尤其是教室的形成和变迁产生了重大影响。

捷克教育家夸美纽斯在 1632 年出版的《大教学论中》提到了教室，论述了班级授课制度，这使得班级教室成为从原始的个别教育转变为班级集体教育的空间载体。经过近两百年的发展，教室作为班级教学的场所已经逐步固定下来。

1806 年，德国教育家赫尔巴特将自己的经验体会与理论思考汇编为《普通教育学》一书。在其教学形式阶段论的影响下，"教师中心"的思想渗透到了教室空间的每个地方，教室空间成为教师主宰的教学场所。同时，课本开始成为教室中的主要学习材料，学生逐渐从社会实际生活中脱离出来，专门学习书本上的间接经验。教室空间也就演变为分隔直接经验和间接经验的物理架构。

其后，美国教育和心理学家杜威基于多年的实验研究与理论探索，于 1916 年出版了《民主主义与教育》，在批判传统教育思想的基础上使得教室呈现出新的形态与作用。"儿童中心""活动中心"等理念拓展和延伸了教室的空间内涵。进入 20 世纪，进步主义思想对教育理念产生了巨大的影响，认为孩子的想象力、创造力、情感和独立行动的能力应成为教育活动的核心，课堂应该适应儿童的个性化需求，而不是迫使个人适应刚性结构。在这种理念之下，教室打破了封闭的围墙结构，教室不同方向的墙面都可打开与外界相连，教室的室内环境也按照以学习者为中心的教学范式设计，提供更多的可自由移动放置的桌子和椅子，方便转化成不同的排列形式，以适应不同的教学活动需求。

---

[1] COZBY P, BATES S. Methods in Behavioral Research, 11th Edition[M]. New York: McGraw-Hill, 2011.

2. 科技水平因素

科技装备是影响学习空间内设备配置、结构和形态的主要因素。历史上，雕版印刷技术的发明，影响到教室内书籍存放的形态；电声与视像技术的出现，改变了教室内教学信息的呈现方式；网络技术的出现，让教室的结构由实体拓展到虚拟。随着通信技术、信息技术的发展，未来教室将会朝着数字、数据和虚拟现实的方向发展。到底什么技术才是影响未来教室发展的关键技术呢？从人接收信息的通道来看，电声、视像、网络技术延展了人的感觉通道，改变了信息呈现方式，增加了信息呈现的重复性，提高了信息搜索的便捷性，但是这些技术并不一定就提高了信息传递的有效性和学习的效率。比如，多屏技术在教室内的应用是否一定能提高学生接收信息的效率值得研究。本书认为，在人的感知能力不变的情况下，提高有效信息的传播，追踪记录学生在教室内的学习行为，加强对学生的学习效果的分析，个性化地开展教学可能是未来教室的技术发展方向之一。

3. 经济投入因素

经济投入因素是制约学习空间形态与发展的关键因素之一，它影响学校校园的规划、占地面积、教学楼的设计、教室生均面积、室内设计、设备配置等。因为教育经费有限，我国教室面积设计标准偏低，教室内"人满为患"。按照住房和城乡建设部发布的《中小学设计规范》，每班不超过 45 人，小学普通教室生均面积 1.36 平方米，教室面积最大为 61.2 平方米。而美国用地紧张的纽约州生均面积为 2.65 平方米，班级规模 27 人，教室面积为 71.5 平方米；加利福尼亚州小学教室面积达 89 平方米，生均面积 2.79 平方米。

在我国高中进入新课程改革后，很多学校尝试实施走班制来落实课改的精神，改变教育的困局，这更需要有经费的投入来提升教室条件，以保障学生流动、走班和选课的需要，也需要投入经费调整教室的空间结构，增加满足教学所需的设备，扩大教室的面积以适应走班。有研究表明，教师的视野覆盖范围一般不超过 25 人，否则就会"顾此失彼"。以西方国家班级规模改革的历史来看，最初实施班级授课制时每班 50～60 人，到 20 世纪 50 年代，小学班级人数还有 40～50 人，到 80、90 年代，小学班级人数已经降到 30 人以下，如今欧美国家有些学校已经将班额降到 20 人以下。小班化教学符合教育发展规律，但小班化改革需要增加教室数量，教室内部的形态、功能的调整，背后需要的是大量的经费投入支持。

第三节　新型学习空间设计理念和范例

要打造符合未来教育发展趋势的新型学习空间，首先必须清楚认识和理解在新的社会经济大环境下，学习空间的最新发展方向和新型学习空间设计理念。基于教育领域的新型发展趋势和近年来国内外学习空间的建设范例，学习空间的设计呈现以下理念。

一、以人为本

学校空间建设是为了支持教育教学活动，服务于人的全面发展，进而为社会的繁荣进步提供人才保障。因此，学校空间的建设必须遵循学生的身心发展规律和教育规律，同时也必须考虑特定的社会条件与需求。学习空间的建设必须有利于教师的教、学生的学，以及为师生的学校生活提供舒适和便利。学校中的一草一木、每一寸空间的建设都应该具有教育意义，都能够为师生创设良好的学习、生活环境，以学习者为中心运行。落实以人为本的学习空间设计理念可以从以下三个方面着手。

1. 注重舒适健康性

学校空间的建设要点就在于关注师生的身心健康，提供给师生舒适便利的活动场所。这些目标应体现在学校空间的环境设计上，包括灯光照明、空气质量、温/湿度、墙面色彩等要素。比如，课堂照明的布局不仅要考虑照明必须达到一定的照度标准（300lx），更重要的是光照一定要柔和、均匀、无闪烁、无眩光等，达到保护学生视力的目的。对于温度、湿度、空气质量等的控制可以采用物联网技术，使孩子们在舒适的温/湿度、PM2.5 相对小的环境下学习。

研究发现，现在的学生对于教室物理环境设计质量有很高的期望和要求，环境的舒适性会直接影响学生的学业表现。英国的一项调研发现，学生一学年 25%的学业进步可以归因于教室设计，最佳和最差的教室设计对学生一年来的学习成就有显著影响，73%的学生表现差异可归因于环境因素，由此总结出 6 项对学习至关重要的设计参数：色彩、多样性、家具选择、灵活性、互动性和光线[1]。在一项针对大学生的研究中，发现很多学生的学习效率随光源色温、照度值增加而降低，呈负相关关系。推测原因，似与高色温、高照度状态下更易出现疲劳，低色温、低照度状态下可能对大脑存在"唤醒"作用，以及大脑功能分区和光源光谱组成有关[2]。不同学习环境下个体记忆效率不同，在适当的环境下个体的自律性高，学习自觉，记忆效率可能因此提高[3]。

因此，在有关学习环境设计的考量中，要高度重视教室的舒适性、宜人性，然后从照明（人工、自然）、色彩、温度和湿度、声音等空间环境因素出发进行综合规划设计，促进学生学习和全面发展。

---

[1] BARRETT P, DAVIES F, ZHANG Y. The impact of classroom design on pupils' learning: Final results of a holistic, multi-level analysis[J]. Building and Environment, 2015, 89: 118-133.

[2] 严永红, 晏宁, 关杨, 等. 光源色温对脑波节律及学习效率的影响[J]. 土木建筑与环境工程, 2012, 34(1): 76-79.

[3] 阮鹏, 彭成静, 刘隆祺. 两种学习环境下个体记忆效率研究[J]. 现代预防医学, 2006, 33(1): 109-110.

此外，学习空间配置的家具应当符合人体工效学的设计。例如，桌椅的设计不仅要软硬适度，可以调节高低、旋转，而且应该能够进行灵活组合，方便实现个人、小组、全班形式的学习与互动。环境舒适有助于学习者放松神经系统，形成放松性警觉状态，在心理和生理，以及思维和情绪等方面感到安全，更易于进入高效学习状态和产生较强的学习动机[1]。

例如，中国农业大学东校区新图书馆，在尊重学生需求，提供人性化条件方面做出了表率。如图 2.8 所示[2]，图书馆每层楼都设置了可学可睡的榻榻米区域，既可以躺着舒适地阅读学习，也能在劳累时躺下休息小憩，很受学生的欢迎。

图 2.8　榻榻米区域

如图 2.9 所示[3]，图书馆阅览区域的桌子装有磨砂屏风隔断，可以尽可能减少同桌四个座位的相互干扰，屏风下有电源、电子屏及台灯亮度调节旋钮，便于学生使用电子工具并保护视力。

如图 2.10 所示[4]，图书馆在每一层都特别设置了多个隔音亭，可以让学生在不打扰他人的情况下，自由通信、交流和朗读。

[1] 段兆磊. 论学校教育空间的重构[J]. 当代教育科学, 2017(8): 15-18.

[2] 中国农业大学. 配齐 20 种不同的阅读场景，中国农大新图书馆成网红[EB/OL]. (2019-11-14)[2021-05-07]. http://news.cau.edu.cn/art/2019/11/14/art_8779_648695.html.

[3] 中国农业大学. 配齐 20 种不同的阅读场景，中国农大新图书馆成网红[EB/OL]. (2019-11-14)[2021-05-07]. http://news.cau.edu.cn/art/2019/11/14/art_8779_648695.html.

[4] 中国农业大学. 配齐 20 种不同的阅读场景，中国农大新图书馆成网红[EB/OL]. (2019-11-14)[2021-05-07]. http://news.cau.edu.cn/art/2019/11/14/art_8779_648695.html.

图 2.9 人性化的书桌设计

图 2.10 隔音亭设备

如图 2.11 所示[1]，在图书馆的自助借还图书处，还专门设置了图书杀菌除味机，不论是还书还是借书，都可以借用这台仪器，既可以保证阅读使用者的健康安全，也能消除一些旧书的异味，优化阅读体验。

2. 具备人文教育性

一个学校的学习空间不能只是冷冰冰的钢筋混凝土建筑，还需要具有内在生命力，包含历史、文化、活力、内涵或者激励人心的校园特质和学校人文根底。可以基于学校史迹文物、文化历史特性和当地本土文化等，由学校及全体师生共同参与来创造学校空间背后

---

[1] 人民日报. 「荐读」这所高校图书馆让人羡慕，网友：高端大气上档次[EB/OL]. (2019-11-12)[2021-05-07]. https://baijiahao.baidu.com/s?id=1649928611461618544&wfr=spider&for=pc.

的人文风格和故事，从而更好地打造统一而富有活力的校园学习生活。

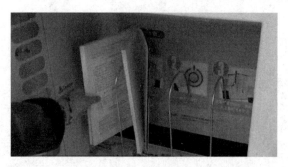

图 2.11 图书杀菌除味机

如图 2.12 所示[1]，广东省惠州市的东江广雅学校，基于当地的悠久历史和优良文化传统，打造出了符合中国传统文化的山水校园与书院研学脉络相结合的人文教育校园文化空间。以学校自身特色文化主题故事为架构，将校园建筑设计成一个个课程型景观节点，让校园每一处环境节点都能讲故事，都能感知文化内涵和历史传承。这样的人文性校园设计，可以将独立的校园空间板块串联成人文教育网络，支持师生进行人文探索与对话，培养学生的传统文化素养。

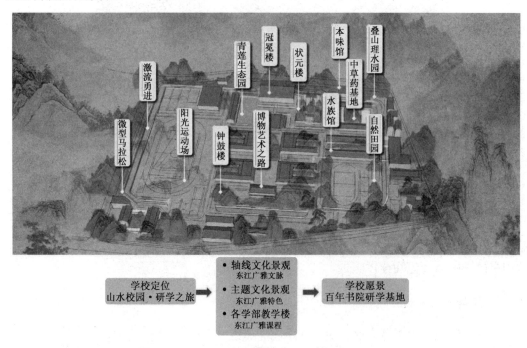

图 2.12 东江广雅学校人文教育校园

1 搜狐网. 校园立体式研学环境究竟该如何实现？ [EB/OL]. (2019-12-15)[2021-05-07]. http://www.sohu.com/a/360473253_177272.

3. 促进学生交互

学校的空间设计要充分体现人文特点，考虑人的心理、情感等需求，促进空间中人的交互。以交互式空间设计为理念，可打破传统固定分隔的空间设计，有利于增强人与人、人与环境的互动联系，为学校空间增添生机与活力。

肯辛顿国际幼儿园位于泰国曼谷，为了在较为狭小的空间中为孩子们自由活动和交互提供充分的机会，特意采用了圆弧形的空间结构设计，如图 2.13 所示[1]。在每个空间板块中，通过圆弧形的结构来激励孩子们用自己的空间想象感知找到玩乐空间，引导孩子们的活动路径，尽可能增加活动和交互的机会与时间。如图 2.14 所示[2]，教室前面的活动区域通过弧形步道和环形绿地来增强校园空间宽阔感，延长学生活动和交互的行动区域及停留时间，使得他们拥有充分的游戏、运动和交谈的机会。

图 2.13　肯辛顿国际幼儿园整体设计

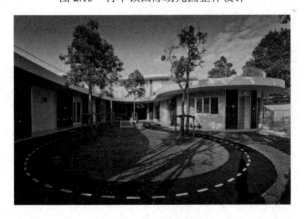

图 2.14　活动区域圆弧形设计

---

[1]　学哟网.【创意分享】曼谷肯辛顿国际幼儿园设计 [EB/OL]. (2016-03-30)[2021-05-07]. https://www.3dxy.com/3dmax/278.html.

[2]　新浪博客.【案例研究】泰国曼谷肯辛顿国际幼儿园景观设计[EB/OL]. (2014-03-31)[2021-05-07]. http://blog.sina.com.cn/s/blog_5f047aed0101joff.html.

与传统学习空间充斥着一个个封闭隔绝而交互性不强的区域板块不同，近年来一些学校开始采用开放的架构来配置校园内部空间，尽可能去掉不必要的封闭空间。这样不仅可以减少身处学习空间内部师生的束缚感和压迫感，从而提升学习空间的人性化舒适度，而且自由开放的设计风格有助于加强学生之间的协作交流和师生之间的沟通互动，促进学生良好人际关系的形成，并为多样化的学习组织形式和指导创造条件。

例如，位于丹麦首都哥本哈根的弗雷斯德（Ørestad）体育馆高中建成于 2007 年，创新性地采用开放式的学习空间取代传统教室。如图 2.15 所示[1]，该校完全打破了传统封闭教室的模式，将教室建成一个巨大的体育馆式开放学习空间。在这个体育馆式的建筑中，四个回旋镖形的楼层甲板被旋转形成上部结构，构成了建筑的柔性整体框架。如图 2.16 所示，其余的内部空间全部使用软性简易分隔，设置了许多大型的柱状区域供不同学生群体使用。这种打破空间壁垒的设计，使得全体学生的学习、交互和探究变得自由开放，没有边界。学生们可以轻而易举地在不同功能板块之间自由穿梭、来去自如。这座建筑如同一个巨型开放教室，有超过 1100 名高中生利用超过一半的在校时间在该建筑物中学习。这样的设计人性化地改善了学生的学习体验，鼓励了学生的合作与交流，有助于培养创新思维。

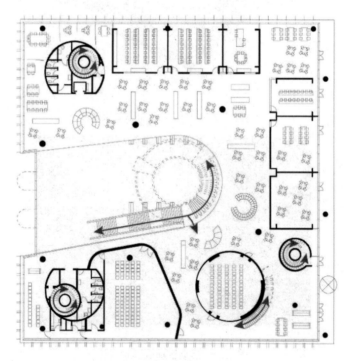

图 2.15 建筑整体设计

---

[1] 搜狐网.体育馆也是高中？揭秘丹麦弗雷斯德高中 [EB/OL]. (2017-08-18)[2021-05-07]. http://www.sohu.com/a/ 165612727_793135.（下图出处同此）

图 2.16 开放式柱状学习区域

二、多元融合

学习空间除立足于教育教学这一核心使命之外，还可以有意识地以兼收并蓄、开放包容的理念，引入和融入其他多种元素，共同打造和谐开放的学习空间环境，为学习者生活和学习提供良好的条件和资源。

1. 与自然融合

根据 Rachel Kaplan 和 Stephen Kaplan 提出的注意力恢复理论（Attention Restoration Theory），自然环境元素，比如树木、花草、流水、自然风和光照等有助于恢复和提升人的注意力和精神状态[1]。

多个实证研究也证明了，增加人与自然环境元素的接触可以大幅提升学习者的聚焦时长，进而在教室中保持课堂关注度，优化学习表现[2]。例如，仅仅只是引入自然光照条件就可以增加学生的年均出勤率 3.5 天，提升 5%～14% 的考试分数，并加快 20%～26% 的学习速度。此外，有研究发现，在教室中布置绿植景观可以使学生的拼读、数学和科学成绩提升 10%～14%。

---

[1] KAPLAN R, KAPLAN S. The Experience of Nature: A Psychological Perspective[J]. Cambridge University Press, 1989.

[2] WELLS N M, EVANS G W. Nearby Nature: A Buffer of Life Stress among Rural Children[J]. Environment and Behavior, 2003, 35(3): 311-330.

引入自然环境元素还有利于学习者的身心健康和生活福祉[1]。作为学生和教师每天停留时间最长的空间场所之一,采用亲自然设计的学校建筑还深切体现了人文关怀,将使用者从有限且封闭的校园空间中解放出来,全方位提升了学生和教师的学校生活体验。

作为近年来开始崭露头角的一种空间设计思路,亲自然设计注重将大自然及其各种元素融入建筑环境中,创设出空间使用者感受自然、接触自然的机会,从而提升使用体验并提高使用者产出效率[2]。

例如,作为生命的象征,绿色植物是真正的空气调节器和净化器,在建筑空间内布置绿色植物,可以与空间物理环境元素相得益彰地组成有机整体。这样不仅能够改善学校建筑内部的空间环境,并有效缩短建筑使用者与自然生态环境的距离,绿色植物所释放的氧气和负离子及枝叶的蒸腾作用,还能够有效调节建筑内部空间的温度和湿度,并充分吸收空气中的二氧化碳和粉尘等有害物质,为学生们创造良好的学习环境。同时,在建筑装修设计中融入绿色植物还可以改善空间的视觉效果,通过不同的颜色、形态及气味来保证空间环境元素的多样性,增强人造环境的自然和谐性。

亲自然设计大致可以分为三大框架:自然融入空间,也就是在空间场所中打造人与自然环境进行交互、感知和体验的渠道;自然拟合空间,也就是在空间中创设自然环境元素的模拟物,或者创设具有代表性的自然环境元素的某种表现形式;自然建构空间,也就是从自然环境中抽象和仿真空间结构和范式。

例如,南洋理工大学 ADM 学院(艺术、设计和媒体学院)采用了亲自然理念进行设计和建造,取得了良好的效果。南洋理工大学是一所位于新加坡的新兴综合性大学,其 ADM 学院坐落于校园中的一处小丘谷。工程建设之初,为了不破坏热带校园中繁茂草木的统一性,设计者独具匠心地采用了非常规建筑设计。从整体上,学院被塑造为两个大型绿植斜坡,如图 2.17 所示[3]。

布满嫩草的坡道不仅为学生提供了课余漫步小憩的机会,其起伏的高点还成了眺望校园的绝佳场所。

两处斜坡的中间交汇处留出了开阔空间,既为布置大型池景留下了余地,也使得自然光线可以透过特殊材质的玻璃幕墙直达建筑的内部中心,如图 2.18 所示[4]。

---

[1] GRINDE B, PATIL G G. Biophilia: Does visual contact with nature impact on health and wellbeing?[J]. International Journal of Environmental Research and Public Health, 2009, 6(9): 2334-2335.

[2] KELLERT S, HEERWAGEN J, MADOR M. Biophilic Design[J]. John Wiley, 2008.

[3] Greenroofs.com, LLC. NANYANG TECHNOLOGICAL UNIVERSITY (NTU) SCHOOL OF ART, DESIGN AND MEDIA (ADM) [EB/OL]. [2021-05-07]. https://www.greenroofs.com/projects/nanyang-technological-university-ntu-school-of-art-design-and-media-adm/.

[4] Greenroofs.com, LLC. NANYANG TECHNOLOGICAL UNIVERSITY (NTU) SCHOOL OF ART, DESIGN AND MEDIA (ADM) [EB/OL]. [2021-05-07]. https://www.greenroofs.com/projects/nanyang-technological-university-ntu-school-of-art-design-and-media-adm/.

图 2.17　学院整体建筑设计

图 2.18　交汇处的空间设计

　　当人站在该建筑附近，抬头望去，幕墙的外立面上倒映着四周的绿草、树木和水面，完全和周围景致交相辉映。在这般的精心布局和材料选择下，这座建筑实现了对内通透、对外呼应的亲自然效果，如图 2.19 所示[1]。

---

[1] Greenroofs.com, LLC. NANYANG TECHNOLOGICAL UNIVERSITY (NTU) SCHOOL OF ART, DESIGN AND MEDIA (ADM) [EB/OL]. [2021-05-07]. https://www.greenroofs.com/projects/nanyang-technological-university-ntu-school-of-art-design-and-media-adm/.

图 2.19 内外呼应的空间效果

2. 与社会融合

学习空间设计布局不能孤立进行，而应该结合学校周边社区和所处地域的大环境整体考量，融入当地社区和本土文化特色，考虑如何与周边社区开放共存、有机融合。同时，建筑空间设计应该体现所在城市地域的时代精神和历史文化。

学校空间的社会化开放首先要求在空间设计中，摒弃贪大求全的做法，做到有所为、有所不为，重点打造适合校内教育教学活动的高频次使用空间。例如，对于部分学校无法配置或者不宜由学校单独承担的场所设施，如大型专业化科学装置，群体性医疗保障设施，专业化、生产性、实践性场所，以及风景名胜和红色革命历史遗迹等，采取开放合作的态度，积极与所在城市的有关方面和有关单位联系合作，最大限度地利用校外社会资源。这样既保证了校外空间的高质量和多样性，也节省了投资，实现了效益最大化。

学校空间的社会化开放是一个双向过程，在立足学校自身需要利用校外社会资源的同时，也需要学校根据自身优势，力所能及地向社会让渡资源，回馈和反哺周边社区。这样，学校空间作为一个整体就能够融入社区和城市，成为一个和谐的组成部分，从而更好地发挥学校本身的教育价值和在社会中的公益价值。

例如，意大利都灵市的恩里科·费米学校成为其所在社区不可分割的一部分，同时与城市肌理相融。由于地处旧工业区，如图 2.20 所示[1]，该学校采用了与周围建筑和环境一

---

[1] 谷德设计网. 都灵费米学校, 意大利/BDR Bureau[EB/OL]. (2019-09-24)[2021-05-07]. https://www.gooood.cn/fermi-school-in-turin-by-bdr-bureau.htm? lang=cn.

致的模块化钢架结构，从而与周边环境融为一体。同时，如图 2.21 所示[1]，恩里科·费米学校没有校门，入口直接向城市空间敞开，其绿色空间同时也是社区公共绿地，其首层空间作为社区公共区域的拓展，将一系列校园服务设施向公众自由开放，包括健身房、图书馆、礼堂和自助餐厅等。除教学区域保持独立之外，整个学校的其他功能性设施都得到了高效利用，为社区居民提供了优质的服务，取得了良好的社会效益。

图 2.20　恩里科·费米学校建筑风格

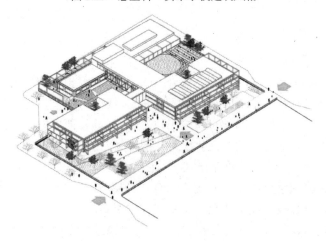

图 2.21　开放的学校架构

3. 与实践融合

在静态的书本知识之外，现代社会更加看重动态化解决实际问题的实践能力。随着社

[1] 筑龙学社. 意大利都灵费米学校[EB/OL]. (2019-09-25)[2021-05-07]. https://bbs.zhulong.com/101010_group_201806/detail41995156/.

会竞争的焦点转向创新创造能力，各类学校也日益注重对学生创新性、实践性能力的培养，不少学校开始开设创客类实践课程，建设了创客类实践性学习空间，将创新性、实践性学习与常规课程学习相结合。

例如，青岛市第五中学将利用率不高的教室分别改造为创客教室和机器人教室，如图 2.22[1]和图 2.23 所示。与预设好了步骤和内容的一般实验不同，学生们可以在创客教室和机器人教室中自由探究和体验简单的 3D 打印物件、工具装配和简易机器人设计制作等项目，从而得到自由发挥和探索的机会，促进了创造意识的培养，有利于学生全面发展。

图 2.22　创客教室

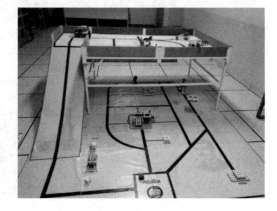

图 2.23　机器人教室

4. 线上与线下融合

未来的学习空间联通线上线下，打破物理学习空间（教室、报告厅、图书馆、户外空间）、数字学习空间（LMS、PLE、社交媒介、OA 等）和虚拟学习空间（如 Second Life）的边界，帮助学习者便捷穿梭于不同的学习空间[2]。线上与线下多元化学习空间的联通与融合推动了各种创新教学模式和学习模式出现。例如，北京四中网校借助在线学习和教学技术与服务不断探索开放灵活的个性化学习与课堂智慧教学，借助技术和优质资源与教研服务探索出人工智能、双师直播等非正式学习创新教学。这些创新实践都突破了传统教学物理空间的范畴，将教学空间拓展到虚实结合、跨越时空的线上线下多元融合的空间中。未来将有更多这种融合线上线下多元教学空间促进课堂教学、个性化学习、灵活学习、非正式学习的创新技术、创新模式与创新服务，有力汇聚并充分挖掘各类环境、资源、技术对学习发展的价值，成为"互联网+"时代教学范式转变的有力体现。教学空间的转变与重构需要我们转变教学观念与教学思维，从学生的学习发展出发，在更加多元开放的教学

---

[1] 搜狐网. 喜迎十九大　教育看变化|市南区：改革创新，助推教育现代化[EB/OL]. (2017-10-11)[2021-05-07]. http://www.sohu.com/a/197355789_573391.
[2] 焦建利. 学习空间及其发展趋势[J]. 中国信息技术教育，2016(17): 20-21.

空间中创新并重构教学模式与学习服务模式[1]。

三、技术丰富

传统的学习空间对技术的应用较少，课堂大多采用普通的多媒体展示教学内容，这无法从根本上改变学生的学习方式，学生知识的获得依旧是由教师传递而来的。未来学校视角下的学习空间设计应充分利用各种技术，为学生搭建一个智慧的学习空间[2]。目前，技术已经日益深入地融入学习环境之中，研究表明，技术增强的学习环境独立于其他因素（课程材料、作业、时间表和考试），对学生的学习有显著和积极的影响[3]。在智慧学习空间中，依托互联网技术、云技术、虚拟/增强现实技术、大数据和学习分析等技术，为学生提供智能化的教学与管理，让学习者在可感知、智能化、服务化、自适应的学习空间中完成智慧学习[4]。

1. 物联网技术

物联网（Internet of Things）是基于网络和实物相互感应的识别、定位、跟踪、监控和管理的智能化系统。该系统依托射频识别（RFID）、红外感应器、全球定位系统、激光扫描器等信息传感设备，按既定的程序实现物与网的连接，进行信息交换和通信，主要具有全面感知、可靠传递、智能处理等特点。物联网技术应用于学习空间，可以帮助打造集便捷学习管控、智能学生考勤和课堂远程动态监控于一体的新型现代化智能学习感知系统[5]。

2. 虚拟现实技术

虚拟现实技术（VR）和混合现实技术利用以计算机技术为核心的现代高科技生成一个逼真的视觉、听觉、触觉、嗅觉及味觉等的虚拟环境和感官世界，用户通过多种传感设备以自然的方式与虚拟环境中的对象进行交互，相互影响，从而获得身临其境的直观体验。在教育教学中，学生们看到的不再是乏味的文字及图片展示，而是通过上述技术生成的逼真的视、听、力、触和动的虚拟环境，从而激发学习兴趣，帮助实现探究性学习等新型学习方式[6]。因此，增强/虚拟/混合现实技术和云端技术可以使学习突破传统上的时空限制。数字学习空间和虚拟学习空间作为新型学习空间的构成部分，可以大大拓展和增强那些从

1　新浪博客. 互联网+教学范式的教学空间重构[EB/OL]. (2018-10-24)[2021-05-08]. http://blog.sina.com.cn/s/blog_609413cc0102z7c4.html.

2　赵铮, 张文燕, 张语涵, 谭贺. 智慧教育的教室空间设计[J]. 中国信息技术教育, 2014(11), 47-49.

3　BROOKS D C. Space matters: The impact of formal learning environments on student learning[J]. British Journal of Educational Technology, 2011, 42(5): 719-726.

4　赵桐, 唐烨伟, 钟绍春. 智慧教育理念下个人学习空间的设计与研究[J]. 中国教育信息化, 2015(2): 67.

5　刘冠群. 基于物联网技术的智慧教室一体化现代教学模式构建[J]. 现代职业教育, 2015(10): 15-17.

6　陈潇潇. 浅谈混合现实技术的发展趋势[J]. 大众文艺, 2016(15).

传统意义上受限于教室空间的学习活动。

3. 智能终端技术

终端技术和学习过程的结合，使得学习过程中的大量数据能够被捕捉和记录，这样就产生了教育大数据。通过学习分析技术对数据的挖掘和解释，能够精准地刻画出学生的特征，从而可以预测个体的学习表现，并提供相应的学习干预。由此，因材施教的个性化学习和精准的过程性学习反馈得以在智慧学习空间中实现[1]。基于教育大数据可以将人工智能技术应用于学习空间，优化教育教学。例如，神经网络和机器学习可以通过语音识别和自然语言处理技术，使得在学习空间中开展的学习活动能够更直观地识别学习者的需求，响应其需要并与其互动交流，提升在线学习、自适应学习软件和模拟软件的用户体验和使用效果[2]。

4. 动作识别技术

人体动作识别主要涉及计算机视觉、图像处理、数据挖掘模式识别等[3]。通过识别关键动作信息，了解师生行为意图，进行异常行为监测，并向相关者反馈相应信息。在智能监控系统中，通过对视频中人体动作的识别，自动预警异常情况的发生，保障师生安全。在智能课堂中，一方面，通过动作识别技术来检测教师教学中的各种动作指示，有效地辅助教学，提高课堂的智能化；另一方面，通过动作识别将学生的状态传送给控制端，实时提醒教师进行课堂干预。此外，在体育、舞蹈等学习中，可以精准识别学生动作，实现与人的智能交互，以及对学生的个性化指导。

5. 情感计算技术

情感计算是指通过运用一种能够识别并理解机器模拟人的情感的算法，使机器获得学习者的情感状态。利用情感计算技术可以赋予计算机像人一样的观察、理解和生成各种情感特征的能力，并针对用户情感做出智能、灵敏、友好的反应，拉近人机距离，营造真正和谐的人机环境[4]。在课堂教学中，通过面部表情识别、语音情绪识别等，可实现课堂情绪的分析，了解教师的授课风格及学生的情绪契合度[5]。

---

[1] 李葆萍, 宁方京, 李晟, 董艳. 当前智慧教室研究热点的分析和启示[J]. 数字教育, 2019(3).

[2] 金慧, 胡盈滢, 宋蕾. 技术促进教育创新——新媒体联盟《地平线报告》（2017 高等教育版）解读[J]. 远程教育杂志, 2017, 35(2): 3-8.

[3] 蔡琼, 陈鹏慧. 人体动作自动识别在智能课堂中的研究[J]. 现代商贸工业, 2021, 42(6): 46-47.

[4] 罗森林, 潘丽敏. 情感计算理论与技术[J]. 系统工程与电子技术, 2003, 25(7): 905-909.

[5] 余胜泉, 卢宇, 陈晨. 《人工智能+教育》蓝皮书[M]. 北京：北京师范大学出版社, 2020.

■ 四、节能高效

随着经济社会的进步，人类社会从整体上开始从过去偏重数量和速度的粗放式发展模式日益向更加重视质量和效率的集约式发展模式转变。在这样的社会环境下，一系列新的理念和思潮不断成为各项事业发展的指导思路之一。在学习空间设计中，注重节能环保、关注学生人身安全和提高空间建筑交付效率的理念产生了越来越大的影响。

1. 节能环保

近年来，由于环境污染日益恶化和资源短缺日趋严重，节能环保成为当前社会发展的主流趋势。传统的学校建筑空间设计主要关注空间本身的功能效果和一次性建造成本，在建造过程中容易产生大量的有害建筑垃圾，在建成后的使用过程中往往出现能耗高、维护贵的状况，影响校园空间的使用体验和学习效果。学校空间也需要应用节能环保设计进行深入变革，走出一条节能环保可持续发展的道路。

例如，在英国肯特郡的博耐顿学校，尽管教学楼中的教室内部仍然使用的是传统的窗户设计，透光面积有限，但教学楼外墙全部设计为透光玻璃层，采用大挑高的镂空造型，提供了良好的整体采光和通透性，减少了人工光源和通风系统的使用，如图 2.24 所示[1]。同时，对于大型室内空间，由于面积大，从落地窗到教室中间距离较远，为了保证自然光照，特地为教室中部天花板安装了亚克力面板的隔热透光层，从而使得这样的大型室内空间同样具备优越的自然采光条件，如图 2.25 所示[2]。

图 2.24 教学楼内的自然采光设计

---

[1] Robert Greshoff. ROBERT GRESHOFF PHOTOGRAPHY[EB/OL]. [2021-05-07]. https://greshoff. photoshelter.com/image/I0000N3y7wGsVMGI.

[2] Hugh Broughton Architects. Benenden School Masterplan[EB/OL]. [2021-05-07]. https://hbarchitects.co.uk/ benenden-school-masterplan/.

图 2.25 大型室内空间的透光设计

2. 安全

孩子是祖国的花朵、未来的希望，学校空间设计中一定要尽可能提高面对突然灾害的防护能力和质量等级，保护师生的生命安全。近年来，一系列新型建筑施工技术和工艺的出现，为校园空间的安全性提供了坚实的保障。

例如，济南市钢城区金水河小学采用装配式建筑施工，主体结构采用钢柱、钢梁、免模钢筋桁架楼承板，如图 2.26 所示[1]。建筑内外墙采用蒸压加气混凝土 ALC 板，项目装配率达 82.5%。其设计使用寿命可达 100 年，能有效保证施工质量，不但经久耐用，而且轻钢骨架与内外维护板材通过镀锌自攻螺钉连接而形成的坚固结构体系的抗震级别可达 9 级，在自然灾害和极限突发情况下可提供更高的安全性能。

图 2.26 装配式主体结构

---

[1] 搜狐网. 棒棒哒！莱芜有了首个装配式建筑学校[EB/OL]. (2018-09-07)[2021-05-07]. http://www.sohu.com/a/252584891_100020813.

3. 高效

教育是事关千家万户的民生工程，在城市中心区域，随着城市化建设步伐的加快和外来人口的快速增长，各类学校的学位常常是一位难求。尽管各级政府大力推动建设新学校和扩大老学校，但从项目立项到建成投用往往需要花费长达数年的时间。而采用装配化方式建设学校，最快可以在数月之内完成建设项目，推动新学校投入使用，帮助更好地破解"上学难"的问题，切切实实地增强人民群众的获得感和幸福感。

例如，深圳市大磡小学作为深圳首个装配式钢结构学校，位于深圳市南山区大磡村，用地面积 26000 平方米，建筑面积 8200 平方米，目前已按规划建好普通教室 30 间、功能室 16 间、办公室 11 间、报告厅 1 间、教工食堂 1 间、设备室多间及室外景观、运动场等。与普通的项目不同，这里的 60 多间教室全部采用装配式钢结构建筑体系，建筑工地可以像搭积木一样整洁、简便。

由于在建筑装配过程中，预制构件配件就在工厂内同步进行制造，因此该项目现场施工量只相当于同等建筑面积现浇结构的 60%，在保证质量的前提下工期大幅缩短。从 4 月 15 日开工到 8 月 31 日完工移交，该项目总工期只花费了 130 多天[1]。

五、公平全纳

社会在向民主化发展的同时也要求教育民主化，公平全纳的教育愈发受到了关注。公平全纳要求容纳所有学生，反对歧视排斥，促进积极参与，注重集体合作，满足不同需求[2]。每个人都有机会获得优质的教育，因此在学习空间设计时要充分考虑不同孩子的不同需求，尤其是特殊群体的需求。从 20 世纪 80 年代起，很多教育发达国家便开始关注学生的特殊教育需求。近年来，各国更是以满足特殊教育需求为导向对学校的功能空间进行了系列设计。

例如，英国格拉斯哥 Hazelwood 特殊学校专门针对 4～18 岁有严重的视觉、感官障碍或身体残障的孩子进行设计[3]。楼结构主要由木材来支撑，以高耐风蚀性的天然材料作为包墙材料，不仅能保持房间的温度，还能提高孩子的感官察觉能力。在主通道区域设计了"感官墙"，墙面上的折痕可帮助盲童定位和辨认方向，不仅如此，"穿梭"于整个学校，还便于孩子们进行复健练习。

美国加劳德特大学是全球唯一一所专门为聋哑人设置本、硕、博教育的大学。加劳德特大学建筑空间环境充分考虑聋哑学生的需求，扩大其感知范围。在门厅、走廊、电梯等

1 大磡小学官网[EB/OL]. [2021-05-07]. https://dkxx.szns.edu.cn/.

2 新浪网. 联合国教科文组织带来全纳教育理念 [EB/OL].(2007-11-07)[2021-05-13]. https://news.sina.com.cn/c/edu/2007-11-07/092212860797s.shtml.

3 中国风景园林网. 格拉斯哥 Hazelwood 特殊学校（组图）[EB/OL]. (2009-01-05)[2021-05-07]. http://www.chla.com.cn/html/2009-01/25231.html.

空间使用透明材质，使其视线通畅，便于手语交流，也可有效减轻心理压抑感。如图 2.27 所示为透明的玻璃电梯。此外，巧妙利用信号灯来代替声音指令，如当按门外的开关时，屋内任何角落都可看见不突兀的闪烁灯光，如图 2.28 所示[1]。

图 2.27　透明的玻璃电梯

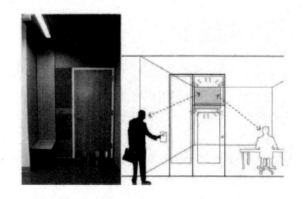

图 2.28　针对残障人士的门灯使用原理

1 张钰曌, 陈洋. 聋哑学校无障碍空间环境设计研究——以美国加劳德特大学为例[J]. 建筑学报, 2016(3): 106-110.

第三章
———CHAPTER3———

未来学校整体空间设计

作为最重要的教育空间场所,学校在教育和学习中一直扮演着主导性的角色。近年来,各种新技术、新设备不断进入校园,快速变革校园内部各个独立空间板块,如教室、实验室、图书馆等。其实,除了各种独立空间板块,作为一个整体,校园空间同样需要创新性顶层设计,在以学习者为中心的前提下,有机统合校园内外各个空间功能模块,更好地为教育教学和学生学习服务,实现学生的全面发展,培养适应未来社会的合格人才。

第一节　设计取向与原则

首先,未来学校的空间规划设计应该基于当时当地的现实物理条件,以确定性能参数。学校建设是一项工程项目,需要在确定的建筑用地和规划区域启动和开展,因此,学校空间规划和设计的先决条件是充分考虑拟建设场地的物理条件。例如,项目用地面积的大小、项目用地特征情况,包括地形地貌、土壤岩质、周边环境等都会对学校空间的面积、容积、布局方式和材质等产生决定性影响,为后续规划设计奠定基础。

其次,学校是一种基础性公共设施,是典型的民生工程,尤其需要注意符合和服从政府的区域整体规划和周边配套,有效地为所在区域的教育学位供给、人才培养和软实力提升做出贡献,从而发挥更大的社会价值。

再次,作为教书育人、开展学习活动的物理场域,学校空间的出发点和核心要素是它的教育意义和教育功能,也就是能不能为学生获取知识信息、习得方式方法和培养道德情操提供支持和保障,提供恰当有效的物理空间环境。因此,相对于一般意义上的空间设计,学校空间设计规划具有强烈的专业特点,要由始至终地贯彻相关教育教学理论和学习科学的规律。从空间架构到功能划分,从细节设计到整体风格,学校空间无处不渗透着教育教学元素与思维,无处不为教育教学服务。

最后,作为面向未来,紧跟未来教育发展趋势,为未来社会培养创新型人才的未来学校,其空间设计必然也要体现出符合这一目标的特质。这就要求在空间规划设计时要密切结合学校本身发展的需要和学校整体建设实际,注重以下几个方面。

一、办学理念引领

办学理念是指导学校发展的指南,是学校基于"办什么样的学校"和"怎样办好学校"问题的深度思考的结晶。从某种意义上说,它就是学校生存理由、生存动力和生存期望的有机构成。办学理念是引领学校发展的灵魂。科学合理的办学理念有助于实现学校的特色发展，在践行中形成学校品牌。

学校的办学理念作为校园的顶层设计，从根本上决定了学校的办学定位和实施路径。作为学习活动承载场所的空间设计同样需要与其保持一致，在办学理念的引领下确定校园空间的设计规模、建设形式、装配配置和使用调度。学习空间是办学理念实体化和具象化的有机体现，也是践行办学理念的基础框架。

二、校园文化融入

校园文化是一所学校所具有的特定的精神环境和文化气氛的总和，它既包括校园建筑设计、校园景观、绿化美化这种物化形态的内容，又包括学校的传统、校风、学风、人际关系、集体舆论、心理氛围，以及学校的各种规章制度和学校成员在共同活动交往中形成的非明文规范的行为准则。健康的校园文化可以陶冶学生的情操，启迪学生的心智，促进学生的全面发展。

作为塑造校园文化中物化形态的主要部分，校园学习空间应该从整体上尽可能满足校园文化建设的需要，从细节处大力彰显校园文化符号，使得特色鲜明的校园文化得以体现和传承。例如，地处古都历史文化遗产聚集区域的学校，要想大力打造传承中华传统文化瑰宝的校园文化，就可以在校园建筑风格上融入具有历史文化特征的建筑风格元素，这样既可以在外观上体现学校的文脉，又可以成为学生学习的素材。

三、育人目标渗透

在校园空间设计上，还应凸显育人的目标。办学兴教的终极目标是为了人，为了实现人的更好成长与发展，因此在办学理念指导下形成的学校育人目标是开展具体教育教学活动的出发点和落脚点，而为教育教学服务的学校空间则成为联系这两者的纽带。因此，学校空间在具体设计上应充分考虑实现育人目标，为学生发展服务的需求。例如，假设一所学校注重于实现除学科知识之外对学生应用性、实践性能力的培养，那么与之相对应，在校园空间设计中，就需要大力关注校园实践活动场所的建设和校外社会性实践资源的共建共享。

四、技术装备支撑

在空间规划之初就考虑到技术装备与空间的融合，在设计中引入云计算、大数据、人工智能和 5G 通信等新兴技术和相关设备。制定技术装备清单，从整体上进行技术与空间结合的顶层设计，在物理建筑设计上为相关技术装备的安装和使用预留出足够的软硬件接口和部署位置，同时在技术装备的版本、规格和型号选择上因地制宜，充分考量空间环境实际。此外，在技术装备本身和空间配套上留下日后根据需要进行升级和调整的余地。

五、多元参与

随着科学发展观念的普及，现代学校也日益注重使用效果和使用体验。然而，空间环境具有其特殊性，一旦投入使用之后，从整体上再进行调整升级的难度就较大或者成本高昂。因此，一些学校采取的事后调研的方式具有很大的局限性。学校是教书育人的专业场所，其最主要的使用者是包括学生和教师在内的学习共同体，他们的需求和感受应该是学习空间规划的基准和目标，学习空间设计也要以他们的需求为中心。因此，可以在空间规划阶段就纳入师生的参与，让他们建言、献策、评价和选择，从而确保校园空间的合理有效性。

第二节　整体空间的设计要素

未来学校包括不同类别的空间形态，发挥不同的教育功能，共同构成校园学习空间主体。例如，以班级教室、阶梯教室、讨论教室等为主要形式的室内学习空间，能够为师生提供集体学习和统一学习的空间环境；以操场、游戏场地、运动场地等为主要形式的室外运动空间，可用于大型室外集体活动、运动、展示、表演等；以植物园、花卉温室、体验农场、异域文化风景园和公共绿地等为主要形式的室外绿化空间，能够为师生提供体验和感知自然的环境。此外，未来学校的空间类别还包括个性化学习空间、公共社交空间、公共学习空间、室内运动/活动空间、虚拟学习空间、过渡空间等。未来学校空间的类别及其主要形式和功能如表 3.1 所示。

表 3.1　未来学校空间的类别及其主要形式和功能

空间类别	主要形式	功　能
室内学习空间	班级教室、阶梯教室、讨论教室等	提供集体学习和统一学习的空间环境
室外运动空间	操场、游戏场地、运动场地、足球场、篮球场、网球场、乒乓球场等	大型室外集体活动、运动、展示、表演等
室外绿化空间	植物园、花卉温室、体验农场、异域文化风景园和公共绿地等	体验和感知自然
个性化学习空间	不同单元的学习空间：进行个体静思、双人讨论、小组合作等；不同内容领域的学习空间：人文社科小讲堂、数理探究室、信息技术机房、国学体验中心、艺术小剧场、外语角等；不同的学习层级空间：基础夯实聚落、强化巩固聚落、提升探究聚落等	每个学生根据自身学习情况、性格特点和兴趣特长自主选择

续表

空间类别	主要形式	功　能
公共社交空间	休闲阅读区、室内休闲区、餐吧、清洁区、休息区等	讨论、休闲、娱乐、卫生等
公共学习空间	班级教室、多媒体学习中心、讨论室、图书馆、影音鉴赏室、创新实践教室等	课堂教学、集体学习等
室内运动/活动空间	室内运动馆、室内篮球场、羽毛球场、游泳池、舞蹈厅、音乐厅、书法美术教室、3D打印/制作教室和实践活动室等	室内集体活动、艺术活动和运动等
虚拟学习空间	探测设备：光、热和声像记录，动作捕捉，人脸识别及空气质量监测系统；数据分析：基于AI和机器学习的数据清洗、建模和输出；云端系统：全校统一的教学资源获取、分享和存储系统；互联互通：与其他网络资源连接，购买数字图书和数据库资源	联通线上线下，用云端的空间和资源拓展和强化有限的校园空间
过渡空间	过道、走廊、屋顶平台、风雨连廊、底层半开放空间、班级教室退台等	休闲、交往、非正式学习、自主探究场所

　　总之，通过信息装备或智慧工具打造的信息空间和智慧空间，满足学生集中统一学习和各种个性化学习方式的各类社交和学习空间，通过贴近自然、融合校园文化营造的情境教育空间，各类精心设计的校园"灰空间"，以及基于社会开放性塑造的校园空间的"外延"，共同构成了未来学校的空间主体。在进行未来学校整体空间规划时，要注意整体布局规划和功能划分的合理性，考虑教学育人、社会开放、可持续发展等因素。同时，还要考虑光照、色彩、温度、声音等要素，塑造基于项目合作、团队展示、自主学习、自由讨论、悠闲放松、工程设计等多样化的学习与生活空间。

■一、作为教学育人场所的空间设计要素

　　未来学校首先是教学育人的主要场所，在未来学校整体空间规划设计时，要关注空间中学生和教师的行为，以满足目前和未来所有学生和教师的各种需要。从这一角度来看，未来学校的整体空间规划要注意空间的智慧性，功能规划的多样性，校园景观布置的自然性，以及校园氛围的文化品味和审美价值。

　　未来学校的空间要更智慧，要有更加强大的信息装备或智慧工具来支持学生的学习，打造教学育人的智慧空间和信息空间。为智能化设备部署安装预留位置，以便将大数据、智能化应用在教师教学、学生学习、学校管理、校本教研、教育评价等方面。例如，通过智慧的环境感知，实时获取学生在校活动轨迹，掌握学生学习、运动时间分配的数据，并有针对性地进行调整和干预，提供学习、医疗、运动、饮食建议。将智慧装备与教育改革的趋势相融合，构建适应学生发展的多元智慧学习空间。例如，建设"VR创新实验室"，足不出户做到身临其境的体验式教学；打造智慧音乐、美术教室，通过多元"智慧空间"建设，促进学科融合，激发学生创新思维。

　　未来学校的功能规划要更加多样，要有不同类别的空间形态，发挥不同的教育功能，

为实现以学生为中心的个性化学习、自主学习、探究性学习、协作性学习提供环境支撑。首先，未来学校要有班级教室、阶梯教室、讨论教室等提供集体学习和统一学习的空间环境，有操场、游戏场地、运动场地等用于大型室外集体活动、运动、展示、表演的空间环境。其次，要有个性化的学习空间，以便每个学生根据自身学习情况、性格特点和兴趣特长自主选择，如不同功用的学习空间：进行个体静思、双人讨论、小组合作等；不同内容领域的学习空间：人文社科小讲堂、数理探究室、信息技术机房、国学体验中心、艺术小剧场、外语角等；不同学习目的的学习空间：基础夯实、强化巩固、提升探究等。此外，还要设置用于聊天、休闲、娱乐、餐饮、锻炼的公共社交空间及用于课堂教学和集体学习的公共学习空间等。

当然，未来学校不应被冰冷的科技设备和建筑填满。成都市教育科学研究院院长罗清红认为，未来学校一定要保有乡土气息，自然是我们获取知识的源泉，现在我们搞未来学校，要警惕完全被信息化包裹，只有和自然接触，我们才能真正走进智慧。因此，未来学校空间设计要给学生留有充分亲近自然的场地和接触的机会，这不仅可以使校园更加美观，而且可以使大自然成为教育资源，让学生在其中自由快乐地成长。例如，通过对学校部分空间进行再造，让校园更加生态与灵活，营造有温度、能生长、会呼吸的校园环境；通过丰富空间序列、串联景观节点等，将大自然的气息融入学校的建筑，建设一个具有灵魂的校园景观系统[1]。

学校空间不仅仅是学习的场所，还是培养学生精神气质的地方，其所传递的文化和审美对学生成长至关重要。作为学生活动时间最长的地方，校园浓厚的文化氛围能对学生塑造健全人格产生潜移默化的影响。教育部学校规划建设发展中心认为"提取有价值的学校内部或外部元素运用到校园文化建设中，并选取合适的设计载体，以活化整个校园氛围"是设计未来学校的一个基本准则[2]。设计者和建设者应提高对校园文化的重视程度，在着手学校规划设计工作前对所要设计学校的校园文化、教学理念和日常管理使用模式进行了解和挖掘，并对校园所处的环境进行详细深入的考察，然后根据学校的办学特色、投资规模等综合考量，将与校园特质相吻合的特色元素纳入校园文化建设。例如，将地形地貌、建筑风格等地域元素或者相关非物质文化、人文元素等纳入校园文化建设，以增强校园的人文关怀，使校园文化韵味愈久弥香，发挥更大的育人功能。

■ 二、作为社会基本公共设施组成部分的空间设计要素

作为社会基本公共设施，学校将会与社区更紧密地结合，未来学校整体空间的设计要

---

1 温都网. 暑期读书会七位校长探索"未来教育"引领下的学校高品质发展"未来教育"不在未来，而在当下[EB/OL]. (2020-08-20)[2021-05-07]. http://news.wendu.cn/2020/0820/790488.shtml.

2 教育部学校规划建设发展中心. 如何设计未来校园？"神笔马良"让你脑洞大开[EB/OL]. (2019-10-31)[2021-05-07]. https://www.csdp.edu.cn/article/5482.html.

注意学校的社会开放性。校园的内部可以设置一些社区的要素，以促进学生在开放的、相对宽容的环境中进行互动，提高学生的社会责任感，学生在这样的场所中就应想到如何成为社会的一部分。例如，设计校园内部的华丽街景、室内街景、互动学习中心（媒体中心）、速食店、健身中心，以及室外露天剧场和自助食堂的露台等额外的集会区域[1]。

当然未来学校的开放性更多地表现在与真实的社区进行互动，一方面，将社会资源连接到学校，以便于学生利用社会资源进行学习；另一方面，将学校的资源向社会开放，以满足社会需求的增加和全社会资源共享的热切需求。未来学校的建筑要考虑加入生活的元素并设置开放的场所，以便社区的使用，同时也要考虑学校的管理和安全问题。学校的一些建筑空地、体育馆、图书馆等资源会向社会开放，如汶川地震灾后重建的新北川中学，在进行重建规划设计时探索学校资源与社会（社区）共享的可能性，以及校园开阔空间在城市抗灾中作为避难场所利用的可能性[2]；美国宾夕法尼亚州费城市的未来学校创建了一个由表演区域、体育教育中心和互动学习中心构成的内部交流核心区域，供社区人员使用和出入，社区人员可通过学校内部的"街道"直接进出适合的多功能区域[3]。学校将不再是学生学习的唯一场所，正式学习和非正式学习的界限将被打破，学生也可以利用社会资源进行学习，如可以连接国家省、市、区的各类博物馆、科技馆、图书馆、规划馆、展示厅等，拓展教育内容。

三、从可持续发展的视角设计未来学校空间

基于可持续发展的视角进行未来学校整体空间规划设计时，要利用好校园的过道、走廊、风雨连廊、底层半开放空间、屋顶平台等校园"灰空间"，提高空间利用率，为师生提供运动、休闲、交往、非正式学习及自主探究的场所。利用底层空间为学生提供室内休闲交流、集体活动、艺术活动和运动的场地，如室内休闲区、室内运动馆、室内篮球场、羽毛球场、游泳池、舞蹈厅、音乐厅、书法美术教室、3D 打印/制作教室和实践活动室等。在教学楼等独立建筑的门厅、走廊、楼梯间拐角的平台等地方适当设置座椅，并进行简单的装饰，为师生提供平等交流、互动交往的空间；在墙壁上张贴海报、增加学校或班级文化墙设计，促进学生的主动学习，使学生增加知识、获得话题，促进学生间的交流和师生间的和谐相处。此外，可以充分利用经常被忽略的屋顶空间，结合学生的年龄段特点和学习活动方式的需求，对屋顶布局进行设计。例如，布局农业科普知识展示区、农业种植体

---

[1] 崔玉忠. 采用"绿色设计"的高性能学校建筑——美国宾夕法尼亚州费城市的未来学校[J]. 建筑砌块与砌块建筑, 2014(5): 12-13.

[2] 王小工. 中小学校园规划设计的实践与思考[J]. 建筑技艺, 2015(9): 24-33.

[3] 崔玉忠. 采用"绿色设计"的高性能学校建筑——美国宾夕法尼亚州费城市的未来学校[J]. 建筑砌块与砌块建筑, 2014(5): 12-13.

验区、屋顶阅读休闲区、七彩花卉观赏区、特色果园区等[1]。在进行具体设计时要注意各个空间的细节设计，营造空间的亲切感，让学生在交流、活动时产生归属感，增进对活动场所的喜爱[2]。还要注意各功能空间的区域划分，避免对教学、办公空间产生干扰。

根据美国绿色建筑协会"绿色建筑"注册标识的认证标准，对可持续发展的绿色建筑物的判定要点包括六个方面：生态可持续性的场地选址、建筑物的用水效率、能耗与大气环境、材料与资源、室内环境质量、设计过程中的创新性。因此，基于可持续发展的视角进行未来学校整体空间规划设计时，还应当关注空间设计的能源使用和材料选择，提高建筑物的耐久性，减少日常使用中的维护工作量和节约能耗。

第三节　整体空间设计案例

"我们在营造建筑，但建筑也会随之重新塑造我们。"

——温斯顿·丘吉尔

国内外不同的学校通过创新性的校园空间设计引领学校教育教学和课程变革，推动实现面向未来的教育实践，帮助学生个性化全面发展，具有很强的教育意义和现实价值。例如，北京四中房山分校长廊里的"午间小课堂"、亦庄实验中学食堂边的小图书馆、上海大学附属中学办公楼一楼的休憩区和格致中学的"空中花园"等，都是新型学习空间探索的范例。美国著名建筑师路易斯·康说："建筑物服务的目的是经常会改变的，但是我们并不能去把建筑物拆掉，因此，我们要去建造一个实用和经济的空间，以适应各种功能的需要。"[3]随着面向未来教育的深化发展，一批学校开始从学校整体教学育人需求出发来建构学习空间。下面分别以芬兰 Järvenpää 高中、北京市中关村第三小学、上海市西中学和深圳罗湖"习本"未来学校为例进行介绍。

一、芬兰 Järvenpää 高中

芬兰 Järvenpää 高中以新型学习空间理念作为校园整体学习空间的规划设计导向，创新性地建设了校园空间，取得了良好的教育实践价值和社会意义。

---

[1] 周仲伟, 邹家乐, 余宝玲. 农业景观与校园建筑屋顶空间的整合价值及设计实验[J]. 中外建筑, 2019(12): 138-140.

[2] 崔会志, 苏剑鸣. 高校教学建筑灰空间主要类型研究[J]. 建筑与文化, 2017(7): 74-75.

[3] 布拉福德·帕金斯. 中小学建筑[M]. 北京：中国建筑工业出版社, 2005.

1. 芬兰 Järvenpää 高中简介

Järvenpää 高中是一所公立学校，位于芬兰 Järvenpää 市。该市临近芬兰首都赫尔辛基，是一座拥有 4 万余居民的小型城市。这所学校始建于 2003 年，但为了满足现今对学习环境和技术发展的新需要，不久前进行了全面的改造升级，其整体设计如图 3.1 所示[1]。该校的空间设计充分融入学校整体规划之中，与学校的管理、课程、教学和整体育人目标共同协作，实现学生的全面、充分发展。它不仅是芬兰国内现代学校空间设计的先驱样板，同时也被北欧教育界公认为新型学习环境的引领性范例。

图 3.1　Järvenpää 高中主教学楼及其副楼

2. Järvenpää 高中设计思路

该校的学习空间建设从设计伊始就立足于教育需求，其规划设计并不完全交由建筑公司单独掌控，而是采用一个由建筑师、学校管理层和学校师生共同参与的动态化交互式过程，在反复交流和迭代修改中确保在符合建筑专业规范的前提下，能够有效满足使用者对于设计和细节的需求。

此外，该校的空间设计并没有一味地贪大求全，盲目追求高配置和大容量，而是根据 Järvenpää 市的学龄人口动态变化趋势和本校原有空间设计，在能满足当前和今后实际学位需要及目前校园土地空间承载能力的前提下，适度地进行了少量拓展。

同时，作为一座面积不大、形态紧凑的小型城市的学校，学校和设计者充分考虑到有限的预算经费与最大化利用效率这两个基点，决定将学校的一些功能性服务设施与城市社区已有设施错位设置，在使用中互补开放，实现共赢。

---

[1] oppimaisema.com. Oppimaisema art of school[EB/OL].[2021-05-07]. https://www.oppimaisema.com/.（本案例其他图片同出于此）

Aarne von Boehm 建筑师事务所被选为主设计单位，该公司派出了一名资深建筑设计师来领导这个项目，同时也充分融入教师和学生对于教学和学习环境的实际要求。该项目一直运用这样的交互式设计和规划过程来确定和完善空间设计方案，直至项目进入正式实施阶段。从投入使用后的多次反馈调查的结果来看，该项目的改造结果在多个方面都超出了师生预期，取得了令人满意的成效。

3. Järvenpää 高中学习空间

每天，有一千余名学生和 60 余位教师在这座建筑中工作、学习。每天晚上，学校为发展学生的个性化选择和爱好提供很多兴趣教室。同时，在课余时间，学校空间还开放给 Järvenpää 市的成人教育学校使用，实现资源共享。在芬兰教育体制下，高中阶段主要培养 16～18 岁的学生，大约接收全国一半左右的适龄学生，而另一半学生则会选择职业教育学校。选择这两种教育路径的学生都可以无障碍地升入高等教育学校，但前者更加注重为后续深造准备学术能力，而后者则更多着眼于实用性劳动职业技能的训练。在芬兰，高中学业采用灵活学制，学生们可以自由制定在 2～4 年内完成高中阶段学习的计划。尽管有国家统一的高中阶段结业考试，但学生们可以在每年的两个不同考试时段中自主选择各科目考试的时间。Järvenpää 学校有一个很有雄心的目标，希望能让自己的每一位学生都升入大学进行深造，并且成为能够制定个人学习计划，把握个体学习步调和承担自我成长责任，实现自主引导和自我管理的主动学习者。

为了更好地培养学生各学科的学术素养，为将来的大学阶段做好准备，Järvenpää 学校在整体上采用了类似大学的设计，不同学科的教学被集中起来，组成一个个教学单元，分别为科学、艺术设计、音乐、人文和社会科学提供专门化的教学空间和教学设施。学校的主教学楼有多个副楼，每一座副楼就对应一个学科教学或功能的空间单元，如图 3.2 所示。所有的教学单元都根据学科特性进行了主题化装饰，并配备了支持学科探究学习的先进设施。主教学楼的中心，也就是各个学科副楼交汇的空间采用了大环形开放式设计，

图 3.2　专业化空间功能单元

为全体师生提供各种公共服务，包括简餐餐厅，学生表演、集体讨论和其他学习社区类事务，如图 3.3 所示。有学生表示："来我们学校就像走进了一所现代化的宾馆，而不是一所普通的学校。"由于采用了开放式设计，这一中心公共空间对于不同楼层和不同副楼都是易达可见的。配备有舒适沙发的学习角落遍布整座大楼的各个位置，支持随时随地的独立/小组学习、个人静思和朋友进食小憩。

图 3.3　主教学楼中心的环形开放空间

在完成高中学业时，学校对每位学生的教育目标如下。

（1）可以自主获取信息和解决问题，并了解如何开展有效率的学习。

（2）养成并展示出对于生活、学习的主动性。

（3）能够与相关群组或者学习网络中的其他人合作共事。

（4）能够分别用另一门国内语言和外语来清楚地进行语言表达。

（5）具备独立辩证思考，做出决定并清晰理解这些决定所带来的结果与影响的能力。

（6）可以识别和处理事关个人和群体的道德问题。

学校的所有设施和空间从周一到周四的早上七点到晚上九点，以及周五的早上七点到下午四点向全体学生开放。每位学生都有一把学校的钥匙，可以在开放时间里自由地进入和使用学校的各种空间和设施，如图 3.4 和 3.5 所示。学校和教师充分信任每一位学生，学生们也为这份信任感到自豪，这也给予了他们强烈的责任意识，并让他们学会承担起迈向成年道路上的责任和义务。该校校长在接受采访时表示，从投入使用至今，没有发生过任何关于学生不当使用学校设施的问题。学校的来访者们都能在校园中感受到一股自由开放的气息，这一方面来自整体空间建筑设计，另一方面也离不开全校师生有序且负责任的行为举止。

4. Järvenpää 高中学习空间教育意义

Järvenpää 学校的整体空间设计成功地创设出了一种平和宁静的环境氛围。主教学楼中心的环形开放空间，其良好的声学设计非常有利于音乐演出，但在日常上课时间，这一大型开放空间同样毫无多余噪声。学校的建筑材料主要采用了实木和砖块，加上暖色系装饰，并配备了舒适且易于灵活调整和移动的家具、教具。灵活性是学校空间的一大重要考量，直到 2010 年，学校一直提供不同层次的计算机课程，但现在计算机课程被替换为其他使用计算机学习技能的课程，因为为每位学生都配备了学习用的笔记本电脑，并在所有学科课程中都有相应的信息通信技术实践机会。对于光照、温度、湿度等，学校配备了集中控制系统，在绿色环保的前提下，自动实时调节环境元素，提供安全舒适的学习环境。为了最大限度地节约能源，提高利用效率，学校整体安装了资源循环装置，同时在全校范围采用了无障碍设计，便利残障人士和有特殊需要的师生。

图 3.4　放学后学生进行摇滚乐练习

图 3.5　放学后学生进行雕塑练习

　　营造学习空间的根本目的是为学生提供适合其个性化发展的教育，同时支持他们习得自主管控的独立学习和合作技能，并鼓励其成为合格公民。这所学校学习空间的背后并不是一个孤立的课程学习理论，而是融合了社会建构主义理论和社会文化学习理论作为支撑。空间的高度灵活性为多样化的教学提供了可能，将学习从对教室的高度依赖中解放出来。探究式学习可以在校内、校外多元开展，学校靠近森林的选址便于许多户外活动的进行，同时，学校所在社区的工商业设施也提供了丰富的实践机会。除此之外，学校也尽可能地直接利用社会化公共学习资源。例如，学生们可以在本地的职业学校选修实践性技术课程，也可以在本地市民图书馆借阅书籍，还可以通过互联网使用国内外的电子学习资源。

　　与开放自由的空间设计思路一致，学校从建立之初就将培养个人独立能力与集体精神的责任感相结合。实现这一目标的重要手段就是通过国际性交流合作。Järvenpää 学校与中国学校（如深圳中学和深圳万科梅沙书院）在哲学、物理、视觉艺术、地理、数学、心理学和机器人编程等方面开展了合作。此外，学校与俄罗斯的访学交流支持学生们在真实的语言环境下体验，学习并运用俄语与斯拉夫文化。学校还开展了空间与技术教学项目，与 Järvenpää 市的友好城市，美国加州 Pasadena 市及 Palomar 天文台和 Griffith 天文台进行体验式专业化学习探究。与此同时，该学校还参与了芬兰和德国，以及芬兰和意大利的政府间教育交流合作项目。除上述国家外，学校还和西班牙语国家开展了大型交换体验项目。

　　学校在不同学科教学空间，特别是为科学课程配备了最先进的学科探究与实验设备，最大限度地给予学生自主体验、感知和探究的学习机会。

　　在音乐和艺术教学空间中，不仅为教师展示和专业演奏，同时也为学生自主编曲和绘画提供了各种器材与设备，支持他们进行个人和集体体验练习。

　　语言、历史和社会科学教学空间则安装了新型投影显示和信息通信系统，通过音视频资料库为学生提供感受历史和文化的直观机会，并支持在学习中与国际合作机构实时连线，进行跨文化交际。

　　体育运动课程空间则满足了正式专业比赛的场馆要求，通过不时引入专业化运动竞技比赛，给学生们一个真实观摩相关运动，激发健身锻炼的兴趣动机。

　　因为芬兰对高中毕业实行计算机化的国家统一考试，对考试场地和设备提出了要求。学校的大部分教室在设计之初就已经考虑到了这一需求，通过快速的灵活重组和设备调用，可以很快满足需求，成为 Järvenpää 市的公共考试中心。

　　中心的环形开放空间立足于实现不同场景需要下的多功能，尤其是社会开放活动。这里可以灵活调整为各种学生参与活动的理想场所，比如，学生自主音乐演奏、艺术表演或者外来专业团队的演出；学生辩论比赛、群体集会和活动组织；邀请政治家、意见领袖和名人进行的公共演说，以及学校毕业典礼、重大节庆等。总之，该校力图通过合理使用和调整空间，尽可能地让学生体验和融入真实社会生活当中。

　　学校通过适当的空间设计来激发学生在学习、生活中的主动性，塑造他们的自主能力。高质量的教学、学生们的福祉保障、学校的疏导指引和各种独具特色的个性化拓展机会，共同为他们的未来发展奠定了良好的基础。在这里，学生们可以自主定制学习计划，多样化自由使用学校资源并全方位感知现代技术和社会生活。

　　独立和责任是学校为每一位学生设定的成长目标，他们不仅在自己的学习中践行这一精神，也需要以此来相互支持，构成有机和谐的学习共同体。高年级学生成为新生的导师和学习顾问，帮助其尽快熟悉和融入校园生活；全体学生都能凭借良好的语言文化素养参与接待和引导所有的国内外参观访问人士的活动。

这些显然不可能单纯依靠空间建筑来实现，但是以优秀而适配的空间环境为基础，坚持以学生为中心，注重全面发展，Järvenpää 高中的学生们大都实现了自主驱动的个性化学习成长。

Järvenpää 学校在芬兰乃至北欧地区被公认为发展现代学习空间环境的引领性案例，并入选了芬兰国家教育署评出的学校建筑设计优秀范例。同时，该校也获得了大量的媒体关注和报道（如芬兰 Oppimaisema.fi 网站），迄今已经接待了数以百计的国际学者、校长和教师代表的参访。

今天，创造出结合个体学习和集体学习的学习空间在芬兰被赋予了前所未有的重要性。2014 年和 2019 年，芬兰国家教育署两度在国家教育课程纲要中设定了相关目标，要求所有的学校成为学习社区，为群体学习提供适配的公共空间。Järvenpää 学校通过优秀的学习空间设计，很好地实现了这样的效果。

在 Järvenpää¨ 学校的案例中，我们可以清晰地发现，空间环境设计会对学习者和学习活动的开展产生巨大影响，而学习者作为学习空间的使用者，也可以在空间环境的设计到实施的过程中施加影响，实现两者的交互融合。优秀而适配的空间设计可以有效地激发学习者的学习动机，促进学习效率和效果的优化提升。但这不仅源于空间设计本身，更来自设计背后蕴藏的教育教学理论和育人价值观，只有坚持以人为本，创新性融合建筑设计理念与教育科学和学习科学，才能真正打造出适合学习者个性化和全面化发展的学习空间环境。

二、北京市中关村第三小学

北京市海淀区中关村第三小学（以下简称"中关村三小"）地处中关村科技园区的核心地带，始建于 1981 年，以高素质的教师队伍和高品质的教学追求，赢得社会各界的赞誉和家长的信赖。

1. 中关村三小简介

目前，中关村三小有四个校区，分别是万柳北校区、万柳南校区、红山校区和雄安校区[1]。2011 年 7 月，中关村三小开启"面向未来、重塑学校"的民主对话，引导教师从更高层面重新定义学校，并形成《中关村第三小学发展纲要（2012—2018）》（试行），明确

---

[1] 百度百科. 北京市中关村第三小学[EB/OL]. [2021-05-07]. https://baike.baidu.com/item/%E5%8C%97%E4%BA%AC%E5%B8%82%E4%B8%AD%E5%85%B3%E6%9D%91%E7%AC%AC%E4%B8%89%E5%B0%8F%E5%AD%A6/5434776?fr=aladdin.

面向未来的学校定位和发展方向。2012 年，中关村三小获准在万柳社区筹建新校区，新校区的建设充分体现未来学校的教育设计，通过创新性学习空间设计，以教学方式和学习方式的转变为核心，改变传统的班级授课制相对单一、教学内容固定、学校生活较为封闭等状况，从教育理念、教与学的组织形式、空间结构等方面进行结构性、系统性和整体性变革，创建一所根植中华文化，融通中外先进办学思想的新型学校，如图 3.6 所示[1]。

图 3.6　中关村三小万柳北校区

2. 中关村三小设计思路

中关村三小万柳北校区按照"大家三小"的理念进行设计，根植于自然和社会生态，以及家庭、学校和社区的合作，满足学生多样化的学习需求，促进学生全方位的发展；要求学校为学生提供便捷的资源和空间，借助学校建筑空间的变革，推动学生学习和重构人际关系，帮助学生走向未来。

美国 Bridge3 公司和中国建筑设计院共同完成新校区建筑方案，秉承开放性、互动性、亲和力、环保性及安全性等目标，依照教学 3.0 模式，设计全新的教学空间，注重培养学生身心健康的协调发展，关注其创造力，注重德育教育，培养其独立思考能力、团队合作精神和责任心，为学生的终身学习提供最优的教育空间和环境[2]。

3. 中关村三小学习空间

中关村三小万柳北校区项目位于北京市海淀区万泉庄路与圣化路交叉口东北角，总建筑面积 45952 平方米（其中地上建筑面积 25609 平方米，地下建筑面积 20343 平方米），分为教学楼和体育馆两部分。其中，教学楼地上四层，主要功能为教室、办公、实验室、会堂、展示交流中心等。地下两层主要功能为车库、游泳池、餐厅、活动室、多功能厅、机房等，地下一层局部为下沉庭院。体育馆主要功能为篮球馆，看台为斜看台，屋顶为风

1　搜狐网. 传说中 3.0 版本的学校，原来是酱紫滴……[EB/OL]. (2016-03-06)[2021-05-07]. https://www.sohu.com/a/62145046_372529.

2　王敬先. 面向新时代的教育建筑——中关村三小万柳新校区模式语言浅析[J]. 建筑技艺, 2015(9): 86-90.

雨操场，体育馆在地下一层和教学楼连为一体，其平面图和剖面图如图 3.7 所示[1,2]。

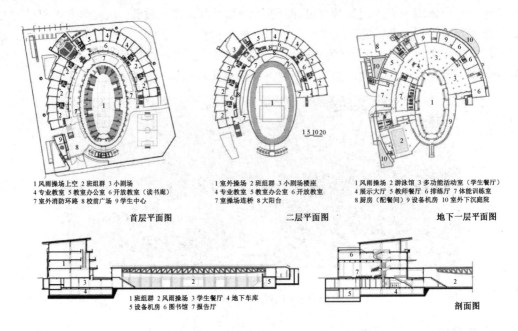

1 风雨操场上空 2 班组群 3 小剧场
4 专业教室 5 教室办公室 6 开放教室（读书廊）
7 室外消防环路 8 校前广场 9 学生中心

首层平面图

1 室外操场 2 班组群 3 小剧场楼座
4 专业教室 5 教室办公室 6 开放教室
7 室操场连桥 8 大阳台

二层平面图

1 风雨操场 2 游泳馆 3 多功能活动室（学生餐厅）
4 展示大厅 5 教师餐厅 6 排练厅 7 体能训练室
8 厨房（配餐间）9 设备机房 10 室外下沉庭院

地下一层平面图

1 班组群 2 风雨操场 3 学生餐厅 4 地下车库
5 设备机房 6 图书馆 7 报告厅

剖面图

图 3.7　中关村三小万柳北校区平面图与剖面图

　　学校的整体设计考虑了新校区所在地区的气候条件和地理条件，北京市位于北半球，冬季常年主导风为北风和西北风。为获取更多的阳光，阻挡寒冷的北风，结合福建土楼建筑结构的启发，建筑设计采用向内聚焦的结构与字母 "C" 的融合形状，呈坐北朝南的方位，让整个学校的建筑时刻环绕着学生，使学生产生整体感、庇护感和保护感；此方向正好面向北京这座城市中心的方向，学校的东南方向社区开放，将学校融入周边环境。"C"形的平面布局为四层的教学楼，中间围绕一个椭圆形的半地下风雨操场，风雨操场的顶部是一个小型操场，通过教学楼二层即可到达，如图 3.8 所示[3]。

　　为了增加学生接触自然的时间，学校模糊了室内与室外的界限。教学楼的每一层都有一个室外的大露台，位于 "C" 形曲线建筑的内环，学生的教室门外可以直接到达露台和花园。当学生站在露台上，不仅可以进入自然环境中，还能感受到整体的学校。学生可以在露台上种植花草、蔬菜，观察天气或太阳的移动等，还可以做室外实验，获得真实的户外学习体验。露台逐级向上变窄，方便让阳光和雨水深入露台，也为学习环境增添生机勃

1 余蕾, 罗敏杰, 张世雄, 等. 中关村三小新校区的结构设计[J]. 建筑结构, 2013(S1): 216-219.

2 王敬先. 面向新时代的教育建筑——中关村三小万柳新校区模式语言浅析[J]. 建筑技艺, 2015(9): 86-90.

3 搜狐网. 揭秘 |《哈利波特》里才有的学校竟然在北京出现! [EB/OL]. (2016-02-22)[2021-05-07]. https://www. sohu.com/a/60028818_372466.

勃的气息，如图 3.9 和图 3.10 所示[1]。

图 3.8　小型操场

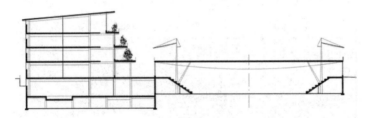

图 3.9　露台剖面图

图 3.10　露台上种植的绿植与蔬菜

1　王敬先. 面向新时代的教育建筑——中关村三小万柳新校区模式语言浅析[J]. 建筑技艺, 2015(9): 86-90.

中关村三小办学和育人教育理念认为，高年级与低年级学生之间的混龄教学，有利于高年级的学生加深对知识的理解；低年级的学生可以通过高年级的学生了解自己未来的发展轨迹，有利于减轻焦虑感，为自己设定目标，收获想学的知识。秉承以上理念，每一层教学楼都建有一所"校中校"，每一所"校中校"都由四个"班组群"组成，分布在一层楼的两端。"班组群"的空间设计打破长长走廊一边或两侧一间间并列的格子间教室的格局，每一层除占一半数量的传统教室外，教室一侧的公共区域改造成"三室一厅一卫"的开放教室，开放教室由三个独立教室构成，教室之间通过活动隔断隔开，约一百平方米，教室可以根据教师课程的需要进行重组，如图 3.11 和图 3.12 所示[1]。三个年级、不同年龄的孩子组成一个"班组群"，共同使用一个开放教室及学习空间、卫生间、楼梯等，在公共区域内学习、交往和游戏，营造家庭学习的氛围，如图 3.13 所示[2]。这样的空间能够将传统的班级授课、教师指导下的开放学习及小组探究性学习有机结合在一起，满足学生个体学习、小组学习及团队学习等多重的需要，实现学校的 3.0 版本[3]。每个"班组群"均南北通透、阳光普照、通风良好，且整栋楼安装空气净化系统，避免雾霾影响学生的正常学习。为了保证学生能听清老师讲课，学校还邀请清华大学声学所的专家通过降噪和声反射等技术使教室内部的声效达到教学要求。

图 3.11　用于班组群的教室布局

对于教学楼色调的设计，设计师筛选出不同年代、不同国家、不同性别、不同风格的绘画作品中让人看上去比较舒服的配色方案，以及绘画作品相互之间有色彩延续和流动的作品，与中关村三小的教师、家长和学生共同确定色彩设计方案。整栋教学楼每一层都有不同的色调，红色、橙色、绿色、蓝色，从墙面到地面相互呼应，形成轻快而有活力的视

[1] 王敬先. 面向新时代的教育建筑——中关村三小万柳新校区模式语言浅析[J]. 建筑技艺, 2015(9): 86-90.

[2] 搜狐网.【领导力】未来已来 3.0 学校从建筑空间设计中变革教育生态[EB/OL]. (2017-06-13)[2021-05-07]. https://m.sohu.com/sa/148568184_559626.

[3] 刘可钦. 中关村三小：3.0 版本的新学校[J]. 人民教育, 2015(11): 46-49.

觉感受。除教学楼、教室外,这种色彩方案也应用到教职工和管理者的办公室中。在连接各层的中心楼梯的地方,设计师设计了一幅融合了学校中所有来自绘画作品的颜色组合形成的巨大的马赛克壁画,成为从室外活动场地就可以看见的纵向装饰元素[1]。

图 3.12 班组群效果图

图 3.13 班组群活动场景

每个教室也有独特的布局方式,如图 3.14 所示[2],包括围绕式、教师为中心式、桌角式、学生自由分组式等,根据不同的教学模式可以形成不同的教学空间。多样化的教室分布在每层的公共区域,满足孩子们的各种兴趣与爱好,如一层的"戏剧厅"、二层的"礼乐厅"、跨一二两层的"成学会堂"、三层的"梦工厂"和中央图书馆,中央图书馆是各处

1 必达建设更好的学校. 北京四中房山校区、中关村三小万柳新校区,未来中小学校建筑空间设计范例? [EB/OL]. (2019-09-16)[2021-05-07]. https://mp.weixin.qq.com/s?__biz=MzkzODE4NjA5NA==&mid=2247533945&idx=1&sn=07ed443574f47fce733947f3665b9eff&source=41#wechat_redirect.

2 搜狐网. 每周一校 | 把学校变出"家"的味道! 快看 3.0 版中关村三小如何施魔法! [EB/OL]. (2016-10-10)[2021-05-07]. https://www.sohu.com/a/115785522_372473.

散乱的小图书馆的中心所在。学校图书馆适宜地分布在学校各处,图书馆不再是一个相对固定的、封闭且单独的空间,而是在校园各处建立小图书馆,学生可以凭借条码系统定位图书的位置,方便学生借书阅览[1]。

图 3.14　教室上课的场景

走廊也设置了许多小角落或小空间,如图 3.15 所示[2],类似小屋、树洞等家具配置,学生可以离开走廊,独处或聚集在一起交流;钢琴被摆放在每个楼层中,方便路过的学生心血来潮弹上一曲;校园建筑的玻璃上,随处可见学生的涂鸦作品,为学生自由表达的欲望提供舞台,如图 3.16 所示[3];学校的小菜园开放给学生和家长,通过"土地招标"的方式获得土地使用权,引导学生学习种植知识,锻炼社会交往能力;学校还建设一个成长博物馆,收藏孩子们成长中有意义的物品。

图 3.15　随处可见的小空间

---

[1] 新浪博客. 校园建设背后的故事:中关村三小新校区[EB/OL]. (2015-03-04)[2021-05-07]. http://blog.sina.com.cn/s/blog_902bfb9f0102veyt.html.

[2] 搜狐网. 每周一校 | 把学校变出"家"的味道!快看 3.0 版中关村三小如何施魔法! [EB/OL]. (2016-10-10)[2021-05-07]. https://www.sohu.com/a/115785522_372473.

[3] 搜狐网. 传说中 3.0 版本的学校,原来是酱紫滴……[EB/OL]. (2016-03-06)[2021-05-07]. https://www.sohu.com/a/ 62145046_372529.

图 3.16　玻璃墙上学生的涂鸦

4．中关村三小学习空间的教育意义

中关村三小通过灵活、开放、独特的学习空间设计，支持"班组群"等形式的学习方式，并展现出对家庭、社区开放的姿态，形成学校、家庭、社会协同育人的模式。

万柳北校区的主门广场成"凹"字形，校门向内退了 10 米，给家长接送孩子让出缓冲带，防止拥堵和危险；学校也让出校门口的人行道，特别是盲道；学校校门两侧专门设计座椅，供社区往来人员休息。学校坚持认为学生的学与教师的教，需要和家庭、社区携手共创，学校从细节开始，展现主动与家庭、社区对话的姿态，学校开展"家长志工团""邻家小孩""家庭教育研究中心""家校事务协作中心"等活动，建设学校、家庭、社区融为一体的教育共同体，滋养互动互惠的教育生态，形成协同育人的良好环境。

学生在学校的学习方式既有班级内的学习，又有"班组群"内大小孩子的共同学习，每个"班组群"由不同学科的 7 位教师组成"家庭式合作团队"，以"班主任+导师"的形式共同负责 100 多名学生的日常教育和管理。"班组群"的创新设计满足学生成长过程中所需要的混龄交往的需求。在小学六年的时间里，学生可以拥有比自己高一到两个年级的哥哥姐姐，比自己低一到两个年级的弟弟妹妹，还有与自己同龄的同学，共同地玩耍、学习和成长，形成类家庭的关系及丰富的人际关系，促进学生身心的健康成长，这是传统班级授课制所无法提供的可能和机会[1]。如在制作微景观的项目学习中，六年级的学生说，"有个四年级的小弟弟做得非常认真，恨不能把所有的品种都种进花盆里，那情景真让我感动。可当我告诉他不能把喜水植物同不喜水植物种在一起时，他又对我佩服得不得了！"[2]

[1] 北京幼升小网. 网络火爆的"北京魔法学院"，原来是这所 3.0 版本的学校（令人震撼！）[EB/OL].(2016-03-01) [2021-05-09].http://www.ysxiao.cn/c/201602/6934_3.html.

[2] 搜狐网. 北京一小学的教育创新：三个年级的孩子上一堂课[EB/OL]. (2018-04-19)[2021-05-09]. https://www.sohu. com/a/228794872_267106.

从中关村三小学校空间可以看出，校园建筑体现出学校对学生成长的用心和尊重，将学校建设成为学生生活的场所，打通学生学习与生活的界限，通过学校建筑的变革推动系统的教学变革，从而创造和释放更大的教育力。截至2018年，在6年的时间里，中关村三小的教学取得了显著的成绩。例如，学生自发研究了关于"共享单车的利弊与有效管理""如何让人民币成为'一带一路'国家结算货币"等近400个身边热点问题；60多个学生自主社团、100多个项目团队活跃在校园各个角落；毕业班的学生每年撰写论文300多篇，聚焦历史文化、社会科学、信息技术、文化艺术、生态文明等多个领域[1]。

■ 三、上海市西中学

为了更好地促进学生的个性化全面发展，上海市西中学提出了"优势学习"教育理念，以"时空的突破"为切入点，首创"思维广场"，从教学环境重构、教学流程再造的角度，撬动教学方式的深度变革，展开促进学生高阶思维培育的实践研究，提炼"在优势空间、选优势时间、用优势方式、学优势内容、重优势评价"的"优势学习理论"，探索聚焦高阶思维培育的学生优势学习与发展之路[2]。

1. 上海市西中学简介

上海市西中学坐落于市中心环境幽静的愚园路上，是一所历史悠久的老牌学校。学校源于1870年创建的"尤来旬学校"，1946年正式命名，1953年成为上海市政府命名的重点中学，2004年成为上海市教委首批命名的实验性、示范性高中。市西中学校园占地面积60亩，总建筑面积58228平方米，其中地下建筑面积20875平方米。经过多年发展，学校现有近50个教学班，近2000名学生，近200名教职员工，是一所具有一流教学设备的现代化新型学校[3]。学校致力于素质教育和全面发展，取得了良好的社会声誉，被授予上海市素质教育实验校等称号。

2. "思维广场"引领学习空间变革

2012年起，上海市西中学对学校实现新一轮发展进行了系统分析，对"什么是学习，以及学习的方式"做了深层的思考，觉得学习过程是一种信息编码的过程。那么如何在信息的背景下，在学校传统课堂中以教师教为主、学生听，以及以个别化的习题训练为辅的学习方式下，为优秀学生的更佳发展提供可能？对此，学校提出了"思维广场"的概念，

---

1 中华人民共和国教育部. 办面向未来的教育——北京中关村三小探索学校系统变革的实践[EB/OL]. (2018-04-23) [2021-05-07]. http://www.moe.gov.cn/jyb_xwfb/moe_2082/zl_2018n/2018_zl06/201804/t20180423_333960.html.

2 董君武. 全面推进基于"优势理论"的个别化教育[J]. 上海教育, 2012(36): 23-23.

3 上海市市西初级中学. 上海市市西初级中学[EB/OL]. [2021-05-07]. http://www.sxcj.edu.sh.cn/.

试图通过教学环境的变化，迫使教师教的方式和学生学的方式有根本性的变革。

2012年，思维广场正式落成——构建空间大小自如、整合教室和图书馆功能、融入信息技术、融合丰富课程资源、保障多样性学习方式、半封闭半开放的学习环境[1]。

集图书馆、电脑房信息查询功能于一体，占据校园中传家楼一、二两个层面880平方米的"思维广场"，有宽大的学生个别化自主学习空间及半开放的小组讨论和师生互动空间。思维广场在空间布局上突破了传统教室里桌椅排排放、学生排排坐的布局，在880平方米、上下两层相通的物理空间里，构建了六个大大小小的讨论室和由各种不同色彩、不同形状、不同功能的座椅、沙发、茶几、圆台自由移动、随意组合形成的休憩、阅读、学习讨论的自由空间，如图3.17和图3.18所示[2]。六个讨论室，大的可供16个师生学习讨论，小的可供4～6个师生学习讨论。这些讨论室大都由玻璃壁分隔，里面看得见外面，外面看得见里面，但隔音很好，配备了可以灵活移动重组的座椅，如图3.19所示[3]。每个讨论室都精心命名："鹿鸣""知本""致知""衡虑""凝兰""敦行"，蕴含了丰富的文化内涵。

图3.17　开放式交流空间

除上述六个讨论室外，思维广场还是一个融合了图书馆、网络阅览室、现代教育技术等功能的学习空间。更亮眼的是市西中学目前有语文、英语、政治、历史和地理五门学科同时进入思维广场上课，在这里上课的流程是一个再造的教学流程，即上课前由教师发布"任务单""讨论主题"，并确定讨论室（地点）和讨论进行的时间，而每一位学生都可以自主选择任何一个时间段任何一门学科的讨论话题，自主学习做好准备，到时参与讨论。

---

[1] 中国教育和科研计算机网. 面向未来设计学校空间与环境[EB/OL].(2019-04-28) [2021-05-09]. http://www.edu.cn/info/xy/jj/201904/t20190428_1656494.shtml.

[2] 零零教育信息网. 面向未来设计学校空间与环境[EB/OL]. (2019-04-27)[2021-05-07]. http://www.00-edu.com/jiaoyu/1/2019-04-27/1081803.html.

[3] 新浪博客. 学生的学习，教师无可替代——观摩上海市西中学思维广场课改活动有感[EB/OL]. (2013-05-17)[2021-05-07]. http://blog.sina.com.cn/s/blog_b6aec27d01018ekh.html.

图 3.18　学生们在五号主题讨论室开展辩论

图 3.19　讨论室中可以灵活移动重组的座椅

2013 年，学校扩建图书馆至 1023 平方米，每层教学楼大厅均改造为休闲式、开放型的新型学习空间，摆放了可自由移动组合的沙发和桌椅，配置了电脑、开架图书、自动咖啡机等，如图 3.20～图 3.22 所示[1,2]。这些设计可供学生随时随地使用资源开展学习，享受便捷、愉悦的学习过程，逐渐将学习内化为一种习惯。2014 年，学校升级校园网络，建设网络学习平台，拓展建成 18 个创新实验室。创新实验室为学生高阶思维的发展、动手实践能力的提高、学生创意的实现，提供了良好的条件，还成为学生校园与真实（社会）、

1　新浪博客. 学生的学习，教师无可替代——观摩上海市西中学思维广场课改活动有感[EB/OL]. (2013-05-17)[2021-05-07]. http://blog.sina.com.cn/s/blog_b6aec27d01018ekh.html.
2　零零教育信息网. 面向未来设计学校空间与环境[EB/OL]. (2019-04-27)[2021-05-07]. http://www.00-edu.com/jiaoyu/ 1/2019-04-27/1081803.html.

虚拟（网络）学习空间进行对接的通道之一。市西中学各学科通过各种信息技术进行教学，如通过微信公众号与微信平台答疑，通过网络线上布置练习，还充分利用二次学习平台及云教育平台等，以此更好地推进信息技术在教学中的应用。

图 3.20　阅读交流空间

图 3.21　自由使用的电脑角

图 3.22　开放学习空间

2016 年，学校数学教研组依托智能学习平台，启动了"视频先导，自主学习"的"网学课堂"实践探索。"网学课堂"是基于互联网，采用云计算技术，融入信息化教学手段的创新课堂，它是基于移动互联环境满足师生课堂互动与即时反馈需求的移动教学课堂。数学教研组将精品课程制作成微课，覆盖 40 分钟课堂中的核心知识，将其浓缩为 5～8 分钟的教学微视频，同时上传相关的同步分层习题等学习材料，可进行重复有选择的学习，并通过直播进行实时答疑反馈。同时，通过在线讨论区和论坛，促进师生交流与生生交流，形成一个系统完整、内容丰富的网学课堂。

市西中学通过打造以思维广场为引领的校园统一学习空间，整合网络学习平台，建构了校园学习环境生态圈，如图 3.23 所示[1]。思维广场的教学流程和学习形态拓展至学生学习全过程，进一步推动了学习的深度变革，有力促进了学生的优势发展和思维培育。

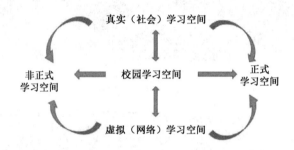

图 3.23　市西中学学习环境生态圈

3. "思维广场"的教育意义

上海市西中学的"思维广场"支持学生自主学习、个性化学习、互动式交流，将取代教师站在讲台上主讲的传统课堂教学方式。学校组织骨干教师团队，根据思维广场的时空特点，结合人文学科特征，先小范围试点，再逐步稳妥地推进，形成多样的教学组合模式，并探索形成了"目标引领—自主研习—合作研讨—思辨提升"教学流程：教师事先为学生设计学习任务单，明确学生学习目标、内容，对学习过程和方法提供必要的建议，提出反馈和评价要求，并确定适应不同学生要求的讨论主题和时间、地点安排。学生根据任务单的要求和自己的需要，自主开展学习，学习目标和内容、学习伙伴和方式、学习时间和空间等，都可以自主选择安排。

随着思维广场时空的突破，特别是教学流程的再造，给予了学生进行深度学习和思维挑战的机会，激活了学生的思维，转变了学生的学习方式。思维广场的创建与教学实践，进一步引发学校对拓展原有学习环境、推广教学模式的理性思考：重构适应不同需要的学习环境，打造校园内部融合统一的学校空间体系。

"思维广场"面向全校师生开放，学生们每周一次在这里学习 145 分钟。每科教师提前制定"学习任务单"明确学习目标，包括基本学习任务和练习、拓展学习任务和练习。

---

[1] 董君武. 思维"广场"撬动教学方式深度变革[J]. 人民教育, 2019, 802(Z1): 74-77.

学生通过智能卡进入思维广场后，领取学习任务单，展开自主学习活动，完成最低限度的基本学习任务，并选择加深的拓展性学习任务。教师则在学生自主学习后，根据学生预约报名，组织开展 5 个延展性主题的 5 场讨论，每场讨论 15 分钟，不超过 16 人。在既不参加集中主题讨论又不参加自主讨论的时间段里，学生可以上网或翻阅书籍，进行查找资料等自主学习活动。主题讨论的主持者可以是教师，也可以是学生。

在启用当天，高一年级三个班的学生就在这里参加了政治、历史、地理的学习活动。高一（四）班的一名学生表示，她在自主学习后，预约了感兴趣的历史学科第三场"罗马法治精神对后世的影响"主题讨论，紧接着又参加了政治科目的第四场辩论"科技进步会导致失业率上升 VS 科技进步不会导致失业率上升"。她很喜欢这种互动交流的氛围，而且对一个共同喜欢的话题进行讨论，同学之间加深了了解，还有一种志同道合的感觉。"思维广场"这个平台，促进了学生主体性学习能力的发挥，也让教师更真实地了解了学生的学习状态。

利用思维广场，市西中学教师整合政治、地理和历史三门学科相关内容，推动学生进行自主学习、主题讨论与交流展示。其学习活动大致流程为：学生进入思维广场后领取"自主学习任务书"，按照事先预约场次，小组成员根据指定主题进行自主学习。在此期间，学生们在讨论室外各区域进行自由准备，或个人独立思考，或成员间合作讨论，他们随时可以利用广场各区域提供的图书杂志、iPad、自我携带的手机等查阅资料，教师巡视但并不过多干涉学生的活动；按照预约场次和主题，教师提前组织学生进入讨论室准备；在指导教师的主持下，预约的 15 人左右小组学生围绕主题正式开展讨论与交流展示。

思维广场的亮点在于：自主性的学习任务，着眼于学生未来的发展；选择性的教学时空，体现对学生能力的培养；生成性的学习内容，厚实学生的学习积淀；合作性的学习过程，提高学生学习的有效性；深广性的思维培育，促进学生批判性思维的发展。运用思维广场这一新型学习环境，学校通过教学实践变革传统教学方式，形成"目标引领—自主研习—合作研讨—思辨提升"的教学流程，如图 3.24 所示[1]。如今，在思维广场中，学生由被动接受知识转变为具有主动自主的学习和思维方式，这种方式的实质是高阶思维中的分析、评价、创造性思维的培育过程，要求学生能够将自己的分析、评价、创造通过课堂讨论表达出来，并与其他同学的分析、评价、创造结论进行碰撞，从而产生更加全面系统的综合分析、评价、创造的思维结果。在思维广场中，师生教与学的变化主要表现在：

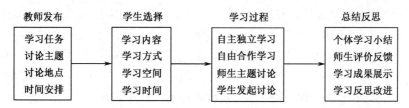

图 3.24 思维广场支持下的教学流程

---

[1] 董君武. 思维"广场"撬动教学方式深度变革[J]. 人民教育, 2019, 802(Z1): 74-77.

- 教师发生的变化：授课→参与讨论；选择内容→选择讨论主题→选择思辨讨论主题；师师合作→师生合作。
- 学生发生的变化：去听→想听；去参加→想参加；去讨论→想讨论；去主持→想主持。

市西中学的思维广场，通过物理空间结构的变革，在空间设计突破传统课堂过程中，正在促使市西中学的师生在教与学的方式上思考如何突破传统的方式，促进教师更加有意识地开发适合不同学生需求的课程，激励学生更加自主地选择开展学习活动，实现个性化全面发展。

四、深圳罗湖"习本"未来学校

深圳罗湖"习本"未来学校是罗湖创新办学体制重点打造的九年一贯制新型公立学校，位于罗湖区清水河街道银湖三九片区内华润银湖蓝山西侧，学校占地面积约 14000 平方米，总建筑面积约 42000 平方米。学校致力于让每个孩子都能发现自我、发挥个性，从而健康成长，具备适应未来社会的核心素养。

1. 设计理念

中国传统中的"习行"论强调"理在事中""习而行之""以实学代虚学，以动学代静学，以活学代死学"。结合现代学习理论，深圳罗湖"习本"未来学校认为，学习是手脑并用、知行合一的探索过程，学习过程的展开是学习问题、认知情境和实践参与三种活动共同起作用的过程。"习本"就是要通过多层次、多形态的活动，促进学习者手脑并用及对知识不断深入的迁移内化，实现知行合一；同时，在习得知识的过程中通过良好行为的固化逐渐养成习惯，带来综合能力的提高；最终上升为积极正确的情感、态度、价值观外化表达的"习性"素养境界，从而构成一个完整的人的成长发展历程[1]。

深圳罗湖"习本"未来学校以"习本"为理念，以"习"改造课堂流程与学习过程，打破传统学校传授知识和接受知识的固有定式，旨在将未来学校打造成实践知识的地方，打造为"处处有习场、时时能习得、人人在习学"的未来学校。第一，"习本"未来学校的学习空间旨在为学生提供泛在、情境化、沉浸式的学习氛围。学校的每一处建筑或设施设备均"可被学习"，例如，学生基于校园建筑和设备可以了解空间、供热、照明、热水器等的运行状态、能耗数据，可开展讨论，实践节能假设方案等。第二，"习本"未来学校强调"动手动脑""知行合一"，学校的学习空间支持学生项目式的探究与学习，支持学生通过开展项目调查与实验研究的方式来实现知识的迁移转化。第三，学校允许每一位学生有不同的见解想法，尊重学生极具个性化的习得过程，支持学生进行个性化的学习。第四，学校通过数据驱动支持师生精准化教学，同时通过数据的收集与贯通，充分了解学生

---

[1] 刘荣青. 可以建设什么样的未来学校[N]. 中国教师报, 2020-08-19(004).

的兴趣、爱好、诉求，并与家长保持密切沟通，实现对学生更加灵活的管理。

2. 深圳罗湖"习本"未来学校的学习空间

灵活开放、虚实融合、环境感知是深圳罗湖"习本"未来学校空间的特征。

"习本"未来学校以自然为书，重视自然与生活、与每一个人的联系，强调学生在真实的情境中通过亲自动手实践习得知识。在选址方面，学校顺应山势，依山而建，仿佛"隐身"于山林之中；学校的层层退台设计，以及教室两面的全玻璃落地窗，使学生在教室中上课仿佛置身于大自然中。学校每间教室的前面均设有与教室宽度约为1:1的走廊，称之为"公共习场"，"公共习场"中设有简单的探究实验套件，用于支持师生开展开放式、探究式的学习。在学校的屋顶，建有生态植物种植园，学生可以在屋顶种植花草树木和蔬菜。屋顶还铺设可透视太阳能电池板，在创能节电的同时，还能收集雨水，用于灌溉及洗手间冲水。学校的地下部分计划建设生命空间，学生可以通过种植物、养动物来探寻什么样的动物适合生存在地下空间，如何进行心理适应，尝试在实验室内搭建起完整的生态循环系统[1]。此外，学校保留了原始的山体、岩石等原有的自然特色，将其打造成"岩场"并与教学楼相连，这些被开发为项目学习的课程。（如图3.25、图3.26所示为深圳罗湖"习本"未来学校的效果图及层层退台设计[2]。）

图3.25　深圳罗湖"习本"未来学校效果图

学校致力于实体空间和虚拟空间的融通，构建情境感知、沉浸体验、数据驱动、普适计算的智慧校园。学校集成各类应用系统，以遍布校园的传感器作为"触手"，收集教育教学与教育管理各个环节的环境、人群、业务的数据，构建师生教学与学习全流程数据库、

---

[1] 未来教育前沿. 教室自带"空中花园"，北师大专家深度参与！罗湖未来学校9月正式开学[EB/OL]. (2021-05-13) [2021-05-14]. https://mp.weixin.qq.com/s/6fpal9yyBlr8DVyxuq0Hnw.

[2] 名师说. "透明"教室，林中上课……一所与山相融的未来学校，来了！[EB/OL]. (2020-12-29)[2021-04-25]. https://mp.weixin.qq.com/s/4blAj7qW3joYLIzYrW1yew.

校园环境数据库等，以服务学生的学习为核心，通过发出与接收指令的各种终端识别需求与危险因素，调度支撑数据以供决策，智能推荐学习资源，管理以数据驱动为基础的场景式、体验式的校园建设。

图 3.26　深圳罗湖"习本"未来学校的层层退台设计

3. 深圳罗湖"习本"未来学校学习空间的教育意义

灵活开放、虚实融合、环境感知的学习空间为"习本"理念的践行提供了支持。"透明"的教室为孩子们提供了与自然接触的机会，使他们在自然体验中习得知识；校园中"透明"设计的设施设备为孩子们提供了观察学习的机会，他们可以在校园生活中时时习得知识与灵感。"透明"的不仅是空间或物理设备，同时通过使校园垃圾"无处遁形"的"透明"设计，对学生进行习惯的养成、习性的培育。例如，学校没有垃圾桶，要求所有师生都要把垃圾带走，师生通过卫生清洁的体验，懂得保持干净的重要性。

在深圳罗湖"习本"未来学校，灵活开放是一种常态。学校鼓励学生灵活选择自己的上课日程，在课前学生可将自己喜欢的日程表以自己喜欢的方式表达出来。同时，学校鼓励学生有不同的意见想法。例如，一位一年级学生在画表盘的时候，把 12 点标在原来 11 点的位置，最下方是 7 点，最上方是 1 点，但仍然得到了教师的鼓励，任课教师认为"虽然她的答案和别人不一样，但很难说是错的。因为这样的表盘具有同样的计时功能。"如图 3.27 所示为学生喜欢的日程表设计及独特的表盘设计。此外，为改变传统课堂学生被动接受的状态，学生被要求在课前提前预习，并在"观点墙"上就一些问题提出自己的看法，如图 3.28 所示。

在信息技术的支持下，学校使看不见摸不着的知识习得、习惯养成、习性培育显化，让"习"可见、可记录、可分析、可提高。例如，学生在进校门时进行"每日心情打卡"（如图 3.29 所示），学校可基于学生每日的打卡数据研究其成长规律。在课堂中，学生上课时的注意力、课堂参与情况、同学间的交互合作等信息将被真实记录，生成针对每一位学生的"数字画像",如图 3.30 所示为学生课堂学习及学习情况报告[1]。在学校的"公共习场",学生的探究数据将被记录并汇聚到校园大脑进行分析。通过大数据等智能技术,让学生的"习"可见,并针对"习"中展现的差异,个性化地推荐给每个学生适合的教育资源及教育方案。

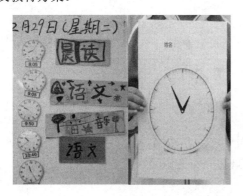

图 3.27　学生喜欢的日程表设计及独特的表盘设计　图 3.28　学生在"观点墙"上展示自己的观点

图 3.29　学生的"每日心情打卡"

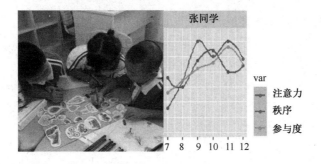

图 3.30　学生课堂学习及学习情况报告

---

[1] 祁凯. 北师大专家深度参与教研,"习本"特色成自主知识产权　罗湖未来学校今年 9 月正式开学[N]. 南方日报, 2021-3-10(A05).

第四章
——CHAPTER4——

未来学校教室空间

　　教室是知识传授的重要场所之一，教室的环境将直接影响知识传授的效果。在设计教室环境的过程中，要高度重视教室的布局设计、空间功能分区和灵活性，充分考虑光照、色彩、温度、声音等因素，利用丰富的技术和教育装备，为教学提供理想、适宜的空间。除常规教室外，主题教室、学科教室、实训教室等专业教室也是较为常见的教室形态，本章也将一一介绍。

第一节　教室空间环境

一、布局设计

　　教室空间布局是指在满足和服从校园整体空间规划的前提下，对教室这一具体学习空间形态进行设计布局，通常包括教室选址、教室形态、建筑材质、门窗设计，以及与其他校园空间的对接等。作为最重要的学习空间形态，教室在学校的教育教学中扮演着举足轻重的角色，是学生学习生活的主要场所。一切发生在教室中的教育教学实践和学习活动都高度依赖于教室空间的整体架构和布局，教师的教学设计、学生的学习实践和各种技术装备，都需要适当的空间设计方能充分发挥作用。

　　因此，如下列案例所示，教室空间布局应当以为师生的教育学习活动提供功能性支持和为学生全面发展创设和谐环境作为基点来开展。

1. 提供功能性支持

　　作为学习空间，教室空间布局不是仅仅为了实现空间本身的优化和完备，其首要目标是充分发挥空间的教育意义和价值，为教育教学提供功能性支持。所谓的功能性支持，就是指在教育教学过程中，空间环境及其要素能够为各种教育教学活动，如教师讲授、学生自习、交互合作、个性化学习、探究性学习等提供适宜的空间设计支持、技术设备基础和学习资源保障。

案例 1——桑拿拉赫蒂学校

芬兰埃斯波市的桑拿拉赫蒂学校采用创新型设计，旨在将非传统课堂融入教育体验之中，为各种类型的小组学习和协作学习提供支持[1]。例如，教室与教室之间采用玻璃墙，让学生们可以分组学习；用于集体研讨的教室安装有玻璃门，可向隔壁的学习小组敞开；宽敞的走廊内也有足够的开放空间可供学生坐下交流和学习。该学校教室的设计是一种支持教室内外合作学习的设计，如图 4.1 所示。

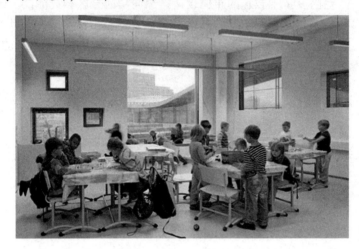

图 4.1　学校教室的设计

2. 创设和谐环境

在教室的空间布局中，除具有明确指向的功能性支持以外，相对隐性的环境条件同样不可忽视。教室是教师和学生在校园空间中工作、学习和生活的最主要场所，教室及其周边空间的环境质量和条件会直接影响教育教学的效率和效果，也关系着整体校园生活的质量和福祉。因此，在教室空间布局设计中，需要遵循以人为本的原则，创设和谐舒适的空间环境，为师生提供高质量的学习空间条件。

案例 2——保罗·切瓦利埃学校

保罗·切瓦利埃学校位于法国里昂，提供幼儿园到小学阶段的课程[2]。从设计之初，这所学校就定位于全方位增加使用者与自然环境接触的机会。首先，除校园本身营造的草木花卉等绿化景观以外，该校教室被特地选址在一座林草公园步道外侧，最大可能地利用丰沛的公共自然资源来加强教室学习与自然环境的交互联系，为学生创造和谐自然的学习环

1　搜狐网. 教育前沿｜拉近学校建筑与未来教育的距离③——芬兰的学校与建筑设计[EB/OL]. (2019-08-01)[2021-05-08]. http://www.sohu.com/a/330862843_650037.

2　Dezeen. Paul Chevallier School by Tectoniques[EB/OL]. (2013-09-09)[2021-05-08]. https://www.dezeen.com/2013/09/09/school-complex-in-rillieux-la-pape-by-tectoniques/.

境，如图 4.2 所示。

图 4.2 坐落于林草公园步道外侧的教室

其次，在建筑材料方面专门选用了只经过最低限度加工的天然板材，比如在教室内外墙体上均覆盖有一层为适合触摸而抛光的原木材料，如图 4.3 所示。这一设计可以激发学生与自然材料的自由接触，帮助他们放松、减压和休闲。

图 4.3 教室建筑墙面的原木覆盖

同时，教室屋顶被特意设计成了 V 字形，一方面可以借此将建筑空间延伸到临近的树木花草，拉近距离，如图 4.4 所示；另一方面通过在教室屋顶铺设草坪花卉，也为学生创造了一处有层次错落、有绿植铺垫的观赏性和探索性空间，如图 4.5 和图 4.6 所示。

图 4.4　V 字形屋顶延伸

图 4.5　铺满绿植的 V 字形屋顶-正面

图 4.6　铺满绿植的 V 字形屋顶-侧面

教室外侧走廊的窗户全部采用大落地窗的式样，以最大限度地引入自然光线，改善采光条件和舒适度，并且为从校园内部观看旁边的绿植花卉提供了良好的视野通透性，如图4.7所示。

图 4.7　便于采光和观绿的大落地窗

二、空间功能分区

教室内部空间可以划分为开展不同活动的功能区域，以满足不同的教育教学需要。随着教育的发展，现代教室已经远远超过了传统上单一的教师集中授课的功能，需要具备支持教师讲授、学生学习、交互共享、团队协作、探究活动等多种功能。因此，教室内部合理的空间功能划分对于最大限度地发挥教室的空间作用，保障教育教学的开展具有其必要性。

例如，欧洲学校联盟的未来教室实验室由一间会议室和一个巨大的开放式学习空间组成，开放式空间被划分为互动区、展示区、研究区、创造区、交流区、发展区六个功能分区，如图4.8所示[1]。阿联酋大学的智慧教室包括讲授区、协作工作区和知识应用区，详见本节案例[2]。Geschwister学校教室划分为授课空间、入口、衣帽间和工作坊等部分，还有附属的户外教学活动场地，如图4.9所示[3]。

---

[1] 李葆萍. 智慧教室中的教学研究与实践[M]. 北京：人民邮电出版社, 2020.

[2] ATIF Y. Conversational learning integration in technology enhanced classrooms[J]. Computers in Human Behavior, 2013, 29(2): 416-423.

[3] 贾博雅. 当代初级中学普通教室设计研究[D]. 广州：华南理工大学, 2018.

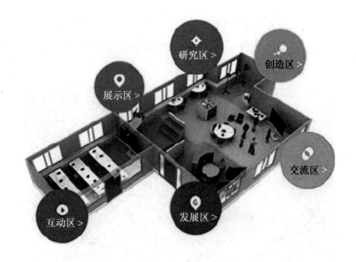

图 4.8 未来教室实验室的学习分区

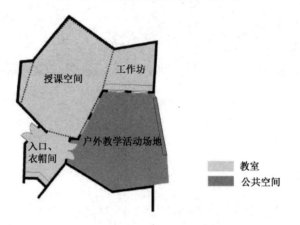

图 4.9 Geschwister 学校教室功能分区

关于教室功能探索，有研究将虚拟现实教室分为教师教学区、探究学习区、拓展体验区三个功能区，如图 4.10 所示[1]。还有学者将中学教室分为教师授课、学生学习生活区、储藏功能区、展示功能区，认为可通过对学校建筑设计中本来就带有的"角"空间进行设计利用，为师生提供一些面积较小的、适合单人进行学习的功能学习区，如图 4.11 所示[2]。

基于现有关于教室内部空间划分的研究与实践，教室空间可以按照功能大致划分为以下几类[3]。

---

[1] 赵敬伟, 边希贵, 谷文忠. 虚拟现实功能教室建设思路[J]. 教育与装备研究, 2020, 36(12): 14-18.

[2] 贾博雅. 当代初级中学普通教室设计研究[D]. 广州: 华南理工大学, 2018.

[3] 陈向东, 陆蓉蓉. 新型学习空间[M]. 桂林: 广西师范大学出版社, 2013.

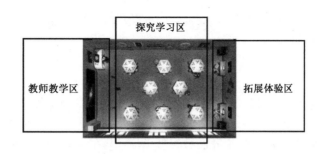

图 4.10　虚拟现实功能教室分区

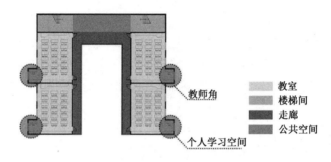

图 4.11　利用"角"空间设计师生生活学习区

1. 授课空间

传统上整个教室空间几乎都是授课空间，在未来学校中，授课空间是教室内部的一种基础性的功能板块，但远远不是教室的全部。教师在教室内部整体通达性最好的部位，通常是教室的中心区域，将分散的学生集中起来，进行必要的讲解和演示，对学生的学习进行指导和反馈。

2. 学生活动空间

在教师必要的讲解和演示之后，学生需要通过开展个体和群体的学习活动来体验、感知和内化知识。在教师的指导下，学生可以在教室的学生活动空间根据个人步调开展探究性学习、任务型学习和项目式学习。

3. 交流协作空间

在交流协作空间，学生之间、师生之间开展不同层级的交流协作，不仅有利于互相取长补短、优势互补地强化学习效果，同时也可以优化学习体验，培养学生的团队协作素养和能力。

4. 展示分享空间

从黑板报、名言警句和榜样介绍，到学生作品展示和班级电子相册屏幕等，都属于教室中展示分享分区的范畴。这样的展示既可以是人生理念、学校校训、英模典范等的宣告传播，也可以是优秀学生成果的分享交流，还可以是班级成员和集体的介绍及影像，从而为学校的德育教育提供保障。

5. 数字空间

数字空间既包括传统上提供书籍、期刊和资料的数字图书角等实体分区，又包括平板电脑等信息化设备，甚至也包括教室中帮助学生连接虚拟学习平台的网络接口和无线网络覆盖。这一空间可以为教师和学生开展教育教学活动提供各种数字资源和设施，同时联通教室实体空间和线上学习系统。

6. 储物空间

随着经济社会的发展和教育装备的进步，师生在校园中日常携带和使用的资料和设备呈现出快速增长的态势，对于储物的需求不断加大。教室空间需要通盘考虑这一情况，对学生课桌、教师工作台、教室前后储物柜等做出针对性设计，为师生学习生活创造良好条件。

案例3——教室分区框架

阿联酋一所大学设计了多功能教室的分区框架原型，可实现学生与同伴和导师互动学习，该原型在"电子商务模型"课程中使用并取得了积极的效果[1]。

该框架包括讲授区、协作工作区、工作组区和转换区，如图4.12所示。讲授区将所有课堂学习者的注意力吸引到知识的概念化上，它也可以作为课堂小组工作的汇总，以比较不同小组之间的解决方案。无论在什么样的情况下，讲授区都要完成把各种主观经验和观点进行抽象概括的任务。协作工作区要应用知识技能来构建学习产品（例如，提出问题的解决方案或案例研究的思路）。工作组区是开展合作学习的空间，用来分享想法或经验。转换区使用相关的外部知识和资源，使学生在真实的情境中感受和验证所学的知识。

讲授区为教师配备了三个独立的屏幕，它们可以无缝拼接为单个大屏幕，以对比组织和概念化知识。教师可以通过教室内的中控面板切换不同学习空间的内容，或者呈现来自远程如移动视频会议系统的学习内容，如图4.13所示。

协作工作区为每个学生都配备了平板电脑，其借助适当的应用程序可以作为电子书或笔记本使用。平板电脑中的应用程序支持屏幕共享和无线投屏，支持实时编辑和查看其他人的注释。

在工作组区，课堂上的每组学生（目前每组4～6名）被安排在一个工作组区域，除了学生终端，每组有一个电子白板，供小组成员协作解决问题或演示开发案例使用，这些设施将各学习者工作整合在一起。

---

[1] ATIF Y. Conversational learning integration in technology enhanced classrooms[J]. Computers in Human Behavior, 2013, 29(2): 416-423.

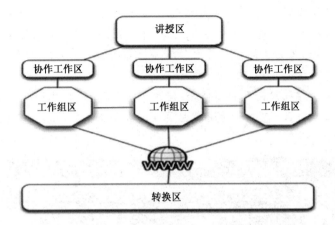

图 4.12　多功能教室分区框架

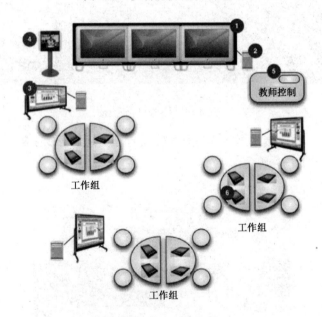

图 4.13　技术设备配置

在转换区，配置有摄像头和软件，可与外部人员共享交换学习内容。它允许学习者连接到与实际学习领域相关的外部世界，以便在真实场景中应用和验证学到的知识。

案例4——克兰菲尔德大学

克兰菲尔德大学坐落于英格兰东部的贝德福特郡，是一所创建于1969年的工科大学，只提供研究生阶段的课程[1]。在进行其下属水资源学院的翻修工程之时，承接项目的设计

---

[1] Interface. Biophilic Design at Cranfield University[EB/OL]. (2017-01-23)[2021-05-08]. https://blog.interface.com/biophilic-design-cranfield-university/.

者希望能为师生建造出既适合独立开展研究工作,又可以进行多人研讨的灵活空间。因此,其在内装设计中引入了亲自然设计的思路,选取了专业内装产品公司的人与自然系列产品,尽力在这个 1000 平方米的空间中打造出浑然一体却又特征鲜明的空间分区:一片拓展讨论区、一家休闲咖啡店、两层楼的办公室和一个大会议室。

设计者尤其关注拓展讨论区和咖啡店,使用了富于色彩、材质和造型变化的座椅组合,绿色椅子采用了镂空设计,在透气的同时也通过类似藤条树枝的造型仿造出林木环绕的氛围,如图 4.14 所示。

图 4.14　座椅组合设计

在地板铺设上,使用仿生自绿草和岩石纹理的地垫做了区域分隔,四周也摆放栩栩如生的仿真绿植,如图 4.15 所示。

图 4.15　地垫分隔和绿植

　　此外，作为整个教学楼的休闲交流区域，一方面需要尽量减小话语噪声对周围的影响，同时又必须让整个区域的绿色从其他地方可见易寻，采用隔音材料制成的大落地窗刚好可以满足需求，如图 4.16 所示。这些设计在沉闷的教学大楼中为师生创造出了可以自由休闲、交流和小组研讨的场所。

图 4.16　使用大落地窗的区隔

案例 5——瑞典 Vittra Telefonplan 学校

　　位于瑞典首都斯德哥尔摩的 Vittra Telefonplan 学校被称为一所"没有教室的学校"[1]。该学校没有固定的教室，而是通过开放式功能分区来支持不同的学习活动，提供给学生全新的浸入式体验，帮助他们开展个性化的深层次学习[2]。

　　在这所学校里，传统的教室被改造成了开放式学习空间。学校把教室改造成"展示区""水吧""营地""实验室""洞穴"五种独具不同形态和器具配备的新型学习空间，如图 4.17 所示。在楼梯中的"洞穴"空间，学生可以独立思考、深入自学；在"实验室"，学生可以进行数学、科学和艺术的探究性活动；在"营地"，学生可以会面交流和讨论学习任务进程；在"水吧"，学生可以开展社交活动和非正式学习。学生可以在不同形态的空间分区中自由穿梭切换，完成各项学习活动。

---

[1]　Rosan Bosch. Vittra School Telefonplan[EB/OL]. [2021-05-08]. http://www.rosanbosch.com/en/project/vittra-school-telefonplan.

[2]　曹培杰. 未来学校变革：国际经验与案例研究[J/OL]. 电化教育研究，2018(11): 1-5.

图 4.17　不同的学习空间形态

　　例如，一个学生专注于思考，可能需要一个安静的空间，这样的空间被称为"洞穴"。而在接下来的 15 分钟，这个学生可能需要和他的团队一起分享信息和计划下一步行动，这种学习空间叫作"营地"。在下一个 20 分钟时间，老师可能需要把全班召集在一起，并允许部分学生向全班报告他们的发现，这种类型的空间被称作"展示区"。这种灵活的学习活动切换只需要人员的简单流动就能办到，帮助不同学习环节无缝对接。此外，学生可以轻易地进入为不同活动打造的不同空间分区，在最匹配的环境下开展各项学习活动。

■ 三、空间弹性

　　教室的功能分区有的需要通过物理空间建筑的方式加以确立，比如存储空间和多媒体设施，有的则更适合在教室主体区域通过座椅灵活调整、器具布置变化和设备移动重组的软性方式进行灵活的空间复用，比如授课空间和活动空间的转化。在教室空间中，需要重视空间弹性的设计，在有限的空间中实现多种功能的教育目标。

　　例如，对于教室中的开放性主体部分，可利用半高的推拉隔断墙或屏风、储物柜等家具来灵活界定各个学习空间的范围，组合成具有创意的空间。中关村三小创造了空间梯度，还利用隔板进行班组群的空间设计，让学生实现混龄学习、自主学习等多样的学习模式。桑拿拉赫蒂学校将教室之间的隔板设计成玻璃，不同空间之间是开放连接的，这种空间设计支持在教室内外灵活地整合式学习。

　　此外，桌椅是教室中最常见、数量最多的基础设备，不同的座椅形式与布局可以支持教室中不同的功能需要。Rosenfield 等人（1985）测试了如何为学生安排桌椅，发现学生坐在圆圈内的行为表现是最明显的，其次是将办公桌和椅子分成一组一组的，效率最低的是一排排的桌子[1]。因此，新的学习空间以多样化的排列组合代替传统的一排排座椅。例如，在美国，教室主要有五种座位安排形式，分别是群组式、半环式、成对式、中心式和成排式。其中群组式和半环式是美国学校中最常见的座次安排形式。苏格拉底式圆桌便于学生面对面交流，有利于培养学生的小组合作和探究学习能力。半环式座次安排便于师生之间很好地交流，教室中没有高高在上的讲台，教师可以坐在椅子上与学生进行平等的交流授课[2]。

案例 6——麻省理工 TEAL 教室

在教室当中，可以辅以地毯、光线、色彩或者形状等软装饰来进行区域的划分。几何形状也可以作为空间分割的一种视觉选择，家具、装饰的形状和模式会影响视觉的吸引力，对几何空间微妙的调整提供心理暗示，为不同空间创造视觉和触觉上的吸引力。例如，圆形喻意合作和沟通，很像远古时代的篝火，在团队协作空间采用圆形的课桌椅可以达到类似的效果[3]。

例如，麻省理工学院 TEAL（Technology-Enhanced Active Learning）项目的智慧教室除使用的技术外，其教室布局为群组式并采用苏格拉底式圆桌讨论形式[4,5]。

麻省理工学院 TEAL 项目的智慧教室是两间面积为 3000 平方英尺的蓝绿色教室。如图 4.18 所示，每一间教室的中央都有一个教师工作站，周围环绕着 13 张圆桌，每张圆桌有 9 名学生。学生 3 人一组，每组一台笔记本电脑，有 13 个摄像头分别记录每张圆桌的活动。13 块白板和 8 台带屏幕的视频投影机点缀在房间的外围。每张圆桌包含 3 个小组，这种圆桌适用于苏格拉底式的交流。

这样的空间布局，有助于教师和助教在教室中巡回走动，对每组学生进行充分的引导并与之交流。

桌椅的灵活性是学习环境中最受欢迎的新兴概念，配备可移动家具的开放教室的设计，能提供更多的座位选项，浮动地板系统使技术集成更轻松，调整成本更低[6]。

[1] ROSENFIELD P, LAMBERT N M, BLACK A. Desk Arrangement Effects on Pupil Classroom Behavior[J]. Journal of Educational Psychology, 1985, 77(1): 101-108.

[2] 熊国芳. 美国小学教室布置对我国教育理念的启示[J]. 佳木斯职业学院学报, 2014(5): 252-253.

[3] 陈向东, 蒋中望. 现代教室的空间架构[J]. 现代远距离教育, 2011(4): 54-59.

[4] 李川勇, 孙骞, 刘玉斌, 宋峰. 一种基于现代技术的物理教学方法 TEAL[J]. 大学物理, 2013, 32(9): 56-57, 65.

[5] MIT. TEAL-Technology Enhanced Active Learning[EB/OL]. [2021-05-08]. http://icampus.mit.edu/projects/teal/.

[6] 佚名. 2017 地平线报告（基础教育版）[J]. 浙江教育技术, 2017(6).

图 4.18　麻省理工学院 TEAL 项目设计图

案例 7——马里兰大学爱德华圣约翰学习教学中心

马里兰大学爱德华圣约翰学习教学中心教室中的桌椅都是可移动的，每个圆桌旁边都有白板用于书写和标记，方便进行小组讨论、听课等多种形式的学习形式，如图 4.19 所示。教室中没有主教学墙，四面墙上各有一个投影屏幕，可以从房间中的任何一个座位上同时观看多块屏幕。学生们六人一组坐在圆桌旁，教师的位置在教室的中间，教师主要对学生学习过程中出现的问题进行针对性的指导[1]。

图 4.19　可移动桌椅

四、光照

国内外都对学习区域的光照条件制定了相关技术标准。根据《国际照明委员会照明标

---

[1] Edward St. John Learning & Teaching Center (umd.edu). Edward St. John Spaces [EB/OL].[2021-05-08]. https://esj.umd.edu/main-navigation/spaces/edward-st-john-spaces##.

准》（S008—2001），图书馆书架区域的光照度标准为200lx，阅读区域为500lx。我国《中小学校教室采光和照明卫生标准》（GB 7793—2010）对中小学教室的采光做出了强制性要求和推荐性要求。在强制性要求方面，要求教室课桌面上的维持平均照度值不低于300lx，教室黑板平均照度不低于500lx。在推荐性要求方面，建议学校教室的朝向按各地区的地理和气候条件决定，不宜采用东西朝向，宜采用南北向的双侧采光。《中小学校普通教室照明设计安装卫生要求》（GB/T 36876—2018）再次强调了教室桌面和黑板的照度标准，并提出要充分利用自然光。

有关光照与学生学习的相关研究显示，光照可优化学生的情绪，增强兴奋水平，学校可通过混合照明（包括自然光和可控光源）来实现和调节学生情绪。研究发现，自然光对人的健康状态影响很明显，长期得不到充足的阳光照射会引起人体机能紊乱，引发包括抑郁症等在内的精神疾病，儿童缺少必要的阳光照射，体内维生素 D 合成不足，容易导致骨骼发育不良等。阳光中的紫外线能杀死空气中的病毒，减少环境中的致病因素。因此，很多学校在设计时，考虑采光因素，将学校主体设计成圆形或弧形，更好地实现采光与通风。

案例 8——万柳新校区自然采光设计

如图 4.20 所示，中关村三小设计时考虑到北京冬季的主导风向，将建筑的主要开口朝向南侧，以更好地接收阳光，阻挡寒冷的北风。同时，还利用遮阳、通风等策略，如窗户和房屋地面的比例、雨水收集和断桥隔热门窗等形成应对自然气候的一系列解决方案。另外，为了充分利用日照，通过三维模型的科学模拟，计算出所有教室在所有时段的太阳能得热和光照时间。经过分析得出，在最不利时间和最不利位置，各个教室均满足采光要求。为了实现更好的控光效果，利用电动窗帘等手段使光照达到最优，并利用一些楼板挑空设计，把更多的阳光引入进深较大的教室中部[1]。

图 4.20 中关村三小环形设计

---

[1] 王敬先. 面向新时代的教育建筑——中关村三小万柳新校区模式语言浅析[J]. 建筑技艺, 2015(9): 86-90.

除自然光之外，越来越多的研究展示了可控光源的优化对学习的有益作用[1]。由于眼睛存在非视觉效应（Cirtopic），中间色温荧光灯在恰当的时间长度内可对学生产生适量的良性刺激，对大脑起到"唤醒"或"放松"的作用，达到提高学习效率、缓解视/脑疲劳的效果。

五、色彩

色彩对学生的情绪和学习表现都会产生影响。颜色具有文化上的象征意义，如在中国，红色表示喜庆吉祥，白色表示纯洁高贵，这给学生的环境颜色选择带来心理暗示，使得学生对颜色选择有一定的偏好，如蓝色、绿色、白色等都是学生们喜欢的颜色[2]。红色对人的情绪有产生兴奋的作用，紫色和蓝色有抑制作用，靛色有镇定作用[3]，明亮色彩的设计可以诱发学习者的积极情绪，降低学习者感知到的学习材料的难度[4]。

利用学习环境中的色彩可以促进学习[5]，比如在鲜艳色的环境下，阅读分数显著提高[6]。Stone 通过对数十项研究的元分析发现，红色和黄色最有可能具有产生兴奋的作用，而蓝色和绿色则具有镇静作用，结果还发现，颜色确实对完成不同类型、不同难度的任务（数学任务和阅读任务）有影响。比如，在认知难度较高的任务中，表现最差的是那些处于有红色墙壁教室的学生[7]。对不同的任务类型，色彩对学生的认知负荷产生不同的影响，在解决创造性问题时，学生处于暖色调（如红色）环境时的认知负荷显著高于冷色调（如蓝色），在完成记忆测试类任务时，处于暖色调环境的学生表现更好，冷色调环境更有利于创造性问题的解决[8]。

教室颜色设计中最主要的是墙面的颜色。在教室中最吸引学生的墙面是教室的前墙面，如果将前墙面和其他墙面的色彩区分开，适度强化前墙面色彩，弱化侧墙用色，减少侧墙色彩对学生的吸引，则学生的注意力更容易集中到前面，有利教学。研究发现，学生更青

---

[1] BOUBEKRI M. Architecture and Health Building Design Strategies[M]. New York: Architectural Press, 2008.

[2] 刘郁. 贵州高校学生颜色气味心理偏好及应用[J]. 环球市场信息导报, 2015(11): 116-117.

[3] Al-AYASH A, KANE R T, SMITH D, et al. The influence of color on student emotion, heart rate, and performance in learning environments[J]. Color Research & Application, 2016, 41(2): 196-205.

[4] 龚少英, 上官晨雨, 翟奎虎, 等. 情绪设计对多媒体学习的影响[J]. 心理学报, 2017, 49(6): 771-782.

[5] KUMI R, CONWAY C M, LIMAYEM M, et al. Research Article Learning in Color: How Color and Affect Influence Learning Outcomes[J]. IEEE Transactions on Professional Communication, 2013, 56(1): 2-15.

[6] Al-AYASH A, KANE R T, SMITH D, et al. The influence of color on student emotion, heart rate, and performance in learning environments[J]. Color Research & Application, 2016, 41(2): 196-205.

[7] STONE N J. Designing effective study environments[J]. Journal of Environmental Psychology, 2001, 21(2): 179-190.

[8] 孙崇勇, 刘电芝. 学习材料的背景颜色对认知负荷及学习的影响[J]. 心理科学, 2016(4): 869-874.

睐由多种色彩组合的空间环境，但色彩色相也不宜超过三种，最好不超过两种，即前墙面采用一种颜色，其他三面墙用同一种颜色。因此，教室可供选择使用的色彩配色原则为：尽量不使用单一色彩；宜使用相近色相的多种色彩；注意协调所用色彩色相。宜合理设置墙面色彩明度和彩度，尤其彩度不宜过高。通过多面调控创造出良好的教室色彩环境[1]。根据心理和色彩专家的建议科学布置教室"因材施色"，低年级到高年级学生教室的色彩应呈现出由暖色调向冷色调过渡的趋势[2]。

芬兰学校建筑在材料选用和色彩搭配上也都非常讲究，充分考虑了学生的心理需要。芬兰中小学教室特别注重对材料、色彩、装饰的精心选择和使用，教室内部多以暖色调为主，让人走入其中就有一种舒适安全的感觉。例如，埃斯波市的桑拿拉赫蒂学校由获奖的赫尔辛基建筑设计事务所维斯塔斯（Verstas）所设计，其内部和外部的用料都采用天然材质，并营造出温馨舒适的色彩搭配氛围。

桑拿拉赫蒂学校内部建筑材料使用粗糙的红砖、天然的黄色原木木材等，借助建筑自身的颜色来装饰学校内部空间。学校建筑的外墙面也选择浅色的粗糙砖，进行拼接贴面，并运用焊接技术把不同材料组装成具有分层带效果的大面积建筑墙面，搭配带有连绵起伏感的屋檐线，拼接成带有不同的色彩图案的学校建筑墙壁，如图 4.21 所示。内部走廊和大厅墙壁刷有鲜艳的色彩，吸引孩子们来此玩耍和社交等[3,4]。

图 4.21　桑拿拉赫蒂学校外部图片

目前国内很多幼儿园在设计上强调色彩的多变，不同分区会采用不同颜色来吸引学生。

1 孙冰. 小学教室色彩布局及墙面配色分析[J]. 辽宁工业大学学报（自然科学版），2014(5): 336-339.
2 方金. 论生态课堂的意蕴和建构[J]. 教学与管理, 2014(36): 1-4.
3 康建朝, 陈亮. 满足 21 世纪学习需要的芬兰教室[J]. 福建教育, 2017(10): 17-18.
4 天涯社区. 有限公园带您参观芬兰未来式 Saunalahti 学校建筑[EB/OL]. (2016-03-18)[2021-05-08].
http://bbs.tianya.cn/post-house-647455-1.shtml.

例如，云南迪卡幼儿园利用色彩和搭配棒棒糖的独特建筑造型，为儿童营造了丰富的想象空间，展示了建筑元素在育人中的载体功能。

案例9——棒棒糖理想园

云南迪卡幼儿园外在造型上的设计以"钥匙"为载体，主体也以棒棒糖为造型，就像小朋友的画作，加入更多顺其自然与童真的幻想，如图4.22所示[1]。在外在造型上也消除了孩子们对于学校的陌生和怀疑。减少了钢筋水泥的冰冷感，像是儿童用自己的一笔一画赋予了建筑生命，创造出了"最熟悉的新鲜感"。

图 4.22　棒棒糖造型的学校外形

校园色彩方面借用了黎明时分天空渐变的颜色，从下往上，由深转浅，充满神秘又变换无穷的气息。色彩可以给孩子们带来不同的感受和情绪，而渐变色则可以给孩子更多的想象空间，纯粹的渐变色使色彩更加生动缓和，不单调也不会给视觉增加负担，设计师在极力创造一个诗意且具有艺术性的世界，想要给孩子们一个奇异的新天地，让他们可以在这里体验、成长、感受四季[2]。

室外活动区则通过混凝土及色彩的对比带来有趣的碰撞，如图4.23所示。该幼儿园通过充满想象力的造型与色彩使得学校空间更具想象力、开放性和灵活性，既符合幼儿园孩子的年龄和心理特征，又能通过这样的空间环境设计来激发他们的学习活力和兴趣动机，取得了良好的效果。

---

[1] 元素谷."中国最美幼儿园"棒棒糖理想园[EB/OL]. [2021-05-08]. http://m.osogoo.com/article/a2925d22f4514bc8ec. html.

[2] Arch Daily. 棒棒糖理想园/迪卡幼儿园设计中心[EB/OL]. [2021-05-08]. https://www.archdaily.cn/cn/936375/bang-bang-tang-li-xiang-guo-di-qia-you-er-yuan.

图 4.23　室外活动区

六、温度和湿度

温度和湿度是影响学生在课堂上的舒适感受的最重要因素[1]。与心理状态相比，人的生理状态对于温度变化更为敏感，过高或过低的温度都会带来不舒适的体感[2]。高温会使学生的心率增加，血压升高，影响肌体水和电解质的代谢与平衡[3]。过高或过低的湿度同样会引发人体不适的感觉，造成注意力涣散等。国际标准化组织（ISO）制定的 ISO7730 标准中提出高舒适度室内环境的温度为 20～26℃，相对湿度在 40%～60%之间。20～24℃被认为是体感最舒适、最有利于学习的温度[4,5]。安装环境传感器的教室可以随时监控室内的温度和湿度，并通过智能空调、加湿器等来调节。未来学校对于教室中的温度和湿度进行监测，如浙江大学的智慧教室就对教室的相关环境指标进行了实时监测。

---

[1] YANG Z, BECERIK-GERBER B, MINO L. A study on student perceptions of higher education classrooms: Impact of classroom attributes on student satisfaction and performance[J]. Building & Environment, 2013, 70(15): 171-188.

[2] ZHANG Y, ZHANG J, CHEN H, et al. Effects of step changes of temperature and humidity on human responses of people in hot-humid area of China[J]. Building & Environment, 2014, 80(7): 174-183.

[3] SIQUEIRA J, SILVA L, COUTINHO A, RODRIGUES R. Analysis of air temperature changes on blood pressure and heart rate and performance of under graduate students[J]. Work, 2017, 57(1): 1-12.

[4] LEWINSKI P. Effects of classrooms' architecture on academic performance in view of telicversusparatelic motivation: areview[J]. Front Psychol, 2015, 6(746): 746.

[5] EARTHMAN G I. School facility conditions and student academic achievement[M]. California: UCLA's Institute for Democracy, Education, and Access, 2002.

案例 10——浙江大学智慧教室

浙江大学紫金港校区的智慧教室采用了统一集中式的 fusion 环境管理平台，能够对教室环境进行实时监测，根据状态数据智能控制相应的设备，以改善教室环境，如图 4.24 所示。其智能化管理系统与教室课表数据对接，能够根据上课情况，及时监测调节智慧教室的环境参数，提前为学生创设舒适的学习环境条件[1]。

图 4.24　浙江大学智慧教室环境系统

七、声音

声音是学习过程中重要的信息通道，在教室中设计良好的声音环境，控制噪声，对于提高学习质量非常关键。教室里的环境杂音，如空调系统、新风系统运行噪声和相邻教室讲课的声音是噪声的主要来源[2]。噪声会消耗学生的认知能力，使学生过早疲劳[3~5]，对学

[1] 新浪网. 厉害了!浙大智慧教室来袭,学生上课再也不用举着手机拍板书![EB/OL].(2018-07-06)[2021-05-09].https://www.sohu.com/a/239681889_329003.

[2] ZANNIN P, MARCON C R. Objective and subjective evaluation of the acoustic comfort in classrooms[J]. Applied Ergonomics, 2007, 38(5): 675-680.

[3] GILAVAND A, JAMSHIDNEZHAD A. The Effect of Noise in Educational Institutions on Learning and Academic Achievement of Elementary Students in Ahvaz, South-WestofIran[J]. International Journal of Pediatrics, 2016, 4(3): 1453-1463.

[4] SARLATIA S, HARONA Z, YAHYAA K, et al. The Importance of A coustic Quality in Classroom[J]. JTeknol, 2014, 70(7).

[5] KRISTIANSEN J, LUND S, RODRIGUES R, et al. A study of classroom acoustics and school teachers' noise exposure, voice load and speaking time during teaching, and the effects on vocal and mental fatigue development[J]. International Archives of Occupational and Environmental Health, 2014, 87(8).

生的学业成绩有负面影响[1]。我国《中小学校设计规范》（GB 50099—2011）规定了主要教学用房的隔声标准以减少噪声对教学的干扰。教室是一个空旷的空间，回音比较大，专业音乐教室更需要配备消除回音功能的吸音板。例如，浙江大学的音乐教室，巧妙地设计了隔音墙，保证从外界接收到的噪声减小，内部教室声音更清晰。

案例 11——浙江大学的音乐教室

浙江大学音乐教室设计的特别之处就是精巧的隔音墙设计，如图 4.25 所示。内墙体打开，在吸音板的作用下延音减少，声音会显得更干净、更清晰；内墙体合上，延音多，声音混响效果强，如此"随机应变"的墙体设计可适应各种声音的环境。教室外墙体经过加厚处理，加上嵌在其中的双层玻璃，保证在附近教室上课的同学不被乐声打扰。

图 4.25　音乐教室隔音墙

第二节　教室中的技术与装备

研究表明，学习环境的技术丰富性独立于其他因素（课程材料、作业、时间表和考试），对学生的学习有显著和积极的影响[2]。技术丰富的教室易于激发学生的学习动机[3]，有利于

---

[1] GILAVAND A, JAMSHIDNEZHAD A. The Effect of Noise in Educational Institutions on Learning and Academic Achievement of Elementary Students in Ahvaz, South-WestofIran[J]. International Journal of Pediatrics, 2016, 4(3): 1453-1463.

[2] BROOKS D C. Space Matters: The Impact of Formal Learning Environments on Student Learning[J]. British Journal of Educational Technology(S0007-1013), 2011, 42(5): 719-726.

[3] LIU M, HORTON L, OLMANSON J, TOPRAC P. A study of learning and motivation in a new media enriched environment for middle school science[J]. Education Tech Research Dev, 2011, 59: 249-265.

学生获取知识[1,2]，取得更好的学术成就[3]，提高各方面的能力[4~6]。另外，引入设备技术还会对学生学习课程的态度产生积极影响。例如，在配备 NFC 的智能课堂中，学生对计算机科学的学习态度普遍提高[7]。使用可穿戴技术的学习提高了参与者的自我感知效能，包括对技术和 21 世纪技能的信心和动力[8]。

根据未来学校空间的定位和设计思路，分析、设计教学各个环节，构建设备技术融入空间系统模型，如表 4.1 所示。该系统模型从低到高分为三个层次：基础设施层、应用服务层和终端交互层。

表 4.1　设备技术融入空间系统模型

终端交互层	个人学习设备——平板、数码笔
	内容呈现设备——大屏、多屏
	协作支持设备
	交互支持设备
	教学管理设备
应用服务层	智能代理技术
	学科工具技术
基础设施层	基础设备——纳米墙
	感知设备——物联网
	网络设备——5G

终端交互层包括个人学习设备、内容呈现设备、协作支持设备、交互支持设备和教学管理设备。用户通过台式电脑、笔记本电脑、平板电脑、智能手机等个人学习设备，可以

[1] LUI M, SLOTTA J D. Immersive simulations for smart classrooms: exploring evolutionary concepts in secondary science[J]. Technology Pedagogy & Education, 2014, 23(1): 57-80.

[2] POITRAS E G, LAJOIE S P. Developing an agent-based adaptive system for scaffolding self-regulated inquiry learning in history education[J]. Educational Technology Research & Development, 2014, 62(3): 335-366.

[3] ÖZYURT Ö, ÖZYURT H, Güven B, BAKI A. The effects of uzwebmat on the probability unit achievement of turkish eleventh grade students and the reasons for such effects[J]. Computers & Education, 2014, 75(3): 1-18.

[4] FARZEEHA D, OMAR M, MOKHTAR M, ALI M, SUHAIROM N, HALIM N, SHUKOR N, ABDULLAH Z. Enhancing students' mental rotation skills in engineering drawing by using virtual learning environment[J]. Man in India, 2017, 97(17): 161-170.

[5] REEVES J, GUNTER G, ACEYL C. Mobile learning in pre-kindergarten: using student feedback to inform practice[J]. Educational Technology & Society, 2017, 20.

[6] JULIA C, ANYOLI J. Spatial ability learning through educational robotics[J]. International Journal of Technology & Design Education, 2016, 26(2): 185-203.

[7] SHEN C W, WU Y C J, LEE T C. Developing a nfc-equipped smart classroom: effects on attitudes toward computer science[J]. Computers in Human Behavior, 2014, 30(1): 731-738.

[8] BYRNE J, O'SULLIVAN K, SULLIVAN K. An iot and wearable technology hackathon for promoting careers in computer science[J]. IEEE Transactions on Education, 2017, 60(99): 1-9.

在任何时间和任何地点学习；各类显示设备根据用户的需求、设备的调节和环境的变化，呈现教学内容；协作支持设备和交互支持设备，促进教师、学生和学习内容之间的交流互动。

应用服务层包括智能代理技术、学科工具技术，是模型的核心层。运用云计算和大数据等技术，打造出一个信息化公共支撑环境，为智慧教室教学实施、资源利用、数据安全和智能管理等提供全新的运行模式，而且积极推进智慧教室的高效建设和安全管理。

基础设施层包括基础设备、感知设备、网络设备。基础设备包括活动桌椅、灯、空调、窗帘等；感知设备包括各类传感器、RFID/NFC、摄像头等；网络设备提供多种网络连接方式（5G、Wi-Fi、IPv4/IPv6 等），为各类随时、随地、随需、随意应用提供基础条件。

一、个人学习设备

个人学习设备是学生认知和感官的外延，是接触各类信息的载体和工具。个人学习设备让学习者在知识获取的环节摆脱对教师的依赖，促进学生的自主学习，并能够从中获取各类学生学习行为的过程数据。常见的个人学习设备包括平板电脑、点阵数码笔、笔记本电脑等，如图 4.26～图 4.28 所示 [1~3]。

图 4.26　平板电脑　　　　图 4.27　点阵数码笔　　　　图 4.28　笔记本电脑

1. 平板电脑

平板电脑是一种以触摸屏为基本输入设备的小型、便携式个人电脑。与传统的笔记本电脑相比，平板电脑轻薄便携，使用不受场所限制，保证用户能够随时随地操作；安装有操作系统，能够满足用户连接互联网和使用各类软件工具的个性化需求；触摸屏操作、手势识别能力及重力感应等功能使用户得以摆脱键盘和鼠标，以更加自然的方式进行交互。

1 聚图网. 分析数据的平台电脑[EB/OL]. (2017-02-18)[2021-05-08]. http://www.juimg.com/tupian/201702/xiandaishangwu_1237657.html.

2 多知网. 神州数码以"数码点阵系统"切入教育领域[EB/OL]. (2014-12-03)[2021-05-08]. http://www.duozhi.com/company/20141203/2470.shtml?from=groupmessage.

3 快科技. 戴尔展示 2 款原型笔记本：折叠屏双屏都能满足你[EB/OL]. (2020-01-07)[2021-05-08]. http://news.mydrivers.com/1/666/666057.htm.

案例 1——韩国平板电脑教室

在韩国的农村公立学校内，所有教室都配置带有摄像头、内置麦克风、支持触控输入的适合教师和学生使用的平板电脑，如支持 Android 系统的平板电脑。教室内部安装了无线集线器，可以接入互联网中，用台式电脑作为服务器，通过互动教学管理系统与平板电脑组成互动教学系统，如图 4.29 所示[1]。平板电脑都可以在充电车充电。教师可以根据不同的课堂活动需要设计使用平板电脑的方式。例如，在作品展示中，学生们可以使用自己的平板电脑进行分享，如图 4.30 所示。互动教学管理系统支持学生平板电脑和教师平板电脑，以及与其他学生平板电脑之间进行文件传输；学生和教师可以实时传输教学材料、工作表、图像和视频文件，分享学生创建的图片或笔记；教师还可以监控所有平板电脑的活动并控制屏幕显示。

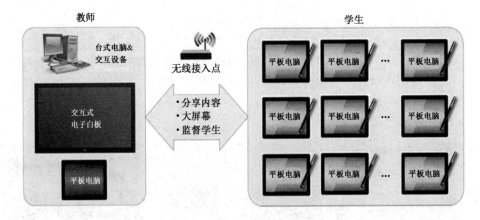

图 4.29　互动教学管理系统

图 4.30　平板电脑教学

---

[1] KIM H J, JANG H Y. Factors influencing students' beliefs about the future in the context of tablet-based interactive classrooms[J]. Elsevier Science Ltd, 2015: 1-15.

2. 点阵数码笔

点阵数码笔（简称点阵笔）是一种新型书写工具。通过在普通纸张上印刷一层不可见的点阵图案，点阵数码笔前端的高速摄像头随时捕捉笔尖的运动轨迹，同时压力传感器将压力数据传回数据处理器，最终将信息通过蓝牙或 USB 线向外传输。点阵数码笔的内部结构如图 4.31 所示。

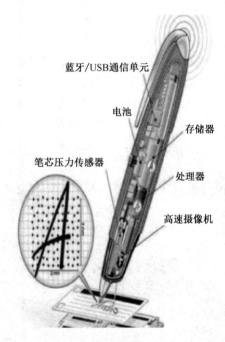

图 4.31　点阵数码笔的内部结构

点阵笔具有以下两个核心功能。第一，点阵笔可以直观呈现学生记录数据的过程。点阵笔支持课堂上的实时互动，学生用笔在纸上涂的表格能够实时动态地呈现在大屏幕上。这样，学生不仅能够随时对照大屏幕汇报自己组的作品，而且能够同时观察全班的作品，并将两者进行对比和分析。第二，点阵笔可以收集数据。点阵笔可支持课堂上投票，在设置好投票内容之后，只需每组同学将自己组的数据进行对应的投票，就可以在很短的时间之内完成全班学生数据的收集，并实时呈现条形统计图。

基于上述核心功能，点阵笔在教育教学中的应用主要有个人笔记管理、教学电子板书、学生作业管理、互动教学课堂、互动交流平台、远程教学等。例如，在互动教学课堂中，多人用点阵笔在纸上同时书写，他们的书写结果会同步到电脑中，教师可以实时掌握每个人在纸上的书写内容。点阵笔的应用突出了学生的主体地位。教师可以有更多的时间与学生进行互动、交流，使更多的学生参与教学过程，提高学习积极性。另外，点阵笔的应用提高了课堂的实效性。课前的精心设计和准备、信息技术的有效利用，的确能极大地提高课堂的教学效率。在日常的教学中，我们也可以利用一些简单的软件，实现一些传统教学手段无法实现的教学过程[1]。

案例2——智慧点阵笔

点阵笔的使用和操作非常简单，几乎可以在不改变学生书写习惯及教师教学习惯的情况下，通过纸笔实现高效的课堂互动。点阵笔支持用蓝牙连接手机，无须安装App，手写笔记可转换成电子文档；可以与互动课堂软件相连接，并支持无线交互；可以将纸上书写的文字或图片以位图的形式存储在手机中，并形成文档。笔迹记录过程与书写过程高度同步，可以满足课堂上教学演示的实时需求。

在北京一所中学的八年级物理课堂上使用了智慧点阵笔展开互动教学。根据学生的书面反馈情况，学生课堂知识的掌握情况得以快速、直观地展现。在互动课堂中，"一屏看全班"的功能帮助教师轻松通览全班的书写情况，省去行间巡视环节，快速在全班学生的书写中找到典型案例，更有针对性地进行课堂的高效教学，如图4.32所示[2]。

图4.32 "一屏看全班"的功能

教师讲解典型案例时，可以借助互动课堂的"单人展示"功能来进行学生书写页面展示，让学生个人更清晰、生动地分享答题思路；教师也可以借助"双人对比"功能来进行学生书写页面的对比展示，助力学生开阔思路、对比学习，如图4.33所示。课堂中，通过一键操作便可实现的一屏看全班、单人展示、双人对比等效果，不仅助力教师以最简单的方式提高课堂教学效率，而且更有效地促进了师生、生生的高效互动，令课堂轻松自然、高效简单。

---

[1] 武英. "点阵笔"让课堂更有实效[J]. 北京教育（普教版），2016(11): 55.

[2] 拓思德. E笔微课[EB/OL]. [2021-05-08]. http://www.tstudy.com.cn/view.php?id=98.

图 4.33 "双人对比"功能

互动课堂不仅可以对课中教学和随堂测验的结果进行互动和反馈,而且可以通过学生使用点阵笔的书写来全面采集学生在答题过程中的书写轨迹,方便教师及学生对解题思路进行回顾和追踪,如图 4.34 所示[1]。

图 4.34 学生用点阵笔答题

---

[1] 拓思德. E 笔微课[EB/OL]. [2021-05-08]. http://www.tstudy.com.cn/view.php?id=98.

二、内容呈现设备

内容呈现设备支持师生之间的内容共享传递。未来学校的教室空间配置大尺寸屏幕、多块屏幕等，通过显示系统的设计，可以将各类学习信息全方位地呈现给每个学生。

在不同的学习活动中，内容呈现方式可以分为集体显示、小组协作显示和个别化学习显示等，学校可根据不同的教学需求选择不同的显示设备和安装方式。显示设备如图 4.35～图 4.37 所示[1~3]。集体显示常集成使用大尺寸屏幕、交互式电子白板、电脑和网络传输等多项设备，搭建智能讲授式教室；小组协作显示设备常选用具有可移动、屏幕共建功能的设备，方便小组合作；个别化学习显示设备常选用具有小屏高清显示、简单便携、交互自然的，可支持个性化软件安装的设备，以匹配个人学习习惯。总的来说，智慧教室中的常见设备有移动远程呈现设备、大屏幕显示设备、3D 投影仪、实物投影仪等。

图 4.35　智慧 AI 黑板

1 搜狐网.【新品发布】银河宇科技 AR/VR 全融合式智能黑板（YHY-NITB）震撼来袭[EB/OL]. (2017-12-14)[2021-05-08]. http://www.sohu.com/a/210437373_535553.

2 江苏火米互动科技有限公司. 数字沙盘是否是影像的？[EB/OL]. (2019-02-20)[2021-05-08]. http://www.ty360.com/shop/0/n ewsdetail.asp?userid=66649&id=229657.

3 慧聪网[EB/OL]. [2021-05-08]. https://b2b.hc360.com/viewPics/supplyself_pics/686572991.html.

图 4.36 VR 三维数字沙盘

图 4.37 交互式电子白板

案例 3——摩尔天主教高中

摩尔天主教高中是美国佛罗里达州中部最大的私立中学。在麻省理工学院和北卡罗来纳州立大学教室设计项目支持下，摩尔天主教高中建立了以技术增强主动学习的 TEAL (Technology Enabled Active Learning) 教室[1]。在每间 TEAL 教室中有六张桌子，桌前配有一台壁挂式有触摸功能的大屏幕平板显示器，可容纳 4～5 名学生，桌子和椅子都有滑轮方便移动，以适应不同教学形式，如图 4.38 所示[2]。课堂上学生可通过大屏幕观看学习材料，然后开展深入讨论、交流，并形成学习成果，接下来全班同学聚集在一起，分组进行展示、评价。

---

[1] 张渝江. 未来学习空间的展望[J]. 中国信息技术教育, 2015(7): 98-101.

[2] 新校长传媒. 校园微改造：趁假期重组教室元素，打造学习新空间[EB/OL]. (2017-07-04)[2021-05-08]. http://m.sohu.com/a/154264312_177272.

图 4.38　摩尔天主教高中 TEAL 教室

案例 4——马里兰大学内容呈现教室

马里兰大学爱德华圣约翰学习教学中心向师生提供可支持各种正式和非正式学习的教室，其中的阶梯式教室主要针对人数较多的课程使用，座位呈弧形阶梯式排到，保证每个学生都能比较清晰地看到教师教授的内容。讲台位置有多块大屏幕投影和多块小面积的展示屏幕，墙壁位置设置有多块屏幕，用作学生作品的展示或思路的交流，如图 4.39 所示[1]。

图 4.39　马里兰大学爱德华圣约翰学习教学中心教室

媒体分享教室在主墙面布置了多块大尺寸屏幕，支持良好的媒体观看体验。小组的学生可使用投屏软件在小组相邻的屏幕上与全班同学分享内容，如图 4.40 所示。

---

[1] Edward St. John Learning & Teaching Center (umd.edu). Edward St. John Spaces[EB/OL].[2021-05-08].https://esj.umd.edu/main-navigation/spaces/edward-st-john-spaces#.

图 4.40　媒体共享教室

案例 5——爱荷华大学 TILE 教室

美国爱荷华大学的 TILE（Transform, Interact, Learn and Engage）教室是为以学生为中心的主动学习教学法而设计的教学空间，它可以满足不同规模的小组学习需求，并为学生提供足够的电脑终端来支持学习内容的加工和小组间的交流分享。大多数 TILE 教室提供圆桌，每张桌子可容纳六至九名学生，每桌配有三台电脑，学生三人一组在课上使用电脑进行操作。穿插于小组间的白板和灵活的可移动的桌椅，为学生的主动学习、积极交流提供了方便[1]。教室中的每个小组配备了一个投屏设备，教师和学生可以使用它将自己要分享的内容从电脑投射到教室的 LED 屏幕上，如图 4.41 所示。

图 4.41　TILE 教室设计

---

[1] Classroos. TILE: Transform, Interact, Learn, Engage[EB/OL]. [2021-05-08]. https://classrooms.uiowa.edu/tile-transform-interact-learn-engage.

案例6——北京师范大学教师教育实训教室

北京师范大学的教师教育实训教室主要用于师范专业学生和培训教师进行教学模拟与讲课练习，主要通过大尺寸多点触控液晶屏来方便课堂内容实时分享，可以进行师生、生生之间的全方位互动。如图 4.42 所示，教师教育实训教室中的超大电子显示屏呈完整的弧形，可以为整个教室提供良好的显示视野，支持同时显示两个或多个屏幕的内容，实现多屏互动。在这一个屏幕上就可以轻松实现同时展现几组学生的学习成果，也可以分三屏同时显示课堂上的教学 PPT、学生的作业与问题和网上实时的图文与流媒体信息等，为多样化的实践训练形式和内容提供显示功能保障。

图 4.42 教师教育实训教室超大弧形屏幕

■ 三、交互支持设备

未来学校空间以其多样化的技术环境，将现实世界与虚拟系统连接起来，将教室内的物体与教室外的物体连接起来，极大地丰富了互动的渠道，扩展了交互的范围，从而大大加强了交互体验。

在学习过程中，学习环境对学生的互动、反馈和引导有着积极的影响。各种交互支持设备支持学生与学生之间、学生与教师之间、学生与学习资源之间的交互。常见设备包括平板电脑、点阵笔、眼动仪、机器人交互设备和 3D 体感交互设备等。一些新型交互支持设备如图 4.43～图 4.46 所示 [1~4]。这些设备可以增强互动的多样性和即时性。例如，平板电脑可以支持学生与材料的交互，它还允许学生间在保持联系的同时四处走动，并提供清晰的指示和观察支架。在 AR 学习环境中，当学生看到屏幕上的同学时，可以增加他们的

1 华野模型. 技术影像[EB/OL]. (2018-10-25)[2021-05-08]. https://www.h-y.cn/list-82.html.

2 泰尔视讯. 儿童主题展厅设计：打造游乐新模式[EB/OL]. [2021-05-08]. http://www.ftcctv.com/NewsSt/1294.html.

3 穿山甲机器人. 智能机器人担任奇妙"讲解员"，解锁博物馆讲解新方式[EB/OL]. (2018-07-03)[2021-05-08]. http://www.csjbot.net/index.php/info/index/id/420.html.

4 新浪博客. 触目屏——还可以这么玩儿？[EB/OL]. (2018-01-24)[2021-05-08]. http://blog.sina.com.cn/s/blog_16abe03000102xhgq.html.

即时感，提高他们的注意力。因此，交互支持设备通过给学生带来很好的使用体验，为学生提供提示、指导和纠正性反馈，培养学生积极学习的情绪，引导学生主动参与学习活动。

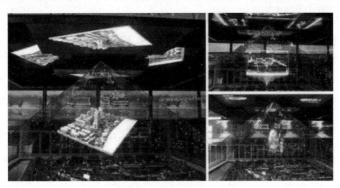

图 4.43　360 度全息投影沙盘

图 4.44　空间立体投影和多点触摸系统

图 4.45　学习机器人　　　　　图 4.46　互动课桌

1. 自然交互

案例7——手势识别交互实验室

韩国中央大学计算机科学与资讯工程学系实验室使用 Kinect SDK 及其附带的工具箱构建支持手势识别的智慧学习交互环境。系统为学生提供 3D 模型虚拟环境，学生通过 Microsoft Kinect 传感器与三维空间进行交互，Kinect 使用人体姿态就可以与电脑进行交互，用户可以体验到较强的沉浸感。手势识别交互系统结构如图 4.47 所示[1]。

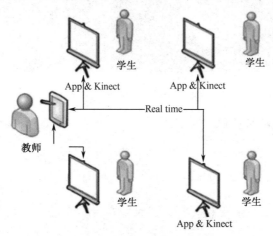

图 4.47　手势识别交互系统结构

当用户与 3D 对象交互时，这些过程被采集并被编码为特定的行为方式。开发者利用这个环境开发了作业系统，作业的题型包括判断、单选、多选、填空和模式匹配等。这个交互环境可支持两个以上的学生同时使用手势来回答问题。在答题过程中，教师通过教师端能够看到实时在线的学生的状态，可以通过教师端实时监控和管理学生的作业，还可以与学生交流。

2. 小组讨论

案例8——浙江大学互动讨论智慧教室

浙江大学开展新型教室建设，设计了互动讨论型教室，将传统的黑板变成两块 86 英寸液晶屏，教师在讲课时可以直接使用电容笔书写板书，如图 4.48 所示[2]。板书换页方便，可实时保存。教室中摆放自由讨论式课桌，靠墙一侧是液晶显示屏，显示屏上既可以显示

[1] KUMARA W, WATTANACHOTE K, BATTULGA B, SHIH T, HWANG W. A kinect-based assessment system for smart classroom[J]. International Journal of Distance Education Technologies, 2015, 13(2): 34-53.

[2] 新浪网. 厉害了!浙大智慧教室来袭,学生上课再也不用举着手机拍板书![EB/OL].(2018-07-06)[2021-05-09].https://www.sohu.com/a/239681889_329003.

教师的教学内容,又可以在课堂讨论时通过无线投屏系统,将本组的展示内容投在屏幕上。

图 4.48　互动讨论型教室

案例 9——北京师范大学互动讨论教室

　　如图 4.49 所示,北京师范大学多媒体互动讨论教室中没有传统的桌子,而是采用了带书写板的椅子。四张椅子拼起来就是一个小型研讨桌。椅子下边有托盘,可以用来放书包。前后两侧配置有白板,侧面墙上是绿板和投影屏幕。这样的配置尽管看似简单,但却能实实在在地让课堂讨论变得轻松便捷。

图 4.49　北京师范大学多媒体互动讨论教室

　　此外,北京师范大学分组互动学习教室则通过移动桌椅和白板将教室空间划分为六个相对独立的空间,如图 4.50 所示。教室中配备四个可移动的白板墙,一面可做投影屏幕,另一面是普通的绿板。白板墙下边挂着四个小白板,方便小组成员做个人记录。利用四个白板墙可将教室隔成六个相对独立的空间,在每个小空间里,小组成员可以快速便捷地展开分组学习。

图 4.50　北京师范大学分组互动学习教室

3. 远程交互

案例 10——浙江大学远程互动教室

浙江大学针对远程学习需求设计了远程互动教室，如图 4.51 所示。远程互动教室配备自动录播、直播、转播和视频会议终端等大型多媒体设备，可以与千里之外的课堂进行音视频的实时交互、远程教学、异地课堂，实现跨距离同步交流与互动。

图 4.51　远程互动教室

案例 11——北京师范大学远程协作教室

北京师范大学远程协作教室主要实现了物理课堂与虚拟课堂的有机结合，通过远程课堂来进行跨时空的交流与互动。远程协作教室是为满足教师希望与国内和国外大学合作专家共同主持课程的需要而设置的。如图 4.52 所示，教室前后都有绿板和投影屏幕，侧面的墙上配置两个液晶显示屏、四个显示屏幕，可实现同时与一个或多个校外课堂连线互动。教室顶部安装三个可调节高度的摄像头，能实现立体式、全方位、多角度的课堂录制与直播。

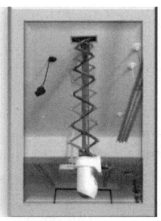

图 4.52　远程协作教室整体布局与可调式摄像头

4. 沉浸式交互

案例 12——郑州市金融学校 VR 教室

郑州市金融学校 VR 教室基于 VR 虚拟现实与信息化技能，整合了多媒体教学资源、3D 仿真软件、触控交互系统、VR 硬件系统、资源管理平台等一系列配套设备，打造出了培养兴趣学习、工匠精神和实践能力的新环境，创造了新的教学实训模式，如图 4.53 所示。在这种教学模式下，教学打破了时间和空间的限制，弥补了传统教学条件的不足；同时，良好的虚拟学习环境、实景化的教学也使学生的思维能力和探索能力得到了培养和提高[1]。

图 4.53　郑州市金融学校 VR 教室

---

[1] 郑州市金融学校. 郑州市金融学校简介 [EB/OL].(2018-11-12)[2021-05-08]. http://www.zzjr.cn/a/xuexiaogaikuang/xuexiaojianjie/.

案例 13——嘉兴吉水小学

浙江嘉兴市吉水小学依托百度 VR 技术，打造了一间"百度 VR 教室"。VR 教室由多台宽屏电脑组成，每台电脑前都有 VR 眼镜和环形手柄。教室可以容纳 40 个左右的学生在这里上科学课。如图 4.54 所示，学生正在学习认识地形这个主题。学生戴上眼镜，右手持手柄，站到了指定区域。随着抬头和转身，一个个带着土壤、绿植的地块即跃然屏幕上；挥动手柄画个圈，就可以直接让"山地"来个 360 度大转身，学生们可以在 VR 技术的加持下身临其境般地体验高原、山地等各种地形，大大提升了学习体验和学习效果[1]。

图 4.54　学生在 VR 教室上课

■■ 四、协作支持设备

随着社会生活的发展，单独依靠个人已经无法很好地应对一些复杂问题，团队协作变得越来越重要，在很多场景下需要团队成员共同努力来解决问题。未来学校空间通过协作支持设备促进师生、生生之间的交流合作，锻炼学生的协作能力，提升学习效果。学习空间可用来提供协作支持的基础设施和技术，包括纳米书写墙、移动式桌椅和无线投屏终端等，如图 4.55～图 4.57 所示[2~4]。

[1] 浙江新闻客户端. 身临其境"看"世界！嘉兴吉水小学学生"尝鲜"VR 教室[EB/OL]. (2019-04-25)[2021-05-08]. https://zj.zjol.com.cn/news.html?id=1186891&from=singlemessage.

[2] 中国管理科学研究院商业模式研究所数字经济研究中心. 简单改变，让课堂吸收率提高 80%——纳米书写墙 [EB/OL]. (2019-09-30)[2021-05-08]. https://baijiahao.baidu.com/s?id=1646088152120989015&wfr=spider&for=pc.

[3] 搜狐网. 智慧教室来啦！现在，我湖可以这样上课……[EB/OL]. (2018-10-25)[2021-05-08]. http://www.sohu.com/a/271269008_407279.

[4] 皓丽. 皓丽会议平板解锁培训新方式[EB/OL]. (2020-12-08)[2021-05-08]. https://www.horion.com/news-detail-id-437.html.

图 4.55 纳米书写墙

图 4.56 移动式桌椅

图 4.57 无线投屏终端

案例 14——麻省理工学院（MIT）物理智慧教室

MIT 物理智慧教室是美国物理教育改革研究项目（PER）之一，旨在研究能够促进学生更好地理解物理的教学环境和课程教材，如图 4.58 所示[1,2]。

图 4.58　MIT 物理智慧教室

麻省理工学院物理智慧教室是两间面积为 3000 平方英尺的蓝绿色教室。该教室支持协作探究学习，学生可以使用课程网站所提供的学科专用教学软件，探究与学习有关的原理。例如，三人一组合作探究，一人提出探究思路，一人操作，一人记载实验现象。这样，各台机器使教室形成一个联网的电子教室。当教师发现一组学生的探究结果值得点评和展示时，可以利用电子教室管理功能，将该组学生机器的屏幕切换到全班机器上播放或者直接播放到四周的屏幕上，其技术设备与空间架构如图 4.59 所示。

图 4.59　技术设备与空间架构

四周的白板如同公共思想库，各小组可以在附近的白板前进行讨论，也可以将实验结果记录在白板上，教师在教室巡回中查看白板，就可以知道各小组的进展成果，还可以利用周围白板上的结果组织全班进行讨论。学生可以看到其他组学生的活动进度，激发小组竞赛。

[1] 李川勇, 孙骞, 刘玉斌, 宋峰. 一种基于现代技术的物理教学方法 TEAL[J]. 大学物理, 2013, 32(9): 56-57, 65.

[2] MIT. TEAL – Technology Enabled Active Learning[EB/OL]. [2021-05-08]. http://icampus.mit.edu/projects/teal/.

案例 15——Knowledge Forum 在协作课堂中的应用

Knowledge Forum（知识论坛，简称 KF）是一种协作支持工具，支持学生的观点生成和改进，实现学生知识的自我创造和学习社群知识的共同提升。目前，KF 在加拿大、美国、新加坡、欧洲部分国家及中国等国家的部分学校课堂中使用。

KF 是专门为支持知识建构和创新而设计的技术，它是一种知识建构环境，能够支持在各类知识型机构中进行的知识探究、信息搜索、对思想的创造性加工等活动[1]。研发者将其形象地比作"开放共享的网上杂志"，学生在 KF 的支持下既是杂志的作者，又是杂志的评委和读者。在这个共同体的空间中，成员贡献自己的观点，同时也可进行观点的互动、发展、链接、点评和引用参考。与撰写杂志文章一样，最终观点的生成可能要进行观点的引用和参考，也会进行多轮的修改升华，当然也可以多人合写。图 4.60 所示为小学四年级学生探究光的研究中 KF 平台的视窗，"Keywords"视窗帮助学生寻找观点及相关的关键词，KF 平台同时具有增加观点之间交互的增建和点评功能[2,3]。通过平台的支持，学生实现小组协作学习，并通过组内观点的互相碰撞促进创新性观点的产生，实现整个协作小组知识的推进。

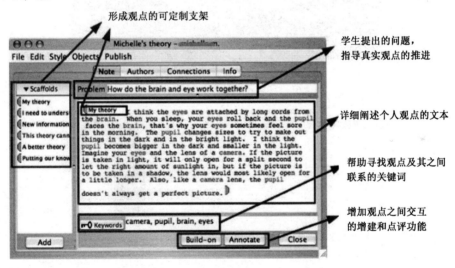

图 4.60　KF 中用于支持观点生成和推进的工具

---

[1] MARLENE S, 张建伟, 孙燕青. 知识建构共同体及其支撑环境[J]. 现代教育技术, 2005, 15(3): 5-13.

[2] ZHANG J, SCARDAMALIA M, REEVE R, MESSINA R. Designs for Collective Cognitive Responsibility in Knowledge-Building Communities[J]. Journal of the Learning Sciences, 2009(1): 7-44.

[3] 岳雨卉, 张义兵. 知识创新教学过程的三层转换——以 Knowledge Forum 支持下的协作学习为例[J]. 现代教育技术, 2012, 22(5): 26-31.

五、教学管理设备

如图 4.61 和图 4.62 所示[1,2]，以环境传感器支持下的环境感知和智能手环支持下的学生学习感知为代表的新技术开始融入学习空间，成为空间环境管理和教学管理的新手段，对学习环境和学习者的状态进行感知管理，充分发挥计划、组织、协调、控制等管理职能，助力教学过程。例如，通过感应教室的亮度可以调整教室的光照水平，保证学习者处于舒适的学习状态；通过教室二氧化碳浓度的探测，了解学生的注意力水平等[3]。

图 4.61　环境传感器支持下的教室管理

图 4.62　智能手环

---

[1] 铭冠. 物联网智慧教室解决方案 [EB/OL]. (2018-09-07)[2021-05-08]. http://www.itbuy365.com/index.php?article-1533.html.

[2] Beta Tree. 校园智能健康手环 BETATREE B5[EB/OL]. [2021-05-08]. http://www.betatree.cn/productCenterT.html.

[3] UZELAC A, GLIGORIC N, KRCO S. A comprehensive study of parameters in physical environment that impact students' focus during lecture using Internet of Things[J]. Computers in Human Behavior, 2015, 53(DEC.): 427-434.

案例 16——NFC 智能教室

中国台湾省的中央大学构建了配备 NFC 的智能教室系统，并将其用于课程的学习与管理，教室系统整体架构如图 4.63 所示[1]。

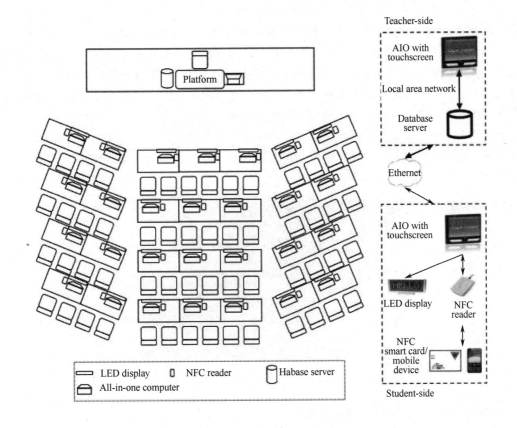

图 4.63　NFC 教室架构

基于 NFC 技术的智能教室硬件系统包括分别配置的教师端和学生端。教师端配备可触控的 AIO 计算机，可通过本地网络访问 SQL Server 数据库。学生端配备了 LED 显示屏、可触控的 AIO 计算机、NFC 读卡器、NFC 智能卡或支持 NFC 的移动设备。该教室主要提供自动考勤管理、定位学生和实时学生反馈等功能，可以解决大型教室教学管理相关的困难。该系统可以智能定位学生的位置，实时显示学生的姓名及学生的学习进度。此外，该系统还允许学生登记出勤情况，通过点击屏幕立即表达他们对课程内容的理解程度，并从其他地点监测他们的课程成绩记录。

[1] SHEN C, WU Y, LEE T. Developing a nfc-equipped smart classroom: effects on attitudes toward computer science[J]. Computers in Human Behavior, 2014, 30(1): 731-738.

案例 17——教学编排管理系统

西班牙瓦伦西亚 Escola Gavinain Picanya 中学利用可穿戴设备协助教师进行协作学习活动下的课堂活动协调和管理。学生通过可穿戴设备发出相关信号，这些信号对于整个班级都是可见的，从而有利于协调群体的复杂活动[1]。

在教室内通过一组可穿戴个人信号设备组成信号编排系统，如图 4.64 所示。它们由可视化模块、通信模块、编排信号管理器及可远程控制的图形用户界面构成，可支持课堂上复杂的协作学习活动。可穿戴设备包含五个 LED 信号灯，分别为红色、绿色、蓝色、白色和黄色，它们可以单独或成对打开和关闭，也可以闪烁。这些信号灯从通信模块接收命令，可以将教师的教学指令转化为不同颜色组合，也可以发出声调，以协调协作学习流程的各方面。该设备放置在手臂上，即使学生坐下，也可以看到它及组中的其他成员。该设备有一个收发器，允许个人信号设备由距离最远 100 米处的中央控制器远程控制，帮助实现智能化的教学管理与教学。

图 4.64　可穿戴个人信号设备

案例 18——上海交通大学智慧教室

上海交通大学智慧教室配置了手写白板和移动式白板，具有"记忆功能"，可以通过云端实时共享，获得教师的板书，方便师生分组讨论，如图 4.65 所示。智慧教室里，老师利用电子白板演示课件，学生用答题设备对问题做出自己的选择。整节课上，每个学生操作的每个步骤都会被系统记录下来，后台可以进行精确分析，为每个学生生成一份教学效果诊断书[2,3]。

---

[1] BALESTRINI M, HERNANDEZ-LEO D, NIEVES R, et al. Technology-Supported Orchestration Matters: Outperforming Paper-Based Scripting in a Jigsaw Classroom[J]. IEEE Transactions on Learning Technologies, 2014, 7(1): 17-30.

[2] 胡沛然, 王宜之. 智慧学习环境的设计、构建和管理研究——以上海交通大学"智慧教室"为例[J]. 实验室研究与探索, 2018(7): 293-297.

[3] 教育装备采购网. 在云端听课？揭秘上海交通大学智慧教室[EB/OL]. (2017-05-18)[2021-05-08]. https://www.caigou.com.cn/news/2017051836.shtml.

图 4.65　手写白板和移动式白板

案例 19——北京理工大学智慧教室

北京理工大学智慧教室利用人脸识别技术对课堂上的学生行为进行学情分析，精确捕捉课堂出勤率和抬头率等过程数据，为教师教学过程提供数据支持[1]。北京理工大学智慧教室空间布局如图 4.66 所示。

图 4.66　北京理工大学智慧教室空间布局

六、智能代理技术

智能代理技术是人工智能技术的应用领域，使计算机应用越来越人性化、个性化，是未来学习空间的核心模块。在智能化教育时代，数据是学校最核心的教育资产，通过对数据进行分析可以帮助我们诊断、预测学生的各类学习行为。数据分析的方法主要包括文本

———————
1　南方电讯. 人脸识别虚拟现实打造"智慧教室" [EB/OL]. (2018-11-27)[2021-05-08]. http://mp. ofweek.com/tele/a945673926596.

分析、语音分析、笔迹分析、草图分析、动作与手势分析、情感状态分析、神经生理分析、眼睛注视分析等,有利于更好地掌握学生的学习状态,分析学生需要,制定学习规划,精准提供学习者需要的内容。

案例 20——华中师范大学智慧教室

华中师范大学数据分析智慧教室系统包括考勤管理、T&S 通信、VFOA 识别、自发微笑检测和参与分析等模块,其设备与空间设计如图 4.67 所示[1]。学生和教师应首先在考勤管理模块中注册他们的信息,即身份证、姓名、科目和照片。当学生进入系统环境时,考勤管理模块验证是否与他/她的身份相匹配,并使用面部识别功能与教室入口处的摄像头 1 匹配他/她的个人资料。在身份匹配之后,该模块自动将每个参加学生的信息发送给教师,并生成与每个有学习行为的学生相关联的二维码,以授权他/她访问 T&S 通信模块。智能手机的 T&S 通信模块提供了联通教师和学生的渠道,通过学生的学习数据可以分析学生的参与行为。VFOA 识别模块可以根据获取到的学生的头部姿态、视觉线索等信息来分析学生的注意力状态,从而识别学生的认知投入度。自发微笑检测模块通过表情分类,分析学生的情感参与。该教室能够客观有效地自动检测和分析学生的课堂参与度,支持教师教学,课堂分析情景如图 4.68 所示。

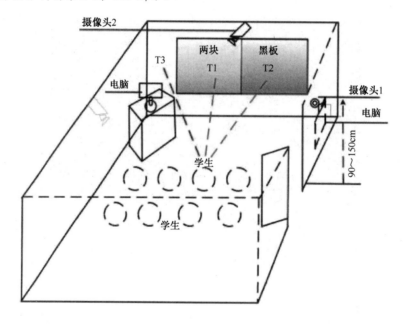

图 4.67 设备与空间设计

---

[1] LIU Y, CHEN J, ZHANG M, RAO C. Student engagement study based on multi-cue detection and recognition in an intelligent learning environment[J]. Multimedia Tools and Applications, 2018.

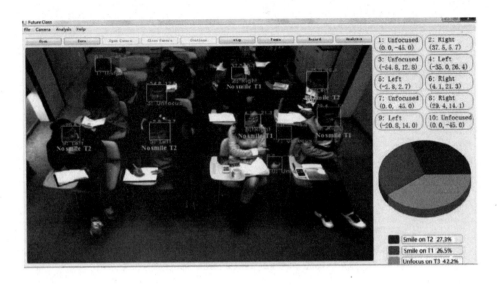

图 4.68　课堂分析情景

■■ 七、学科工具

学科工具是指通过软件集成技术，将特定学科中静态抽象的知识信息以动态交互的方式呈现出来，为广大教师和学生提供一系列操作简单、功能强大的辅助教学和学习工具。例如，对于物理学科来说，基于计算机仿真技术实现的系列化仿真实验工具，可以有效辅助物理实验教学，丰富教师课堂教学的内容和手段，如图 4.69 所示；对于化学学科来说，通过交互、可视化手段来搭建虚拟化学实验场景，可获得高度真实的实验效果[1]，如图 4.70 所示；对于语文和英语学科来说，通过提供古诗词、拼音、汉字卡片、字母卡片、中英文听写、英汉词典等 PPT 插件，可提升师生教与学的效果[2]，如图 4.71 所示；对于音乐学科来说，可以利用模拟电子琴工具，当学习者在下方弹奏音符时，相应的音符就会显现在上方的五线谱上，从而帮助学习者熟悉乐谱，如图 4.72 所示[3]。

1　国家数字化学习工程技术研究中心. 面向学科的工具与资源[EB/OL].(2012-10-16)[2021-06-07].http://nercel.ccnu.edu.cn/info/1021/2401.htm.

2　东方财富网. 联想备授课绝招助苏州百年小学减负增效[EB/OL]. (2020-11-06)[2021-04-29]. https://baijiahao.baidu.com/s?id=1682589157880147890&wfr=spider&for=pc.

3　简书. 希沃白板－学科工具（音乐，美术）[EB/OL]. [2021-04-29]. https://www.jianshu.com/p/19c406091e64.

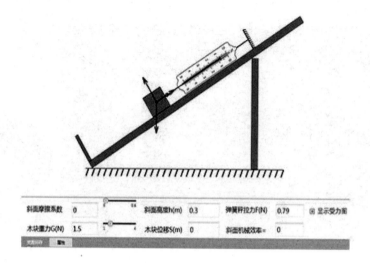

图 4.69 物理学科工具

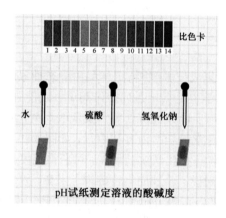

图 4.70 化学学科工具

图 4.71 语文和英语学科工具

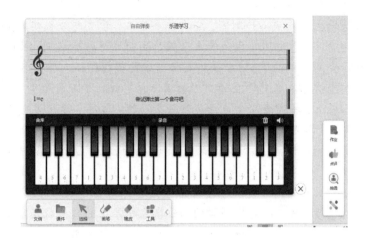

图 4.72 音乐学科工具

案例 21——iTalk2Learn

iTalk2Learn 目标在于通过提供有助于开发概念知识的活动来促进学生关于分数的学习，它适用于 8～12 岁儿童，可以实时检测、分析和回应儿童的语音，其操作界面如图 4.73 所示。它可以根据学生的学习需求，决定学生的学习难度，并推送相应的探究性学习和结构化实践活动的学习路径。学生需求是根据学生和工具的互动分析推断出来的，以避免学生遇到难度过高或不足的挑战。它基于学生与系统的交互及其情感状态为学生提供自适应反馈。自适应反馈系统结构包括三个层次：分析层、推理层和反馈生成层[1]。

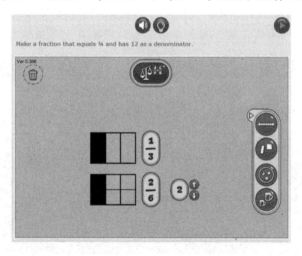

图 4.73 iTalk2Learn 界面

---

[1] GRAWEMEYER B, MAVRIKIS M, HOLMES W, et al. Affective learning: improving engagement and enhancing learning with affect-aware feedback[J]. User Modeling and User-Adapted Interaction, 2017, 27(1): 119-158.

分析层本质是学生情感状态检测器，它有几个输入：学生与分数实验室的交互、感知任务难度分类器的输入（它使用学生语音来预测学生面临的挑战级别）及语音识别软件的输入（用于识别学生演讲中的单词）。分析层根据这些不同的输入推断学生的情感状态。然后将检测到的学生情感状态与学生的交互数据一起存储在学习者模型中。

在分析层的基础上，推理层决定应该提供什么反馈。该层实际上是一个情感状态推理器。它利用来自学习者模型的信息，特别是学生的情感状态，通过贝叶斯网络来决定应该向学生提供什么类型的反馈，然后将得到的反馈类型存储在学习者模型中并提供给反馈生成层。

反馈生成层使用贝叶斯网络建模学习者情感状态实现反馈，它利用学习者模型来决定应如何向学生呈现反馈。从学习者模型访问的信息包括学生的情感状态及交互数据，贝叶斯网络决定是以低水平还是以高水平的干预方式向学生提供反馈。

案例 22——生物学科沉浸式教室

EvoRoom 是以婆罗洲和苏门答腊岛的雨林生态系统为主题的沉浸式教室[1,2]。该主题是 11 年级生物学课程中进化和生物多样性单元的一部分。教室建在多伦多大学附属的一所独立中学内，位于多伦多大学的市中心校区。建设 EvoRoom 是期望将学生置于模拟的雨林环境中，使他们参与集体探究活动。

该教室配备了计算机、服务器、投影显示和定制软件，以充分创设对印尼婆罗洲和苏门答腊岛雨林生态系统的真实模拟。教室中设置的两套大型投影显示设备，屏幕有 6 米宽，是将三个投影仪拼接在一起显示的，如图 4.74 所示，可以惟妙惟肖地将热带雨林地区特有的动物、植物、温度、降雨和光照等自然元素及其影响交互过程展示出来，为学生提供与雨林知识相关的真实体验，为知识的感知和内化奠定基础条件。

图 4.74　EvoRoom 教室

[1] LUI M, SLOTTA J D. Immersive simulations for smart classrooms: exploring evolutionary concepts in secondary science[J]. Technology, Pedagogy and Education, 2014, 23(1): 57-80.

[2] EVOROOM[EB/OL]. [2021-05-08]. https://encorelab.org/2014/01/evoroom/.

案例 23——PlayPhysics

PlayPhysics 是一个用于物理教学的游戏化学习体验环境,如图 4.75 所示[1]。PlayPhysics 可帮助学生学习物理学。它内置了学生情感模型,能够随时间的推移了解学生学习进程中的学习情感态度发展。通过对蒙特雷理工学院和都柏林三一学院学生的调查,确定了功能和非功能需求,最终 PlayPhysics 开发了包括质点力学、刚体力学定律、动力学和热力学等具有挑战性的主题。

PlayPhysics 是通过角色扮演游戏的方式来使用的,游戏中包含必须使用物理知识来解决的任务,每个任务都与一个游戏场景关联。蒙特雷理工学院的天体物理学专家设计了游戏场景。例如,学生扮演宇航员,其任务是拯救被困在雅典娜空间站的福斯特船长。任务开始时,学生将从地球发射 AlphaCentauri 太空船到位于火星和木星之间的雅典娜空间站,并使其以恒定的加速度旋转。学生要为 AlphaCentauri 的航线参数设置合适的值,以使其沿 Athena 的旋转停止。为了使任务更具有挑战性,学生必须在满足相关条件下,如在燃料耗尽之前,确定便于对接和进入雅典娜空间站的位置等,以完成任务,从而在游戏中更深刻地理解物理知识。

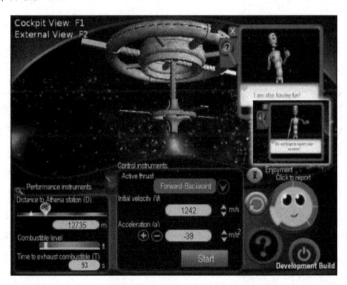

图 4.75　PlayPhysics 界面

案例 24——编程学习工具

CRITS 是面向具有不同文化背景的学习者开发的一个编程练习系统。它首先会向学

---

[1] MUNOZ K, NOGUEZ J, NERI L, KEVITT P M, LUNNEY T. A computational model of learners achievement emotions using control-value theory[J]. Journal of Educational Technology & Society, 2016, 19(2): 42-56.

生描述编程练习场景，并提供代码编辑器供学生编写代码，学生提交的错误代码行用红色突出显示，可指导学生纠正代码中的语法和逻辑编程错误。CRITS 会根据学生在完成任务过程中表现出来的文化偏好，选择推荐给学生不同的编程场景及提供反馈和提示的风格。

八、5G+学习空间

2019 年被称为"5G 元年"，新一代移动通信终端普及的序幕逐渐拉开，5G 具有以往技术难以比拟的巨大技术优势，正在教育行业得到应用，成为新型学习空间发展的重要推动技术，大大拓展了学习空间的作用范围和辐射界限。

作为最新一代移动通信技术，5G 技术具有光明的市场前景和巨大的应用空间，在教育行业的应用潜力同样广阔。不过，5G 技术也不是跨越式突现而来，而是在前面几代移动通信技术的基础上，通过反复迭代、层层创新发展而来的。

1. 移动通信技术的发展

移动通信技术发展到现在，经历了五个发展阶段：第一代（1G）通信技术主要通过模拟传输，因此具有速度低、质量差、安全性差、没有加密、业务量小的特点及不足；第二代（2G）通信技术通过采用更密集的技术结构及引用智能技术等，较 1G 技术有所进步，但依然不能真正满足移动通信业务的发展需求；第三代（3G）通信技术通过应用智能信号等处理技术，已经能够提供前两代通信技术无法提供的移动宽带服务，但该技术中频谱利用效率还较低，依然有大量宝贵的频谱资源未得到充分利用；第四代（4G）通信技术的视频图像传输效果可以媲美高清晰电视，拥有极高的下载速度及灵活的计费方式等。但是，随着科技的发展、社会的进步，人们对于网络通信技术的要求也与日俱增[1]。

目前，最新一代蜂窝移动通信技术是第五代移动通信技术（5G），也是继 4G、3G 和 2G 系统之后的延伸。2013 年，由工信部、发改委和科技部联合推动成立 IMT-2020（5G）推进组，之后国家"863"计划、《国家信息化发展战略纲要》、《信息通信行业发展规划（2016—2020 年）》等相继发布，大力推进 5G 研发与落地。2019 年，5G 商用牌照正式发放，5G 技术正式启动规模化商用。

2. 5G 技术典型特征

作为目前最新、最先进的移动通信技术，5G 具有以下特征。第一，更快的速度。传输峰值速率达到 20Gbps，用户体验数据率达到 100Mbps，个人智能手机也将有能力接收和播放 4K 超高清视频，使用 VR/AR 等海量数据的流媒体应用，1 分钟左右就可以下载一部高清电影。第二，更低的时延。时延可达到 1 毫秒，提供让我们执行全新任务的移动网络，比如远程实时驾驶、远程医疗和工厂机器人等各类需要快速响应的任务。第三，5G 通

---

1 张筵. 浅析 5G 移动通信技术及未来发展趋势[J]. 中国新通信, 2014(20): 2-3.

信具有高速率、高安全、全覆盖、智能化等特点，将支持能源领域基础设施的智能化，并支持双向能源分配和新的商业模式，以提高生产、交付、使用和协调有限的能源资源的效率。第四，更广的范围，连接全球的广域网。5G 技术是一个完整的无线通信系统，没有限制的世界级广域网，实现大规模设备连接。简单来说，就是把世界各个国家的信息连接起来，打破通信壁垒，构筑互联互通的"地球村"。第五，多样化定制网络。网络切片是 5G 技术的关键概念之一，可以理解为将公共基础网络按照应用场景的不同，定制任何带宽、任何流量的网络，从而实现网络资源的灵活分配与效益最大化。此外，5G 实现了设备对设备（Device to Device）的传输。同一基站下的两个用户，如果互相进行通信，其数据将不再通过基站转发，而是直接从手机传送到手机，进一步提高了通信效率。还有毫米波通信、新型大规模天线技术、超密集组网、新型多址、云化网络等关键技术。

3. 5G 技术的教育应用

5G 技术在教育领域具有巨大的应用潜力。在高速率和低时延性的 5G 技术环境下，沉浸式、增强型和分布式虚拟现实技术可用于仿真实验、创客教育、STEAM 教育、项目式学习、游戏化学习等各种教育教学过程中；可用于超高清视频直播系统和无人机全景式直播，实现学校与社会、学习场与真实实践场的无缝连接[1]；可用于未来智能教室课堂教学，通过传感器技术，实现学生与学生、学生与机器之间的交互，为教学提供智能化环境，改善传统的学习环境和学习方式；可用于课外学习，它支持课外研究、移动学习和泛在学习等，以丰富课外学习方式，促进学生能力的发展；还可用于考勤管理等，利用 5G 网络的低时延，提升应急事件反应速度，以革新学校管理手段，提高管理效率和质量[2]。

（1）5G+虚拟现实

2019 年，5G 开始逐步商用，基于 5G 的大带宽、低时延等特性，VR 在传输方面的屏障将被打通，将 AR/VR 教学内容放到云端，利用云端的计算能力实现 AR/VR 应用的运行、渲染、展现和控制，并将 AR/VR 画面和声音高效编码成音视频流，通过 5G 网络实时传输至终端。通过建设 AR/VR 云平台，开展 AR/VR 云化应用，将其用于课堂教学、科学实验、科技研究、仿真校园等。

例如，在教育场景，虚拟现实技术可通过自然的交互方式，将抽象的学习内容可视化、形象化，为学生提供传统教材无法实现的沉浸式学习体验，提升学生获取知识的主动性，增强学生对知识的记忆效果。根据不同的学科，虚拟现实发挥着不同的作用，主要有立体物体的展示、立体空间的展示、展品的介绍、虚拟空间的营造与构建、虚拟场景的构造等方面的应用。

如图 4.76 所示的讯飞幻境 AR 智能课桌不仅能将繁杂难懂的内容简单化、形象化，

[1] 张坤颖, 薛赵红, 程婷, 王家云, 张家年. 来路与进路：5G+AI 技术场域中的教与学新审视[J]. 远程教育杂志, 2019, 37(3): 19-28.

[2] 兰国帅, 郭倩, 魏家财, 杨喜玲, 于亚萌, 陈静静.5G+智能技术：构筑"智能+"时代的智能教育新生态系统[J]. 远程教育杂志, 2019, 37(3): 3-16.

还能通过语音智能引导操作、提示观察、讲明要点，大数据后台提供实验报告体现个性化数据。在增强体验感的同时，还提升了使用者的工作或学习效率，不仅节约了成本，还让体验式学习突破了用户人群、使用场景及安全隐患的限制。

（2）5G+互动教学

"5G+互动教学"凭借其技术特性，可更好地落实以学生为中心的多种形式的互动教学活动，更好地激发学习兴趣，提升教学质量，促进有质量的教育目标实现，比如互动课堂、名师讲堂、在线学习、全景课堂和远程教师评测等。

图 4.76　讯飞幻境 AR 智能课桌

例如，5G 互动教学是在传统的各种类型、各种布局的智慧课堂中，将其必要的组成软硬件模块进行 5G 化处理，从原来的有线网络、无线 Wi-Fi、蓝牙、ZigBee、NB-IoT 等网络承载，转变为高带宽、高速率、高安全、低时延，集网络数据传输与服务于一体的 5G 网络承载，在安全可靠、稳定持续、响应速度、免维护等层面，带给学校师生全新的使用体验。

如图 4.77 所示，基于 5G 网络支撑，帮助师生在远程课堂中实现高效平稳互动，保持画质清晰流畅。在课堂的教学过程中，可突破时间和空间的限制，有效解决贫困地区的学校与发达地区的学校的远程互动，促进教育优质资源均衡[1]。

1　希沃·seewo. 重磅|希沃成为 5G 智慧教育联盟一员！[EB/OL].(2019-05-08)[2021-06-07]. https://www.seewo.com/index.php/Info/newsdet/id/1869.

图 4.77 希沃 5G 系列产品

2019 年，深圳南山区香山里小学与西藏林芝市第一小学两地同步实现 5G 远程课堂互动体验，如图 4.78 所示。通过快速稳定的"5G 通道"，两地师生进行了视频互动。此次移动 5G 远程课堂互动体验，让"共享教育"得以实现，让藏区孩子能够享受更优质的教育资源，体现了移动 5G 在教育应用中的巨大潜力。

图 4.78 5G 远程课堂

广州市第六中学、广州市荔湾区沙面小学通过 5G 网络，利用 5G+双师课堂、5G+MR 智慧课堂与贵州毕节市民族中学、毕节市第六小学、毕节市金沙县第三小学开展了别开生面的同步教学，课堂教学情境如图 4.79 所示。

图 4.79 5G 同步教学

同时，在真实的教研场景中，5G 可以针对传统教研过程单一的问题提供如下解决方案：提供远程的听评课支持，促进跨区域的、智能化的教学改进交流；提供虚拟和沉浸式的教研活动，促进教研的高效开展。对教师进行评测可通过 5G+远程互动的方式进行，通过 5G 网络远程观看老师授课。具有多点远程互动教学，教学场景自动跟踪、识别和切换等功能。

（3）5G+人工智能

作为智慧教育的大脑，基于大数据和人工智能，对课堂、学习、运动和教学等行为进行智能分析和可视管理，更好地指导和促进智慧教学。5G 与人工智能教育结合，可以实现课堂情感识别与分析、课堂行为识别与分析、课堂专注度分析、课堂考勤、学业诊断、个人成长档案记录、智能排课等，如图 4.80 所示[1]。

图 4.80　AI 教育教学评测系统网络架构图

（4）5G+校园管理

5G 与校园智能管理包括视频监控、校舍安全（门禁管理）、校车管理、安消协同、室内外环境监测、能耗监控、数字班牌、智能签到和实验室管理等功能。作为智慧教育的服务平台，提供面向学校、教师、学生和家长的智慧管理服务，提供交流平台和教学空间。

5G 助力学校的校园安防，保障师生的校园安全。利用 5G 技术，围绕学生的学习和生活轨迹，可以对学生的出行、活动、饮食安全各环节进行跟踪、视频监控、AI 分析、预警服务，如离/到家轨迹跟踪、校车人脸识别、到/离校门口无感人脸考勤、校园边界视频监控预/告警、学生校内活动监控、食堂"明厨亮灶"监控等，从而为学生提供 360 度全方位、全过程、全天候的安全保障服务，让家长及时了解孩子的位置、在校表现；为学校管理提供强有力的安全管理手段，使得安全隐患前置化、隐患排查精细化、隐患处置数据化，打造安全的学习环境；为教育主管部门日常监管提供直观、可视的监督工具[2]。例如，杭州

1 搜狐网.5G 将如何改变教育,42 个 5G 智慧教育应用场景一览究竟[EB/OL]. (2019-08-01)[2021-05-14]. https://www.sohu.com/a/330772008_413821.

2 搜狐网. 5G 火种燎原智能教育,科技赋能未来校园[EB/OL]. (2019-11-21)[2021-05-17]. https://www.sohu.com/a/ 355208831_122285.

市萧山区利用 5G+AI 技术，对约 40 所学校的校门口、广场等人流量大的区域进行 AI 校园安全管理类算法的部署，通过 5G 布控球，能够在应急事件发生时快速部署，远程实时传输现场画面，帮助进行远程诊断，提升应急处理能力；此外，通过智能监控可以进行事前预警，如图 4.81 所示为萧山区金山幼儿园门卫室电子显示屏幕上展示的无死角校园边界视频监控，视频智能分析系统支持对划定的危险区域内是否有人员（学生）进入进行智能检测及预警[1]。

图 4.81　智能监控

智能监控系统还可通过将学生、教师、家长三者有机协调，实现学生学情状态的实时共享，学生入校、归寝、乘校车等情况实时报告，教学视频观看、访问教学资源平台、教师远程指导等功能，以及面向学生校园学习与生活全流程的可控可视，如图 4.82 所示[2]。

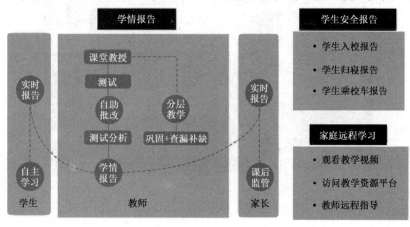

图 4.82　学生分析报告

1　搜狐网. AI 分析＋5G 布控球！别羡慕，你的学校里，也有！[EB/OL]. (2021-01-07)[2021-05-17].
https://www.sohu.com/a/443090854_120033594.
2　搜狐网.5G 将如何改变教育，42 个 5G 智慧教育应用场景一览究竟[EB/OL]. (2019-08-01)[2021-05-14].
https://www.sohu.com/a/330772008_413821.

4. 5G+学习空间范例

在全民都是手机用户的今天，当我们正在不断探索 5G 给日常通信方式带来的一个又一个改变时，"5G+智能教育"已经悄然开始落地生根。在传统的实体学习空间外，线上和云端的虚拟学习平台正在发挥着日益重要的作用，成为实体学习空间的重要补充。而新一代的 5G 通信技术，则可以通过其低时延、广空域、大范围、高速度的优势对相对有限而固定的学习空间进行全方位的拓展延伸，大大提高学习空间的覆盖范围和供给范畴。因此，北京、上海、成都、南昌、东莞、苏州……多个城市陆续出现基于 5G 技术打造的智慧校园，从教学方式、学校治理、学习内容等多个维度推动教育教学的革新，利用 5G 技术特性打造全时域、全空域、全受众的学习空间，突破传统教育边界。

案例 25——成都天府第七中学 5G+VR 助力教育扶贫

成都天府七中通过与中国移动四川省分公司合作，利用 5G+VR 技术不仅为本校学生提供精彩的情景交融课程，还通过在线学习的方式为异地学校，特别是四川西北部少数民族聚居地区的学生提供身临其境的学习环境[1]。

天府七中采用云课堂形式，与凉山州昭觉县万达爱心学校的师生们同上一节课。以前这样的课程，主要是利用大屏幕，以在线直播或双师课堂的形式呈现，如图 4.83 所示。

图 4.83　传统远程直播教学

4K/8K 全景摄像机将天府七中教师上课的画面实时传输到中国移动 5G VRMOOC 云，并且分别显示到远端教室的大屏幕和 VR 头盔上。凉山万达爱心学校学生则利用 VR 头盔，与天府七中沉浸式同步学习，如图 4.84 所示。

---

[1] thecover.cn. 四川移动 5G 融合天府七中助力彝区学生"走进"天七课堂[EB/OL].[2021-05-08].
https://e.thecover.cn/shtml/hxdsb/20190603/107539.shtml.

图 4.84　5G+VR 头盔的沉浸式同步学习

学校的教师们通过远端教室全景画面，时刻解答两个教室学生的疑惑，成功实现跨教室即时联动。凉山的孩子们看着屏幕另一端似乎触手可及的苔藓，同时也给天府七中的孩子们展示着自家种植的红薯和土豆。

相信这种以多个视角和优质学校的师生们共享优秀教学资源、体验身临其境学习的方式，将会在 5G 技术全面应用之后被更多学校使用，从而推动国家教育资源均衡发展。

案例 26——上海徐汇中学"5G＋MR 科创教室"实现虚实融合

考虑到 MR（混合现实）对网络带宽和时延的双敏感性，"5G＋MR 全息教室"接入高速率、低时延的 5G 网络，并引入边缘计算和切片网络，实现云端渲染，为教学提供优秀的显示画质和更低的渲染时延[1]。基于 5G＋MR 技术相关特性，结合创新的教学环境和设备，"5G＋MR 智慧教室"具备以下四大优势。

（1）3D 教学清晰直观

将抽象的内容，如线性代数、加速度变化、化学反应过程等，简单直观地呈现在眼前，帮助学生快速理解、快速掌握。

（2）主动学习参与性强

借助丰富互动，学生将投入更多的注意力，积极探索关联知识，主动完成更多内容学

1　微泽网. 影创 MR 眼镜 5G 教育应用再获三项大奖[EB/OL]. (2019-08-12)[2021-05-08].https://www.weizenet.com/n/2892.

习，彻底激发求知欲和学习动力。

（3）远程互动协作性强

身处不同空间的师生，可以通过 5G 网络实时全息互动，共享教育资源，还可通过远程分工协作，提高协作能力和凝聚力。

（4）沉淀知识循环使用

混合现实教学内容的创作、呈现、总结，与云端教育平台实时同步，帮助学校沉淀优秀的教学内容和优质师资。

上海徐汇中学的"5G+MR 科创教室"利用 5G 与 MR 技术，让抽象化的知识点通过虚实结合的方式具象化地展现出来。在 5G+MR 课堂上，通过 5G 将全息影像与真实物理世界深度融合，在 VR 沉浸式体验的基础上，实现了现实与虚拟内容共存，对无法直接理解的晦涩难懂的知识轻松直观地呈现，并通过多种人机交互，对课堂教育形式进行全新呈现与诠释，提升了学生的教育实效，如图 4.85 和图 4.86 所示。

图 4.85　地理知识学习

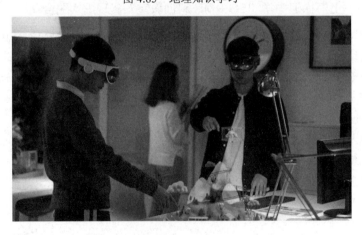

图 4.86　物理课程学习

　　混合现实技术可以结合真实和虚拟世界创造出新的环境和可视化三维世界,物理实体和数字对象共存并实时相互作用,以用来模拟真实物体,营造出可多人交互的逼真情境。因此,在5G＋MR教室中,可以进行无缝化虚实结合教学,根据教学内容和主题,随时切换相匹配的场景,适应多学科大跨度的教学需要。这样可大大丰富空间多样性,提高空间复用效果。

　　徐汇中学"5G+MR科创教室"不仅可以满足校内教学需要,还可以利用5G技术实现远程教学,共享优质资源。

　　作为5G云化虚拟现实教育的典型场景,"5G+MR全息教室"不仅可以满足从先进地区向落后地区的单向共享,同样也支持双向互补式融合。除徐汇中学顺利实现与远在云南的红河州元阳一中的异地双向同步教学之外,青岛莘英中学、上海建平中学等24省市近200所院校也即将先后落成5G+MR教室,开启联盟化、集团化教学共享,大大拓展教育教学空间范围,帮助异地师生分享各自的优势资源,更好地交流、探索和学习。

案例27——"5G＋全息投影技术"助力智慧课堂

　　2019年,中国移动举办了"5G+智慧教育"行业应用首发仪式,5G智慧课堂开课。如图4.87所示,在5G全息投影技术的支持下,位于深圳与北京的两位教师,共同为现场25名孩子上了一堂"彩虹是如何形成的"公开课。现场学生头戴VR眼镜,在教师的带领下通过互动的形式,直观地观看并学习了彩虹产生的过程;针对教学过程中听不懂的情况,课堂使用"5G+全息投影技术",连线北京师范大学的专家,专家利用新科技,面对面地向各位学生讲解了彩虹形成的原理。5G高速网络让公开课全程无卡顿、无时延,大大提高了学习的趣味性。

图4.87　5G智慧课堂

案例28——江西师范大学附属中学"5G智慧校园"

江西师范大学附属中学(简称"江西师大附中")拥有青山湖校区和滨江校区,在校学生 5000 余人，共有 100 个教学班[1]。江西师大附中的青山湖校区始建于 20 世纪 50 年代，位于南昌市中心城区，如图 4.88 所示。随着城市的快速发展，四周一座座高楼拔地而起，学校用地空间十分紧张，难以扩展。

图 4.88　江西师大附中青山湖校区

在南昌市红谷滩新区的支持下，学校建设了滨江校区。然而，在破解了办学用地的难题后，另一个问题也随之浮上水面：在"一校两区四址"的格局下，两个校区间隔较远，虽是同一学校，但很多基础设施和教育教学系统难以统一。按照传统思路各自分别进行建设不但造价高、易浪费，而且不利于两个校区之间的信息数据整合利用。因此，学校与中国联通江西省分公司合作，打造统一的 5G 智慧校园系统，破解多区多址办学不利的难题。

首先，将 5G 技术和课堂教学相融合，在不同校区之间进行优质课程和优秀教师资源的共建共享，实现 4K 画质无时延实时传输，应用于 5G+4K 在线同步课堂，如图 4.89 所示。

图 4.89　不同校区之间的在线同步课堂

其次，不论教师和学生因为工作地点变动或者年级变化而在不同校区间发生流动，通过校园 5G+IoT 无缝隙网络覆盖，均可实现师生位置信息、校园活动轨迹、学习和运动数

1　江西师范大学附属中学. 江西师范大学附属中学[EB/OL].[2021-05-09]. http://www.jxsdfz.com/list/23.html.

据等的统一采集，在多校区间智慧化无缝运营管理。对多个校区内的全部公共设施统一实行智慧管理，实时、准确地监测校区环境，以及PM2.5、车位、路灯等信息，实时统一调度。

　　同时，在5G技术的支持下，不需要在每个校区分别建设校园卡和食堂消费系统，而是在云端实现远程统一管理和结算。多个校区内都实现了移动支付和人脸识别消费，现在全校5000余名师生全部实现"刷脸"自助选餐与"刷脸"实时支付，同时通过大数据分析生成学生营养报告，帮助学生加强膳食均衡，应对高强度学习压力和挑战，如图4.90所示。

图4.90　智慧食堂刷脸消费和膳食营养记录

第三节　专业教室

　　有别于通用型的普通教室，专业教室是未来学校中为一些特定教育目标服务的定制化教室，具有明确的特殊设计和专门用途，包括根据某一鲜明主题理念来规划设计，可以促进该主题教育的主题教室；具有鲜明学科特征，专用于该学科教学的学科教室；培养职业技能和职业素养，将教育教学与技能实践相结合的职业技能培训教室等。

　　专业化教室是教育发展的体现和产物，在教育改革深化和教育分工细化的新时代，教育教学既要遵从普遍性、一般性的教育规律和理念，同时也要更加注重个性化和专门化的深入发展。专业化教室就是从各个特定的教育主题、各个特定的学科或各个专业领域的职业素养出发，定制化地创设适合其场景需求，满足其教育需要，强化其专门能力的专用学习空间，可以帮助学习者分门别类地强化不同主题、学科和职业门类下的学习来促进学习者的发展。

■ 一、主题教室

主题教室是结合学校的特定教育理念和教育需求而定位的学校教室建设目标和方案，具有鲜明的、符合某一特定主题的特征要素。其类型和形态灵活多样、不拘一格，需要根据教育目标和当时当地的具体条件因地制宜。主题教室的功能性指向相对明确，为了达到培养学生特定技能、拓展特定领域知识、提升专门领域的问题解决能力等目的，主题教室一般围绕建设理念在总体布局、功能分配、设施配备、课程配套等方面进行设计。

主题教室有三个特点。一是功能性，教室空间以教室发挥的功能为主题来布置空间及配置设施，以便更好地为学生的学习营造相应的环境和氛围。例如，用于学生学习和练习书法的专用教室的装修风格需充分展现文字美的艺术特色，同时配备桌子、笔墨纸砚等基本的用具，学生进入这种环境会自然而然感受到临摹字帖的仪式感。二是开放性，教室的整体格局采用小组讨论的形式，桌椅可以自由摆放，适合学生围绕研究主题进行协作交流，而且教室采用小班化教学，突出教学课堂的互动性。三是体验性，根据主题教室旨在为学生提供某种领域的学习或工作的体验，促进学生的兴趣发展，激发自身潜能。例如，创新实验室为学生提供科学领域探究工作的感受，各种体验馆则为学生提供身临其境的学习体验。

案例 1——博耐顿学校森林主题教室

博耐顿学校是一所位于英国肯特郡的基督教寄宿制中学。该校专门委托 Blue Forest 公司设计和布局了自然生态化的校园。校园中的森林教室及其附带的草木空地可以在生物、地理和英语等科目教学中使学生沉浸在大自然环境中去感知和体会，如图 4.91 所示。这座森林主题教室的建筑材料全部来自可以持续砍伐的速生林木，既与周围林木环境融为一体，也同样为学生提供一个贴近自然的室内学习环境[1]。

校园主体教学楼采用了栽培有景天科植物的屋顶，一方面帮助遮阳隔热，另一方面也将引导学生经过门廊直达新维多利亚风格的水榭花园，如图 4.92 所示。花园中，一座木桥横跨湖面和芦苇丛，为学生们提供了亲水亲绿的探索空间，使其有机会近距离接触和观察森林生态环境中的各种小动物。

---

[1] Oliver Heath. 3 Inspiring Schools Using Biophilic Design[EB/OL]. (2015-09-25)[2021-05-08]. https://blog. interface.com/3-top-educational-spaces/.

图 4.91　森林主题教室

图 4.92　栽培景天科植物的屋顶

案例 2——智能书法教室

　　如图 4.93 所示，湖北省十堰市文锦学校的智慧书法教室，可同时容纳 46 名学员练习书法，为方便学员学习，每张书法桌都配备了毛笔、笔架、墨盒、镇尺、质量上乘的练习纸等，让人感受到浓浓的书香气息[1]。如图 4.94 所示，该智慧书法教室的核心由教室前端黑板上的教师用机、每张书法桌上的学生用机及其网络系统的智慧书法教学系统组成。在授课过程中，教师在讲台教师用机的屏幕上书写一个字，书写过程即实时同步到每个学生

---

[1] 新华网.科技遇上笔墨纸　传统书法也智能　华文众合智慧书法教室展示书法美[EB/OL].(2019-04-28)[2021-06-08]. http://www.cq.xinhuanet.com/2019-04/28/c_1124428134.htm?from=singlemessage&isappinstalled=0.

用机的屏幕中，并且学生可以快进、慢放和回退，反复观摩书写过程。智慧书法教学系统中还存储了各种字体的字帖，学员们可自由切换调取，在学生用机上蒙上一张宣纸，就能直接临摹，让学员入门即跟随名家，强化学习效果。在结束书法课程的学习后，通过书法桌左上角的智能电动洗笔系统就可以在桌面上完成毛笔的清洗工作，省时省力，也保持了书法教室的干净整洁。这种智慧书法教室高度适配书法课程教学场景，节省了教学准备时间，强化了书法课教学的专业性，提高了课堂效率，尤其是摹写非常便捷，对于小学低年级刚接触软笔书法的学生，对基础笔画、间架结构的整体提升非常迅速。

图 4.93　智慧书法教室布局

图 4.94　智慧书法教室学生书法桌

案例 3——智能国学教室

如图 4.95 所示，大连市沙河口区中心小学建设了"明明德"国学智慧教室。该教室包括国学数字化课程包、国学数字资源库、国学教育云平台和国学智慧教室终端[1]。

　　该教室的云平台中存储了丰富的古书典籍和诗词歌赋等开放资源，通过电子资源和电子书籍的方式随时供师生通过教室终端调用阅读，如图 4.96 所示。同时，对于优秀经典国学读物，配备了智能点读笔，可以全文、段落或者个别词句单独点读，帮助学生理解古代汉语，如图 4.97 所示。此外，国学智慧教室中包括上述电子资源调用和实体书籍点读在内的资源选择行为会被记录在系统中，成为教师智能备课和国学资源推荐的数据基础，实现精准高效的国学教育。

图 4.95　国学智慧教室

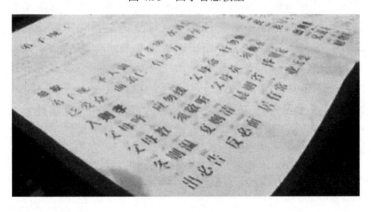

图 4.96　电子国学书籍资源

　　1　网易网. 聚焦｜智慧教室、智慧校园……你没见过的教育设备都在这儿[EB/OL]. (2018-05-16)[2021-05-08]. http://dy.163.com/v2/article/detail/DHV0FL4Q0514KVL1.html.

图 4.97 智能点读

案例 4——心理咨询室

如图 4.98 所示，学校心理咨询室是学生心理健康的主要实施场所，其设计包含对咨询室功能区的规划，其中心理沙盘室、音乐放松室、情绪宣泄室、团体辅导室等功能室都是学校中经常会出现的。通过配置专业的心理应用设备，让功能室能够承接学生们日常的众多心理服务需求，丰富了学生们的课余生活。例如，河北玉田一中的心理沙盘室干净明亮，让咨询者能够更快地适应室内环境，沙盘游戏由沙盒、沙箱、支架、沙具、沙子组成；情绪宣泄室的墙壁上粘贴了宣泄墙软包，并备有众多宣泄击打设备，可以让师生更好地排除负面情绪，起到预防和解决心理健康问题的作用。心理沙盘室及情绪宣泄室如图 4.99、图 4.100 所示[1]。河北邯郸峰峰矿区职教中心的音乐放松室配备反馈型音乐放松椅，集音乐放松、仿真按摩、体感振动于一体，能够为咨询者舒缓疲劳、缓解压力，如图 4.101 所示。团体辅导室采用颜色多样的扇形组合桌椅，可以根据活动需要组合成圆形、C 形、8 字形、X 形等形式。另外，还具有活动坐垫、团体辅助专用器材、心理剧设施、多媒体音箱等教学设施等，适合通过活动帮助学生解决人际交往的问题，如图 4.102 所示[2]。

1　搜狐网.【图解】5 张图看懂学校心理咨询室布置 [EB/OL].(2018-12-12)[2021-06-08]. https://www.sohu.com/a/281251407_100807.（下图出处同此）

2　北京京师中讯教育. 心理辅导室解决方案[EB/OL]. [2021-05-18]. http://hzxsynzx.bjgeluo.com/geluo/services.html.

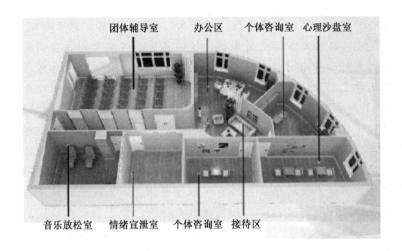

图 4.98　心理咨询室示意图

图 4.99　河北玉田一中心理沙盘室

图 4.100　河北玉田一中情绪宣泄室

图 4.101　河北邯郸峰峰矿区职教中心音乐放松室

图 4.102　团体辅导室

案例5——安全体验馆

校园安全体验馆的功能着力突现"自我安全""城市安全""自然安全"的实训内容，

以"识险、避险、自救、互救"为主线，以展示、演示、体验、动手和训练为基本形式，让学生体验到火灾、自然灾害、交通车祸、校园霸凌、性安全和社会安全事件，教育学生在遇到事故时如何冷静应对、自救和救人。相对于社会公共安全体验馆，学校的安全体验馆更加贴近学生的生活和学习。如图4.103所示[1]，以青浦区实验小学为例，安全体验馆占地200平方米左右，以图文演示、实物展板、知识加油和模拟体验等形式呈现，引导学生通过聆听现场讲解、参与互动等方式了解基本的安全常识和交通安全知识，增强交通安全和自我防护意识，提高自我保护能力。整个馆区主要分为用品展示和模拟体验两大板块。用品展示区域有交通用品展示、消防用品展示、知识加油站、交通安全小知识、灭火器的分类等。模拟体验区域有模拟报警体验、急救知识现场体验、虚拟地震体验、模拟灭火体验、心肺复苏等。如图4.104所示，学生通过游戏认识交通标识，戴上VR眼镜体验模拟地震，学习医务急救小知识，模拟使用灭火器等，以此增强学生们的自我保护意识。

图 4.103　安全体验馆

图 4.104　学生通过游戏认识交通标识

---

[1] 青浦区实验小学教育集团. 青湖校区安全体验馆开馆体验活动[EB/OL]. (2018-03-02)[2021-05-08]. http://sxjyjt.qpedu.cn/xwzx/twxw/hsgzb/244926.htm. （下图出处同此）

案例6——创新实验室

创新实验室不同于以往以做验证性实验为主的教学实验室，是为培养学生创新志趣、开发学生创新潜质、开展研究性学习和实施探究性实验搭建的新平台。创新实验室有别于传统的教学实验室，以开放性实验为主，培养学生对科学领域的参与能力、动手能力和解决社会实际问题的能力。创新实验室应实现通风、供电、照明、网络、供气、给排水等所有实验室应具备的功能。创新实验室一般具有安装快、负荷小、高安全、易检修等特点，为学生进行创新实验提供良好的环境。尚理实验中心是由上海理工大学附属中学与上海理工大学共建的实验室，承担工程素养培育的主要任务，学生在自主探究中提升了创造性解决问题的意识和能力。图4.105所示为上海理工大学附属中学学生在创新实验室上机器人特色课程——机器人是怎样炼成的，学习主题为"升降机械手的制作"；吴淞中学也建立了道尔顿工坊，学生每周有两个下午可以在其中开展自主学习和研究，如图4.106所示；石家庄二中建设的创新实验室中，包括基于传感器数据采集和处理的实验教学、接轨大学普通物理学的竞赛实验探讨、VR虚拟现实教学系统等，如图4.107所示[1]。

图4.105　学生在创新实验室上机器人特色课程

图4.106　学生在道尔顿工坊开展自主学习和研究

---

[1] 石家庄二中. 这条船将载你逐梦扬帆|来看看二中的教学设施[EB/OL]. (2020-07-03)[2021-05-08]. http://www.sjzez.com/showArticle.asp?articleId=17550.

图 4.107　石家庄二中创新实验室内景

案例 7——创客教室

创客教室主要是为了培养学生的创客素养,通过构建创客情境,配置丰富的创客资源,开展创客教学、实验、体验和研究,提升学生学习的内驱动力。例如,华师大宁波艺术实验学校的创客教室配备了金工、木工等微型加工设备,还包括手动电动工具、切割机,提供多个独立的制作桌面区和公共制作桌面区,让学生随时利用空间里的工具,独立或者协作地开展制造项目,如图 4.108 所示[1]。鄂州市实验小学的创客教室设有设计编程区、活动区、展示区、工作区等,学生可以根据课程设置的不同,学习三维设计、机器人编程等,也为学生提供专用场地,用于学生开展机器人比赛巡线地图、开源硬件组装、3D 打印作品测试等不同类型科技成果的测试和竞技活动,如图 4.109 和图 4.110 所示[2,3]。

图 4.108　华师大宁波艺术实验学校创客教室

1　同城创客. 创客教室设计方案[EB/OL].[2021-06-09]. http://www.mak-er.com/kjjs/1032.html.

2　搜狐网. 创客教室到底怎么打造?[EB/OL]. (2018-07-31)[2021-05-08]. https://www.sohu.com/a/244345430_100177167.

3　19 楼. 美丽人生,从这里开始!——余杭第二高级中学学校简介[EB/OL].(2020-10-06)[2021-05-09]. https://www.19lou.com/forum-15-thread-41321554078828642-1-1.html.

图 4.109　鄂州市实验小学创客教室

图 4.110　创客空间专用教室

案例8——校园科技馆

校园科技馆是学校专业的科普场所，对培养青少年的科学素养有着重要的作用。济南市历城第二中学科技馆以"传播科学理念，互动体验式教学"为定位，以"走进科学世界"为主题，通过互动体验的方式向青少年学生展示基础科学世界。科技馆包括智慧之光展区，主要展示与声、光、电、力、数、磁等基础科学相关的展项；生命健康展区展示人体骨骼运动、病毒与疫情等生命常识及利用科技改变生活品质的内容，如图 4.111 所示[1]；天文航天展区涵盖航天太空探索的工程及成果，如图 4.112 所示[2]；前沿科技展区主要展示前沿科技展

---

[1] 齐鲁晚报网. 雪山万科城、绿城春来晓园正式签约历城二中教育集团[EB/OL]. (2021-04-30)[2021-05-08]. http://baijiahao.baidu.com/s?id=1698446579369912786&sShare=1.

[2] 济南市历城第二中学. 历城二中·新校新景之科技馆[EB/OL]. (2019-07-10)[2021-05-08]. https://mp.weixin.qq.com/s/ K6kLdRoQnlye3cxOJYid5Q.

品，包括近代基础科学家、屠呦呦与青蒿素、高铁/路桥等发达技术、大数据与互联网等。学校的科学技术课程基于科技馆开展，促进学生自主探究的能力，培养学生的科技思维能力。

图 4.111　生命健康展区

图 4.112　天文航天展区

案例 9——校园天文台

校园天文台配备可研究天文的先进设施，可以让学生学习天文项目，体验夜观星象，发现星空的奥妙。如图 4.113 所示[1]，杭州高级中学有四个天文台，其中一个天文台有三层，

---

[1] 杭州网. 今年 9 月杭州一大波新学校惊艳亮相！最新踩点报告来了，赶紧帮孩子收藏[EB/OL].(2019-08-23)[2021-05-08]. https://hznews.hangzhou.com.cn/kejiao/content/2019-08-23/content_7252169_0.htm.

第一层有两间教室，一间用来摆放各种观测仪器，一间有电脑、投影仪、桌椅、书柜等，作为工作室来使用；沿螺旋状的楼梯往上走到第二层，其圆形的房间中央有一张供学生分享天文发现的圆桌；第三层中，庞大的专业天文望远镜占去大半面积，用来观看天文现象。另外，如图4.114所示[1]，杭州第十四中学天文台位于凤起校区第二教学楼6楼，自带小阁楼，共约50平方米，安装了专业的天文台扇形天窗不锈钢圆顶，屋顶可以完全打开，方便学生全天候观测。此外，天文台还配置了赤道仪、大口径天文望远镜及数字天象仪系统等专业设备。

图4.113 杭州高级中学天文台

图4.114 杭州第十四中学天文台

案例10——录播教室

为响应国家大力组织开展精品开放课程建设的工作，各学校建立录播教室，把优秀教师的授课实例拍摄成精品视频公开课用于教研或资源共享。一般录播教室包括多媒体录播主机（含控制面板、显示器）、全自动跟踪定位系统（含定位主机、超声波或红外探头）、摄像机（学生摄像机、教室特显摄像机、板书摄像机）、音频系统（麦克风、调音台、音箱等）、音视频切换控制主机、多媒体设备（教室上课电脑、投影机）等。在录播教室中，有学校教室采用班班录播系统，能智能实现课堂实况自动拍摄的功能，真实、完整地还原

---

[1] bilibili.【杭十四中天文社 2016 年宣传片】星空之下 [EB/OL]. (2018-09-13)[2021-05-08]. https://www.bilibili.com/video/av31604981/?spm_id_from=333.788.videocard.9.

教师讲解、学生听课、提问等各个环节的授课情况。班班录播系统拓扑图如图4.115所示。如图4.116所示，录播系统凭借强大的图像识别跟踪技术，师生无须佩戴任何设备，可以按照授课逻辑自主对教师行为、学生行为、电脑画面进行跟踪拍摄，并自动制成优质的教学视频，真实记录整个教学过程。如图4.117所示[1]，松阳县民族中学的录播教室能立体式、多角度摄像和录音，可以将教师现场授课自动生成课堂教学实况录像。

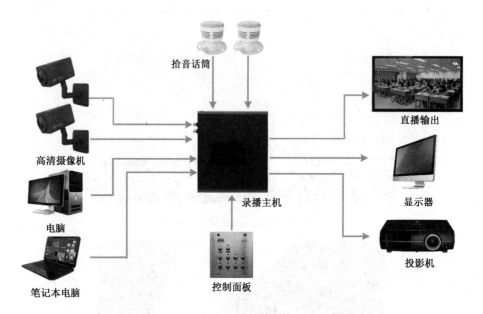

图 4.115　班班录播系统拓扑图

图 4.116　教师跟踪示意图

---

[1] 松阳县教育局. 民族中学：互联网+义务教育=?[EB/OL].(2019-10-18)[2021-06-09]. https://mp.weixin.qq.com/s/aYtSHFh7ARNapwKRoqS7Qg.

图 4.117 松阳县民族中学录播教室

　　每间录播教室的录播系统之间的运作是相互独立、互不冲突的。随着录制的教学视频资源逐渐增加，分散于各录播教室的视频资源通过与教学视频应用云平台的无缝对接，向平台推送视频资源，实现视频的整合管理；如图 4.118 所示，录播集中管理系统解决录播教室数量的增加带来的系统与设备管理的困扰问题，管理人员可通过系统实现对前端各个录播教室的实时监控、远程设备开关机等管理。

图 4.118 录播集中管理系统

二、学科教室

　　2014 年 3 月，教育部发布的《关于全面深化课程改革落实立德树人根本任务的意见》中提出"各学段学生发展核心素养体系，明确学生应具备的适应终身发展和社会发展需要的必备品格和关键能力，突出强调个人修养、社会关爱、家国情怀，更加注重自主发展、合作参与、创新实践"。2014 年 9 月，国务院印发《关于深化考试招生制度改革的实施意见》，在全国启动新高考改革，打破原有文理分科的考试方式，采用选科选考的新模式，注重发掘和培养学生的兴趣、特长及专业意向，统一学生的生涯规划、专业选择和学习动机，分层走班教学成为改革下的必然措施，以此来激发学生的潜能。完善的学科教室是实施"走班制"教学课堂结构改革的有效载体，各学校开始整合传统教室与实验室教室的资源建设学科教室，将上课、阅览、实验、讨论、探究等功能集于一体，配备学科教学或学生学习所需的图书、实验设备、仪器材料等物料、物品，促进学生的学习活动。

学科教室，顾名思义是指为特定学科教育教学服务的专用教室，是专供语文、地理、化学、物理、生物等其中一门学科授课的场所。它的设计和规划要求从具体学科出发，满足该学科教学需求，强化学科特性，建构高度适配学科教学的物理空间环境，是更好达成学科教学目标，落实学科教学实践与应用的必要措施。学科教室的建构理念不仅要体现学科的专业性，而且应突出学生学习的主体性，能够满足学生学习的实践性和体验性，满足师生的互动，同时也应与计算机、互联网等现代信息技术相融合[1]。随着新课改理念不断深入人心，学科教室建设逐渐成为共识，各地各校大力推动学科教室的建设。目前，我国学科教室建设取得令人瞩目的成效。以浙江省为例，2017 年，浙江省资助建设普通高中学科教室 514 个。

学科教室作为学科教学的基本阵地，具有"专业的学科情境、课程实施的场所、多维度的认知设计、学科教师的设计与建设、技术的深度融合、动态的建设过程、常态化的互动性教学、非标准化的技术装备"八大特点[2]，一般包括教室办公区、教学区、实验（体验）区、成果展示区等。

案例 11——嘉兴第四高级中学语文学科教室

语文是基础教育课程体系中的一门重点教学科目，其教学的内容是汉语语言文化。我国有传承数千年的悠久历史，汉语言文化博大精深、源远流长。如图 4.119 所示，嘉兴第四高级中学的语文学科教室重在突出汉语古朴典雅的文化气质。课桌是古朴的小方桌，靠墙边有一排古色古香的书柜，书柜上摆放着《资治通鉴》《诗经》《三国演义》等古典名著，同时还有包括莫言在内的国内外现当代著名作家的著作，为语文教学提供丰富的资源保证，也为学生鉴赏名家经典提供了良好的环境。教室后面墙壁上的显示器可以对接语文资源平台，为学生播放展示各种纪录影像、诗词诵读和大家访谈。这一语文学科教室可以有效地让学生感知和体验汉语言的魅力，充分领略我国语言文化的灿烂多姿[3]。

---

[1] 必达建设更好的学校. 传统教室已经远去，学科教室才是未来! [EB/OL]. (2018-06-06)[2021-05-08]. https://mp.weixin.qq.com/s/1c1UwadJNQfOwSgTt8W2vQ.

[2] 搜狐网. 浙江推进学科教室和创新实验室建设与应用 [EB/OL]. (2017-08-29)[2021-05-08]. https://www.sohu.com/a/168099179_195079.

[3] 浙江在线. 不一样的学科教室"画风各异"这个新伙伴让学生们满心欢喜[EB/OL]. (2017-02-21)[2021-05-08]. http://cs.zjol.com.cn/system/2017/02/21/021447731.shtml.

图 4.119　语文学科教室布局

案例 12——重庆市第三十八中学地理教室

地理学主要是研究地球表面和星地交互相关的地理环境中各种自然现象和人文现象，以及它们之间相互关系的学科。因此，在地理教育中会涉及大量的湖海山川和星际行星等自然景观和现象。如图 4.120 所示，重庆市第三十八中学的地理教室充分融入学科特色和学科工具，将抽象枯燥的地理概念和自然实体具象化为精美生动的实体模型。在该教室中，两侧的展示柜架上放置了各类地形地貌模型，天花板上则分别布置了太阳系九大行星运行图和地壳、地幔剖面图，从而帮助创设适合地理学科学习的学习情境和场景，优化学习效果[1]。

图 4.120　地理教室充分融入学科特色和学科工具

---

[1] 新浪博客. 重庆三十八中学校功能室策划设计[EB/OL]. (2019-01-25)[2021-05-08]. http://blog.sina.com.cn/s/blog_5ee841c60102zzq7.html.

案例13——北京亦庄实验中学化学学科教室

亦庄实验中学化学学科教室的建设就遵循"学科全配置"的原则，尽可能将本学科的关键元素和设施都汇集到教室之中，使得资源设备和学生在课堂上零距离对接，提高课堂效率和学习环境便利度[1]。如图4.121所示，该教室将化学实验室和学习课堂合二为一。学生在教室中间的集中学习区域进行化学知识的学习，学习中和结束后，均可实时在教室两侧的实验区进行操作。这样的设计彻底改变了传统上教室和化学实验室分离的情况，可以将理论学习和实践操作无缝对接，真正实现"做中学"和"学中做"，大大提升本学科的学习效率和学习效果。

图4.121　化学学科教室整体设计

案例14——上海浦东模范实验中学音乐教室

上海浦东模范实验中学的智慧钢琴教室采用Find智慧钢琴系统打造了智慧音乐教室。如图4.122和图4.123所示，在讲台教师端和台下学生端分别配置了与钢琴同宽、融为一体的高清大屏幕[2]。这一互动屏幕显示系统可清晰展示教师手型、指法、按键，在学生练习时还具备同步纠错功能，方便学生自主练习和调整，如图4.124所示；其配套的云平台拥有丰富的音乐教学资源，便于课后学习与欣赏。此外，通过内置测评系统智能反馈，学生既可以独立演奏，又能通过"双师"教育模式，学习中国九大音乐学院的著名钢琴家和助教老师编制的课程，成功实现线上到线下的"双师"教育，突破了本地师资水平限制，保障了教学质量。教师端钢琴可控学生端钢琴，高效管理课堂；利用摄像装置，教师在教师琴上即可了解学生的弹奏情况，并通过大数据分析学生的弹奏成果，即可及时了解学生的学习情况，减少两极分化。学生端钢琴也全部互联互通，他们可以开展合奏、伴奏和对比

1　搜狐网. 案例分享｜北京亦庄实验中学[EB/OL]. (2018-01-30)[2021-05-08].http://www.sohu.com/a/219968385_758785.

2　中国贸易金融网. Find 智慧音乐教室成功落户浦东模范实验中学[EB/OL].(2017-09-05)[2021-06-08]. http://www.sinotf.com/GB/News/Enterprise/2017-09-05/4OMDAwMDI2Njg4OA.html.

演奏等多种合作交互方式。

图 4.122　教师端智慧钢琴

图 4.123　学生端智慧钢琴

图 4.124　指法同步对比纠错

这样在智慧钢琴教室支持下的集体音乐授课模式，让学生可以高效率、更有针对性地与教师、伙伴进行互动学习、练习、合作和 PK，真正让音乐素质教育变得快乐轻松、富有成效。

案例 15——数学学科教室

数学学科教室不仅仅是数学教学场所，更是学生学习数学知识的主要场地。因此，营造良好的数学学习氛围，需要重视数学学科教室文化空间的建设。如何利用教室的空间，巧妙布置，让教室的每一处都发挥其教育功能，为此新疆克拉玛依市第一中学的数学学科教室分区、分模块布置，突出数学史与数学文化的主线，为学生营造良好的学习环境[1]。

模块一：高中数学知识结构图。为鼓励学生做思维导图，将高中数学学科概要、结构、要素及每个章节的公式、定理等重要内容通过思维导图逐一罗列，既有翔实的内容，又有方法的指引，为学生明确了高中数学的知识学习目标，如图 4.125 所示。

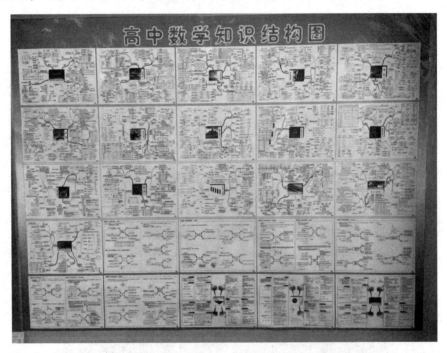

图 4.125　高中数学知识结构图

模块二：我的数学生活＆中外数学家。为突出教室学科氛围，将与数学有关的知识文化等都汇集在教室中，学生潜移默化地接受这种文化熏陶。这些文化包括名人生平与贡献介绍、重要事件的图片、精彩语言摘录等，既有欧几里得、牛顿、笛卡儿、欧拉、高斯等国外数学家的图片与介绍，又有我国数学家刘徽、祖冲之、陈景润、华罗庚、陈省之等的

---

[1] 新疆克拉玛依市第一中学.【学科教室】学科教室建设，激发学生学习兴趣[EB/OL]. (2018-12-21) [2021-06-08]. https://mp.weixin.qq.com/s/qh06hwJrsyVEEuzmUuXrwA.

图片与介绍。

　　模块三：体验模型，玩转立体几何。模型在立体几何的学习和空间想象力的培养中起着重要的桥梁作用，直观模型更能提供具体明了的经验，它是学习立体几何和培养学生空间想象力的重要组成部分。学生认识模型后，再来学习立体几何知识就会事半功倍。教室放置立体几何模型，不仅能激发学生探究立体几何的兴趣，也为日后教学提供了很好的教学工具，如图 4.126 所示。

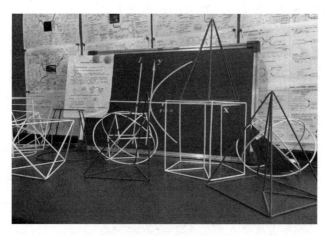

图 4.126　立体几何模型

　　模块四：学生乐园。在教室学习的主体是学生，应给学生足够的空间与舞台。
　　模块五：休闲区，帮助学生在闲暇之余放松，如图 4.127 所示。

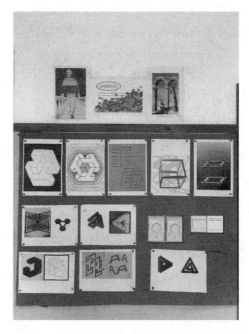

图 4.127　休闲区

案例 16——初中科学学科教室

科学学科教室是科学教育的重要载体，为学生活动实践、互动交流、创新创造提供平台。以华师大宁波艺术实验学校为例，以"雅教学"为基调，构建立体化、动态化、生态化的多元初中科学学科教室[1]。

为了更直观地理解某些自然科学现象，科学学科教室特意开设了标本展示区，以实物代替抽象文字，使抽象知识具象化，为学生带来亲近自然的体验，如图 4.128 所示。

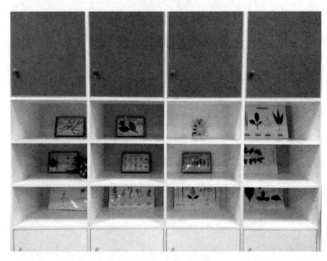

图 4.128　标本展示区

教室开辟问题交流区鼓励学生积极思考、主动提问，学生可以通过文字的形式将自己在科学学习中形成的问题展示在区块中，同学和教师都可以解答，如图 4.129 所示。

图 4.129　问题交流区

1　华师大宁波艺术实验学校东部校区. 初中科学学科教室介绍[EB/OL]. (2018-03-19)[2021-05-08]. https://mp.weixin.qq.com/s/7KVjwre9i2U6OevhmNiijg.

自主探究区鼓励学生搜集和积累一些废旧材料，如皮筋、气球、乒乓球、易拉罐、塑料瓶、木块、硬纸板等，学生在这里可以通过组合不同的材料，合理地利用废弃物，设计各种有趣的实验，从中感悟科学的奥秘，如图 4.130 所示。

图 4.130　自主探究区

案例 17——物理学科教室

如图 4.131 和图 4.132 所示，为培育学生的物理核心素养，上海市奉贤中学创设体现物理学科特质的学习环境，提供科学探究的氛围，提高学生解决问题的能力。奉贤中学的物理学科教室满足基础性、拓展性和研究性课程的实验要求，通过引入云终端、触屏电脑电视一体机、互动电子白板、实物视频投影、普通白板的组合，结合梯形课桌、无线网络和移动终端，构建多方互动、多媒体展示交流的学习空间。另外，学科教室还配备满足学生学科借阅的图书资源、个性化学习的场地及教师办公的设备等[1]。

图 4.131　奉贤中学物理学科教室

---

[1] 必达建设更好的学校. 传统教室已经远去，学科教室才是未来！[EB/OL]. (2018-06-06)[2021-05-08]. https://mp.weixin.qq.com/s/7vTIPEPxJt5t_y4U-ppijg.

图 4.132　实验区与教学区

三、实训教室

"实训"是"职业技能实际训练"的简称，是指让学习者获得某种特定职业或进行生产劳动所需要的职业知识和技能的教育。职业教育的目的是培养应用型人才和拥有实践能力的劳动者，侧重于实践技能和实际工作能力的培养。因此，实训教室应是针对某一行业类别或岗位群组的技能培养而设立的开放性工作环境，具有产学研一体的基本特点，实现学生从学校到工作岗位的顺利过渡。

实训教室的设计布局遵循实训的教育特色，具有真实情境化、操作性强、专业性突出等特点。真实情境化是指职业教育的教学过程必须与真实工作情境建立密切联系，现在各大职业培训学校都拥有实训基地，配套真实企业生产流程及服务流程所需的设备，锻炼学生通过学校的实践操作学习发展工作实践能力。操作性强是指职业教育将理论教学与实践相结合，在课堂上引导学生将理论知识运用到实际操作中去。在现有的理实一体化教室中，有专门的操作区或实验区，方便学生实操。专业性突出是指实训教室是为培养学生掌握技术或工艺，空间的布局及设计具有某一特定行业的专有特色，如维修汽车的专业教室会配备发动机维修工具，厨师烹饪的专业教室则会配备各种烹饪工具。目前，各职业培训学校越来越重视专业设备、实训基地的建设，并将信息技术引入实践教学中，为学生掌握专业技术或服务能力提供专业的学习环境。

案例 18——中国人民大学附属中学汽车模拟驾驶教室

中国人民大学附属中学一直注重对学生实践能力的培养，其开设的通用技术课由学生根据兴趣特长自主选择。其中，"汽车模拟驾驶与保养"是最受欢迎的课程之一。为了开好这门课程，学校专门建设了汽车模拟驾驶教室。如图 4.133 所示，教室里整齐排列了多台全真驾驶模拟器，可以让学生在高度逼真的环境下学习和体验汽车驾驶[1]。

图 4.133　汽车模拟驾驶教室整体布局

每一台模拟器都是严格按照现代汽车主流车型制作，可以提供与真实汽车完全一样的培训环境。转向盘、手刹、转向灯、雾灯、油门、脚制动和离合器等部件一应俱全。

不仅如此，如图 4.134 所示，模拟器的显示屏可以完美地模拟出车窗视觉效果和各种路况：白天、黑夜、雨天和大雪纷飞并对应调节刹车力度、离合器松紧等设置，营造出高度真实化的驾驶环境条件。

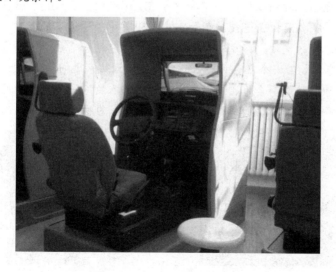

图 4.134　全真驾驶模拟器

---

[1] 中国人民大学附属中学. 汽车模拟驾驶教室[EB/OL]. (2012-07-19)[2021-05-08]. http://www.rdfz.cn/xxgk/ylsz/tjjs/201207/t20120719_23438.html.

这样的培训课程不但新奇有趣，很好地调剂了学生的紧张学习生活，而且也达到了良好的驾驶技能训练效果。每年，该校高三毕业生去驾校考取驾照的成功率都很高。因为有较强的基础，学习效果良好，驾校和教练也很愿意接待该校学生。

案例19——信息化职业教育

Web智能教室在芬兰职业学校中用于学生学习一门信息和通信技术课程。学生们在自己的工作站单独工作，拥有一个名为"Omatila"的个人学习空间，如图4.135所示[1]（包括学生自己的博客工具和问卷调查工具）。

图4.135　Omatila个人学习空间

芬兰职业学校使用游戏环境作为职业教育的一部分和补充技能的组成部分。在职业教育中，团队和社区的员工对学员的职业发展有很大的影响，在大多数职业领域，不同的专家需要一起解决问题（例如，在一个建筑工地水管工、电工需要一起工作）。在游戏过程中，每个玩家在电脑上单独工作，并拥有一个3D环境的自我视角，如图4.136所示。在实践中，玩家通过服务器相互连接，在一个虚拟世界中，通过互联网协议（VoIP）语音系统的声音来支持玩家的交流。游戏通常是五人一组，包括一名教师和四名学生，他们必须完成三个脚本任务。如第一个任务"门"的目的是激活玩家之间的协作；"餐厅"任务旨在激发员工之间的专业技能和合作，他们在前台、工作人员、服务员和厨师之间进行职业游戏；在"舞台"任务中，五个玩家的目标又变成解决如何为乐队成员编制乐谱的实际问题。

图4.136　3D沉浸式界面

---

[1] INEN R, CATTANEO A. New tel environments for vocational education – teacher's instructional perspective[J]. Vocations and Learning, 2015, 8(2): 135-157.

　　智能手机及其在线平台也被一所瑞士职业学校用于帮助实习厨师学习不同特定场景下的烹饪技巧和方法。在烹饪领域，不同的工作场所可以对从业者在该专业领域有其特殊的要求。例如，在大公司餐厅或医院食堂工作，或者在酒馆工作的厨师必须处理不同的工具、不同的劳动分工和不同的组织工作流程。在这种情况下，同样的烹饪内容可以用不同的方式执行，合格的厨师必须能够胜任不同情境中的工作。因此，通过智能手机捕捉到来自不同工作环境的真实情况，并在学校分享这些信息，都是学习的要点所在。更具体地说，学习者通过一台智能手机和通畅的网络连接，可以在工作场所记录下对应的照片，进而可以记录相关的学习日志并开发自己的场景化食谱笔记，并在以后的工作中使用这些材料来进一步丰富资源内容。教师可以通过平台完成对材料的初步选择，以确保有专业价值的知识场景出现。在此基础上，教师测试了两种主要的学习场景，如图 4.137 所示：（1）在课堂上展示预先选定的照片，并指导课堂讨论；（2）在计算机实验室中使用学习者的照片，学习者可以在讨论的基础上改进自己的学习日志。

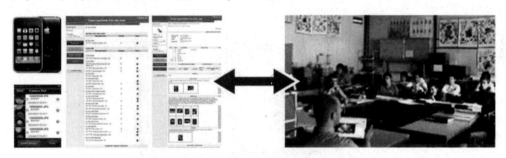

图 4.137　支持烹饪学习的在线工具

案例 20——职业实训室

　　实训室是职业学校用于开展技能训练，以工学一体方式开展生产项目实践，完成技能等级证鉴定考核的场所。如图 4.138 和图 4.139 所示[1,2]，实训中心包含多个实训室，实训室突出职业特色，拥有足够数量的工位，满足技能训练、项目实践和实际生产的需要；创设真实的工作环境，按照企业的标准配置相应的设备、工具，并按照企业标准进行布局。实训室的功能区域分为示教区、讨论区、实操区、物料区、资讯区、清洁区、更衣区等。以湖南万通汽修学校为例，为使学生更好地掌握中、美、德、日、韩五大车系的维修，引入了宝马、奔驰、奥迪、雷克萨斯等多品牌高级轿车，并配备全套的正规汽修工具，便于学生掌握五大车系的整车维修和养护。而汽车发动机实训中心则包括三个发动机一期拆装实训室、两个发动机二期拆装实训室、一个发动机理实一体化实训室及 50 多台发动机，为学生提供了多样的实际操作平台。

1　湖南万通汽修学校[EB/OL]. [2021-05-08]. http://www.hnwtqx.com/photo/1948.html.

2　湖南万通汽修学校[EB/OL]. [2021-05-08]. http://www.hnwtqx.com/photo/3511.html#.

图 4.138　高级轿车实训中心

图 4.139　汽车发动机实训中心

　　如图 4.140 所示[1]，广东省交通运输技师学院的物流综合实训室面积为 600 平方米，由四个主要的实训项目（室）和沙盘演示等组成，其中实训项目（室）分别有自动立体仓库实训室、连锁门店实训室、电子拣配实训项目和仓储管理实训项目，沙盘演示分别有海运物流演示沙盘和物流地理演示沙盘，以及物流专业教学区域，不同项目的实训工位共计 63 个，为现代物流专业的仓储作业（管理）、配送作业（管理）、供应链管理、连锁门店作业、物流经济地理、国际海运代理、物流信息技术等专业课程提供综合性的教学实践与学习。

---

[1]　广东省交通运输技师学院. 物流综合实训室[EB/OL]. (2016-12-29)[2021-05-08].http://www.gdjtjx.com.cn/id-1390.html.

图 4.140　物流综合实训室

案例 21——多功能一体化教室

多功能一体化教室用于开展专业基础课程、专业课程的一体化教学。每间教室可承担一至多门理实一体化课程的教学。多功能一体化教室以理论教学、小组工作、实验操作作为主要特征，模拟企业真实工作环境，实现案例教学、项目教学和任务教学等。多功能一体化教室一般划分为讲授及讨论区、操作区、展示区、资料查询区、储物区等，一般配置的基本设施包括电子白板、多媒体计算机、投影机及屏幕或 LED 电视、广播系统、多媒体讲台、储物工具柜等。如图 4.141 所示[1]，以广东省岭南工商第一技师学院为例，其光机电一体化实训室包括 SX-815E 光机电一体化设备 12 台、SX-606B 数控车床维修实训设备一套，配备 24 个工位，为学生提供机械传动与气动技术、光电传感检测技术、PLC 与触摸屏控制技术、变频调速技术、数控车床电气故障维修实训等项目的教学。

图 4.141　光机电一体化实训室

---

[1] 广东省岭南工商第一技师学院. 光机电一体化实训室[EB/OL]. (2015-10-13)[2021-05-08]. http://www.gdhnjx.com/plus/view.php?aid=3085.

第五章

——CHAPTER5——

未来学校过渡空间和绿色空间

在校园学习空间中，除教室之外，其他多样化的非教室学习空间同样在教育教学、体验探究、学生生活休闲、校园空间连接、学生全面发展等方面发挥着无可替代的作用。本章主要从走廊空间和屋顶空间这两种传统上易被忽视的过渡空间板块，以及绿色空间这一日益被关注的空间形态来加以介绍。

第一节　走廊空间

在学校空间中，连接不同空间板块，起到过渡作用的走廊被定义为内廊空间、外廊空间和连廊空间，它们不仅将教室空间串联在一起，并且这种交通空间也具有将各个空间单体统一在整个学校有机体内的功能。正是因为走廊空间对于校园大环境的重要作用，所以走廊在学校空间设计中应该占有举足轻重的地位。但是现实情况正好恰恰相反，现如今形式单一、呆板的走廊空间大都只停留在单纯的校内交通空间的意义上。

作为有限的学校空间中少数能充分与学生接触的部分，走廊空间长期不能得到正确的开发利用，不仅造成了宝贵校园空间的浪费，更会直接影响到孩子们在学校的生活质量及学习质量，进而错失利用这一高频空间推动学生学习、进步和发展的机会。

此外，学校里冗长沉闷的楼道缺乏活泼的气息，而走廊旁边的一间间教室似乎将孩子们各自归类，放在大小相同的盒子中。瑞士心理学家皮亚杰认为："孩子是主动性的学习者。"然而现在学校千篇一律的走廊空间只是大规模统一标准化设计的产物，这样的设计显然不利于学生们的身心成长。

基于上述两点，以及教育教学的需要和学生们身心发展的目标，充分开发利用走廊空间，成为面向未来的新型学校空间建设的题中应有之义。

人的行为活动总是离不开环境的支持，都是在与环境的交互中发生的。没有合适环境的支撑，教育活动的效果和作用将会大打折扣。走廊空间在一定程度上将孩子们的室内空间进行了一段延续，但是这种延续需要创设恰当的环境，从而对孩子们进行行为刺激，这样才能把孩子们引出室内，参与到室外和校园中其他场所的活动中来。因此，走廊应该超脱于单纯的空间交通功能，被定义为能够提供给学生们休息、交流和体验，抒发自己直观感受甚至能够产生某种文化交互的空间。

走廊空间的开发设计，应以学校和学生的下列需求为出发点，通过各种需求之间的功能组合，将其集中在走廊空间的多样化、个性化构建当中。

一、休闲交流设计

由于学校的走廊空间一般直接连接着最主要的教学场所——教室，下课后必然会有大量的学生到室外空间休息和活动。在这一过程中，积聚在一起的学生们自然而然地会在布满桌椅的教室所享受不到的开放空间中进行自由的交流。因此，在走廊过渡空间的设计中，应当充分创设可供学生们休息和交流的开放式设施区域。

一些学校在建筑空间的凹凸处布置可供休息，能支持小范围交流的小型桌椅和沙发，同时采用多种色调的融合，提高了空间场所的感观，如图 5.1 和图 5.2 所示[1]。

图 5.1　英国利物浦市的 Park Brow 社区小学

图 5.2　澳大利亚墨尔本市的 Ivanhoe Grammar School

---

1 必达建设更好的学校. 非正式学习环境 | 关注学校走道空间设计，让行走不再单调[EB/OL]. (2018-08-24)[2021-05-07].https://mp.weixin.qq.com/s/CvFwpTwvYnP3ap61u6Qrgw.（本节其余图片同出于此）

　　澳大利亚悉尼的 Ravenswood 女子学校通过布置家居和其他可移动建筑构件实现对走廊过渡空间功能的划分和空间的灵活可变性，有效地促进了师生之间、生生之间的休闲交流，给师生们提供了休息交谈、游戏聚会和读书娱乐的场所，如图 5.3 和图 5.4 所示。

图 5.3　Ravenswood 女子学校走廊过渡空间之一

图 5.4　Ravenswood 女子学校走廊过渡空间之二

二、展示分享设计

　　在学校里，学生们时常会有自己的成果产出，如手工制品和书法作品等。从这些作品中择优选取，将它们放在学生们最容易接触到的走廊空间，不但可以激励优秀学生再接再厉，也可以激发起其他学生的兴趣和动力。同时，这种作品展示也是一种学生之间很好的无声交流方式，有助于营造出积极良好的校园文化氛围。

宁波镇海区实验小学将学生们的摄影和绘画作品展示在艺术教室外侧的走廊中，如图 5.5 所示。

图 5.5　摄影和绘画作品展示

遂昌梅溪小学在走廊转角处展示学生们的书法作品。流畅俊逸的书法作品与艺术小书吧相结合，整个走廊转角散发着浓郁的书卷味，成了集阅读、交流、艺术欣赏于一体的多元自主学习空间，如图 5.6 所示。

图 5.6　展示书法作品的多元走廊空间

■ 三、非正式学习空间设计

尽管学校的走廊过渡空间并不适合高强度的正式学习，但是却可以成为教室等主要学习空间之外的一个有益补充。对于一些短时间的拓展性和交流性的非正式学习活动，在走廊上适当地设置一些对应的区域和设施来吸引学生，便利学生的交流和临时性的学习，可以极大地丰富学生们的学习内容和方式，提升综合学习体验。

　　一些学校在保留走廊基本通行空间的基础上，在旁边划分出了小块区域并配备了简单的沙发桌椅，让这些小型学习区域易见易得，如图 5.7 和图 5.8 所示。

图 5.7　印第安纳大学与普渡大学联合学院的非正式学习角

图 5.8　美国佐治亚理工学院克劳夫中心的走廊学习区域

案例 1——美国康奈尔大学建筑学院的非正式学习空间

　　作为享誉全球的顶尖大学，美国康奈尔大学借助其久负盛名的建筑学院，在其学校空间设计方面做出了大量有益的尝试。例如，在建筑学院的活动中心的走廊旁，专门设计了颇受欢迎的阶梯学习区域。师生们经常在此开展各种非正式的学习活动，如工作坊、讨论会、读书会、小组会和建筑设计分享展示会等，如图 5.9 和图 5.10 所示。

图 5.9　建筑设计模型展示

图 5.10　设计思路交流分享

四、教室配套设计

　　作为与教室连接最为紧密的过渡空间，走廊同样也是教室功能的外向延伸，需要与不同教室的功能匹配、融合。打造与教室配套的走廊文化，让学生在走廊中获得相应体验，是强化课堂学习效果的有效手段。尤其是与一些专业性教室相匹配的走廊，能够揭开这些专业相对神秘的面纱，给广大学生一个感受体验的机会，进而认识自己，发现自己的潜在兴趣。同时，与教室配套的走廊文化，也有助于营造学校整体的文化氛围与品位。

案例2——杭州白马湖小学戏曲文化走廊

将作为传统国粹的戏曲作为学校艺术特色的杭州白马湖小学在音乐和艺术教室外部的空间设计了戏曲文化走廊。采用格栅窗装饰，加挂京剧脸谱，墙壁上绘制Q版经典戏曲人物，激发学生对戏曲的喜爱，如图5.11所示。

图5.11 杭州白马湖小学戏曲文化走廊

案例3——杭州萧山高桥小学国学走廊

杭州萧山高桥小学一直重视对学生进行中华传统文化方面的培养。其文源国学馆外的走廊精心设计为国学主题风格。青砖白墙、扇面装饰、书法陈列、诗词鉴赏，这些都完美契合了国学馆的定位，给学生提供一种文化熏陶，如图5.12所示。

图5.12 杭州萧山高桥小学国学走廊

案例4——浙江永康城西小学陶艺室外走廊

在浙江永康城西小学陶艺室外的走廊上，整体采用暖色调，砖石的纹理与原木色的搭配，形成了古朴的质感，与陶艺典雅大气的特点有了很好的呼应。同时，墙上悬挂优秀陶艺图片，展示架上展示精选的师生陶艺作品，为学生们接触和感受相对小众的陶艺文化提供了良好的契机，如图 5.13 所示。

图 5.13　浙江永康城西小学陶艺室外走廊

案例5——北京市丰台区第二中学的走廊设计

北京市丰台区第二中学在高中部的扩建改造工程中，对艺术楼的走廊空间进行了整体改造，多样化利用非正式学习空间，形成富有自身特色的艺术文化走廊，使之承载校园文化，成为学校教育空间的有机组成部分。

艺术楼走廊的空间设计，整体构造自然和谐、简洁大气，色调庄重素雅，体现学校"以人为本"的人文性关怀，尊重学生个性发展，关心学生的各种心理需求。根据不同艺术教学区的划分，艺术走廊设计主次分明、各具特色，彰显学校"以学生为中心"，创建"文化味儿校园"的办学思想。

专业画室外的美术走廊被设计为一间公共体验型小画室，墙面挂有风格迥异的画作，提供一种艺术熏陶氛围；储物格和书架的设置，以及常用作画耗材、画板画架、长桌长椅的摆设，为专业学生提供日常自由练习和交流互动的美术空间，也让其他过路的学生有了自由体验感受的机会，如图 5.14 所示。

心理咨询室外的走廊，运用绿色墙面和动物图形，给人轻松自由的放松感，帮助缓解压力；壁龛式的书架桌椅提供了一个学生小范围自由交流的空间；心理健康知识宣传窗口展示一些常见心理问题的介绍和疏导方法，给予学生们基本的心理调节常识，如图 5.15 所示。

图 5.14　北京市丰台区第二中学的画室走廊

图 5.15　北京市丰台区第二中学的心理咨询室走廊

五、理念展示设计

学校文化理念是校园空间设计的整体支撑，将文化理念融于学校空间设计，形态化地表达出学校风格特色，成为学校空间设计的新趋势。

案例 6——宁波镇海区实验小学的班级走廊

宁波镇海区实验小学将学校独特的 M.A.N 教育理念融入建筑设计之中。在班级外的走廊上一改呆板的通道式设计，摒弃冗长拗口的标语横幅，将学校的育人目标以简洁易懂的文字展示出来，而绿色植物与班级照片的点缀使得走廊在简洁淡雅中多了一点温馨，如图 5.16 所示。

图 5.16　宁波镇海区实验小学的班级走廊

案例 7——杭州外国语小学的走廊设计

作为以外语为特色，力推国际化教育的学校，杭州外国语小学的走廊设计采用近年来流行的北欧简约风格，英文标识与简洁的线条相搭配，彰显着学校的国际风范，如图 5.17 所示。

图 5.17　杭州外国语小学的走廊设计

案例 8——杭州京都小学的运河文化走廊

　　杭州京都小学位于京杭大运河最南段，浸润着京杭大运河千百年来水的灵气和南来北往的交汇豪迈。所以，其走廊的设计处处采用了运河元素，体现着运河文化与江南特色，如图 5.18 所示。

图 5.18　杭州京都小学的运河文化走廊

六、物品存储设计

　　随着社会经济的快速发展，学习文具和电子学习工具等用品不断升级，课本书籍也随着学科领域的细化分类和知识信息的增加而日渐丰富，生活水平的提高也使得个人生活物品愈发多种多样。这些都大大增加了学生们对于储藏空间的需求，在传统教室课桌之外寻找新型储藏空间变得迫切起来。而使用频率高、易见易得的走廊过渡空间经过合理设计，可以较好地满足这方面的需要。在走廊空间中加入属于孩子们的储藏空间，不但能够增加传统走廊空间的生气与活力，而且可以便利学生们的校园生活，提高其在校体验。

案例 9——法国 Tino 学校和丹麦沙加学校的物品存储设计

　　法国巴黎 Tino 学校和丹麦金特福德市沙加学校分别在公共挂物架和私密储物柜方面做出了尝试。Tino 学校位于法国巴黎，学校在走道空间中加入了属于学生自己的物品挂墙空间，如图 5.19 所示。学生们不仅可以放置、展示属于自己的东西，也可以放置一些与其他人分享的东西。学生们放置的物品增加了整个走廊空间的生气与活力，同时也为更多的有益于学习与交流的行为的发生提供了可能。

　　与公共挂物架对应的是相对私密的物品储存设计。沙加学校位于丹麦金特福德市，是一所为有学习障碍的儿童设计的特殊学校。学校在走廊拐角处设置了学生的储物柜，学生可以储存一些私密的物品，如图 5.20 所示。

图 5.19　Tino 学校的物品挂墙空间

图 5.20　沙加学校在走廊拐角处设置的学生储物柜

第二节　屋顶空间

　　作为广泛存在于各种空间建筑中的板块，屋顶既是一种遮风挡雨的功能性建筑结构，又是一种建筑空间资源。随着社会生活的多样化，屋顶空间越来越多地得到了开发利用，酒店屋顶泳池、高层建筑屋顶瞭望台、大楼屋顶酒吧和商务楼屋顶咖啡店等不断出现。然而因为各种原因，在学校空间中，屋顶却长期被忽视。直到近年来，一些学校开始重新认识和审视屋顶空间的价值，通过创新性空间设计将看似无用的屋顶空间功能化，充分发挥其空间价值，为教育教学和学生学习服务。

一、屋顶空间概述

作为校园空间形态的一种，相对于其他空间部分，屋顶空间具有以下两大突出特点。

一是具有很高的空间利用价值。随着城市化的加深，使得市区可利用的土地资源逐渐减少，城市各类学校的建设用地日益紧张，土地问题和教育发展问题的矛盾日益凸显。作为任何学校都广泛存在的连片空间资源，如果能对屋顶空间加以有效利用，将会大大拓宽校园空间，为教育教学和各类学生活动的开展提供良好的空间保证。

二是具有独特的空间特性优势。由于需要布置各种教室和其他各类校园建筑，学校空间中往往存在大量的碎片化小块空间，像屋顶这样的大片连续空间非常宝贵，是设置一些用于群体性、全校性活动的理想场所。同时，屋顶空间一般直接位于教室等师生最常用空间的上方，与日常教学空间紧密相连，来往方便，一经改造便可以与其他教学空间无缝对接、有机协作，可以充分支持对应的教师教学和学生学习活动。

二、屋顶空间范例

目前，国内外一些学校开始在新的教育理念指导下，结合学生的行为活动特征，设计满足学生使用需求的不同屋顶利用形式，将诸如学生读书、课间休息、理念体验和游戏活动等融入屋顶空间的设计当中，创新性地开展屋顶空间利用实践。

案例 1——越南农场幼儿园

越南农场幼儿园位于胡志明市郊区，是一个结合农场作物的幼儿园，可容纳 500 名学龄前儿童就读。整个幼儿园的核心是一个连续的绿色屋顶，给孩子们提供体验作物种植和农业实践经验，以及广阔的活动和接触天空的场地。如图 5.21 所示，幼儿园建筑通过连续的三重环形绿色屋顶，营造出三个内部操场，为幼儿提供安全又舒适的开阔环境。从地面起步仅二层楼的高度，屋顶两端往地面倾斜，提供抵达顶层和蔬菜园的通道，让孩童和教师能够轻松地到屋顶种植作物。这个设计让学校内部的庭院成了儿童日常的教学空间，而屋顶则开放给儿童去体验自然生态、探索植物、学习种植，孩子们自己动手劳作、亲近大自然，从小便奠定了爱护生态环境和慈悲对待万物的思想[1]。

---

[1] 必达建设更好的学校. 幼儿园建在农场会怎样？[EB/OL]. (2018-07-06)[2021-05-07]. https://mp.weixin.qq.com/s/_yFZOw-BkSvhJWsBpfR36A.

图 5.21 越南农场幼儿园屋顶设计

案例 2——天台县赤城街道第二小学屋顶操场

如图 5.22 所示，浙江省天台县赤城街道第二小学由于学校建设用地不足，将 200 米环形跑道放在教学楼四楼屋顶，有效解决了学校用地面积紧张的问题。楼顶跑道有三层护栏以确保师生安全，最外一层有 1.8 米高的强化玻璃防护墙，中间有一层 50 厘米宽的绿色隔离带，最内层防护是 1.2 米高的不锈钢栏杆。为了解决噪声问题，设计师也做了巧妙的安排，每隔 50 厘米就在塑胶地面以下安装一个弹簧减震器，这样就通过双层结构来减震，减少了剧烈活动带来的噪声和震动[1]。

图 5.22 天台县赤城街道第二小学屋顶操场

这样的屋顶设计给学生们进行运动锻炼和开展体育活动提供了良好的空间场地，帮助孩子们强身健体、全面发展。

---

[1] 必达建设更好的学校. 屋顶空间大作战，设计让学校更有"范"！[EB/OL]. (2019-11-11)[2021-05-07]. https://mp. weixin.qq.com/s/isi1immWvjet8Jr3pMhzbA.

案例 3——北京四合院幼儿园

北京四合院幼儿园以"漂浮的屋顶"为设计理念，围绕一座自 1725 年就已有历史记载的四合院建设了幼儿园。其屋顶的设计巧妙地在对文物进行保护和利用的同时，也为幼儿园提供了充足的可利用空间。如图 5.23 所示，该幼儿园屋顶以低矮平缓的姿态水平展开，将不同建筑间有限的空间最大限度地转化为一个户外运动和活动的平台。这里是一片广阔的色彩斑斓的户外平台，这里是孩子们室外运动、课余互动玩耍的主要场所。平台的西南侧，像是一个个"小山丘"与"平原"相互交错，地形高低起伏。漂浮的屋顶下方则是开放布局的教学空间、图书馆、小剧场、室内运动场等，是 400 名 2～5 岁孩子的日常教育空间[1]。

图 5.23　四合院幼儿园屋顶设计

开阔的屋顶对孩子来说充满了魔力，在幼儿园空间中，屋顶就像一片新的大地，是无拘无束、自由的象征。这样自由流动的空间布局为孩子们的成长塑造了一种自由共融的空间场所氛围。

第三节　绿色空间

随着可持续发展观念日益深入人心，人们对生态保护、持续发展及和谐的创造等愈发关注，"绿色生活""绿色文化""绿色文明"等理念逐渐为更多的人所接受。在教育领域，

---

[1]　搜狐网. 北京惊现建在四合院屋顶的幼儿园，惊艳了世人[EB/OL]. (2018-11-27)[2021-05-07]. http://www.sohu.com/a/278205803_99901260.

"绿色"开始成为学校空间设计所要关注的重要方面。

一、绿色空间概述

绿色空间包括植物园、花卉温室、体验农场、异域文化风景园和公共绿地等，能够为师生提供体验和感知自然的环境。绿色空间是未来学校建设的重要组成要素，做好校园绿色空间的设计与规划是打造良好育人环境的重要方面。在设计校园环境时，要将自然植物、美育、自然教育课程等完美融合，让校园里的每一株花草树木都成为学校教育理念、课程实施的载体，为全学习生态校园建构更多学习赋能场域。中国生态环境部提出了绿色学校核心评估的 10 条标准，其中不可或缺的是环境教育、环境管理、绿色校园、绿色生活的基本内容[1]。

二、绿色空间范例

案例 1——印度尼西亚巴厘岛绿色学校的竹子建筑

巴厘岛绿色学校（Bali Green School）于 2008 年成立，位于乌布西北部地区一个名为西邦卡佳（Sibang Kaja）的村子中，占地 10 公顷左右，主要接收 3～18 岁的学生。学校远离旅游景区，周围环绕着茂密的原生态树林和有机农地，阿育河的一条支流缓缓地穿过校园。如图 5.24 所示为被茂密的原生态树林和有机农地环绕的巴厘岛绿色学校[2]。

图 5.24　被茂密的原生态树林和有机农地环绕的巴厘岛绿色学校

1　中华人民共和国生态环境部. 2001 年绿色学校发展综述[EB/OL]. (2003-11-11)[2021-05-07]. http://www.mee.gov.cn/home/ztbd/rdzl/stwm/lvxx/201211/t20121107_241603.shtml.
2　城视窗. 巴厘岛绿色学校为何成功[EB/OL]. (2019-09-16)[2021-05-07].https://www.douban.com/group/topic/152646819/.

　　精妙的竹子建筑是巴厘岛绿色学校的一大特色。学校所有建筑物均使用当地盛产的竹子和阿兰德草来建造，如学校的教室、礼堂、图书馆、实验室等均由竹子做成，就连栏杆、桌椅、楼梯甚至地板也是用竹子制成的。精妙的竹子建筑与周边环境相映成趣，演绎出一个颇具禅意的绿色校园，如图 5.25 所示。以学校的主建筑为例。学校主建筑"校园之心"是世界上最大的竹子单体建筑。屋顶采用了巴厘岛传统的茅草屋顶，形似一个斗笠。开放式的建筑没有墙和窗户，宽大的挑檐阻隔了雨水和烈日侵袭，将阳光、清风迎进屋内。绿色学校贴近大自然的建筑颠覆了一般人观念中的教室形象。因为房间没有墙壁，也没有封闭的天花板，自然的声音轻轻渗透到教师与学生的心里。在舒适通风的教室里，平静自然的环境更有利于学习，激发更多创造性思维。

图 5.25　绿色学校的环形竹桌椅

　　学校真正利用自然世界来挖掘学生们的好奇心、同理心和创造性思维技能，提高他们的社会意识、责任意识、环保意识、合作意识，并鼓励学生们以全球公民身份的视角将学习应用到真实世界中。图 5.26 所示为阿育河边的生态循环课程实践地。

图 5.26　阿育河边的生态循环课程实践地

案例 2——约克大学植物墙

约克大学（University of York）建于 1963 年，是一所位于英国英格兰约克的世界一流研究型大学，为英国著名公立大学。约克大学通过打造绿色的活体植物墙，将建筑与自然景观完美融合，向人们展示了学校建筑的可持续性和在建筑环境中学习知识的理念。如图 5.27 所示，植物墙上种植了超过 21830 株植物，并且选择了蓝色、紫色、粉色、白色和黄色的植物，鸟类和蝴蝶容易被这些植物颜色所吸引，为它们提供理想的生存条件或环境，促进了生态系统自维机制和生物多样性的提高。随着季节的变化，植物墙上的各类植物不断生长，致使植物墙整体色调不断融合变换，从而建筑的外墙也会在各个季节呈现出不一样的美丽景观。点植式植物墙为建筑物提供了强烈的视觉冲击力，可持续性的装饰能让建筑物保持凉爽，并且在冬季能保持温暖，减少碳排放量。此外，还能保护外墙免受天气和环境的损坏与腐蚀，增强建筑物的隔音效果。植物墙还有助于净化空气，使建筑物内的师生享受到大自然的馈赠，增强活力和体验感[1]。

图 5.27　约克大学的植物墙

案例 3——日本富士幼儿园的"大树之屋"

日本富士幼儿园位于日本东京都立川市，成立于 2007 年，曾被国际经济合作组织（OECD）评选为世界上最优秀的教育建筑[2]。如图 5.28 所示，幼儿园为椭圆形状，周长 183 米，面积 4791.69 平方米，内有 500 余名儿童[3]。富士幼儿园围绕着一棵百年树龄的榆树建

1　学校植物墙. 约克大学植物墙　生态建筑和自然观景的完美融合[EB/OL].(2017-11-30)[2021-06-07]. http://www.qssjlh.com/application/school/602.html.

2　未来学校建设. 打造生态校园，从与自然共生的环境设计开始[EB/OL]. (2020-09-17)[2021-05-07]. https://mp.weixin.qq.com/s/jGRfz6unR8RI_FL7wPhiqw.

3　搜狐网. 走进日本东京富士幼儿园　感受"无死角"的童趣[EB/OL]. (2017-04-17)[2021-05-07]. https://www.sohu.com/a/134495538_503545.

造而成，7块交错排列的楼板小心翼翼地包围着中心大树，建筑内部的柱子和楼梯隐藏在树叶和枝杈的阴影中，而蔓生的枝杈和茂密的树叶也在建筑内部穿透，打破了室内与室外、建筑与自然环境之间的界限。其中建筑的一半由玻璃包围作为英语教室，内部摆放了一些古色古香的课桌椅；另一半建筑则以开放的形式裸露在外，同时作为幼儿园的校车车站。儿童在围绕树木而建的场地中愉快地玩耍，树木的成长伴随着儿童的成长，体现了自然与人的和谐相处，展示了生态校园最本质的意义。

图 5.28　日本富士幼儿园的"大树之屋"

第六章
——CHAPTER6——

未来学校网络学习空间

第一节　网络学习空间概述

随着计算机及网络技术的发展，在传统的实体学习空间之外，线上网络学习空间日益成为学习空间的重要组成部分。尤其是近几年来，在新一代通信技术和数据科学的支撑下，网络学习空间在推动学习空间向智慧化、个性化和泛在化的转变过程中起着举足轻重的作用。

一、网络学习空间概念

网络学习空间（Cyber Learning Space）是一种基于互联网的虚拟学习环境[1]，是面向正式学习与非正式学习，能支持教与学过程和不同角色主体（教师、学生、家长等）交流，且依托于一定的学习支持服务平台之上的虚拟空间[2]。网络学习空间是教师和学习者在虚拟的网络学习环境中的一块专属领地，可以运行在任何平台载体之上，支持在线教学活动开展的虚拟空间均是网络学习空间，如学习管理系统、MOOC 平台、教育云服务平台等。在该空间中学习者可以收藏、创建、分享学习资源，管理自己的学习，还可以像 Moodle 平台那样组织或参加课程协作学习，及时提供或获取教师和其他学习者的帮助[3]。网络学习空间具有学习（根本目的是促进学习）、社会（支持教师与学生、家长的互动交流）和环境（师生之间展开学习活动的场所）三个基本属性，体现出个性化、开放性、联通性、交互性、灵活性等核心特征。

网络学习空间提供的基本服务主要有：（1）汇聚满足用户需求的各种资源、工具、活动等，提供一站式、个性化的信息服务；（2）支持在线教学活动的开展，提高学习者的学习效果；（3）支持不同角色（教师、学生、家长等）的交互[4]。

---

[1] WELLER M. Virtual learning environments: Using, choosing and developing your VLE[M]. London: Routledge, 2007.

[2] 祝智庭, 管珏琪. "网络学习空间人人通"建设框架[J]. 中国电化教育, 2013(10): 1-7.

[3] 吴忠良, 赵磊. 基于网络学习空间的翻转课堂教学模式初探[J]. 中国电化教育, 2014(4): 121-126.

[4] 杨现民, 赵鑫硕, 刘雅馨, 潘青青, 陈世超. 网络学习空间的发展：内涵、阶段与建议[J]. 中国电化教育, 2016(4): 30-36.

二、网络学习空间的发展

郭绍青等人认为目前对于网络学习空间的建设经历了从 V1.0 到 V4.0 四个阶段[1]。

1. 网络学习空间 V1.0

网络学习空间 V1.0 的核心特征是数字教育资源的网络化存储与共享。网络学习空间 V1.0 在教学中的应用，带来了学校教育的变革，如图 6.1 所示。在网络学习空间 V1.0 的支持下，大量用于教师教学的数字教育资源得到开发和共享，教师在具备网络环境的多媒体教室中使用数字教育资源开展教学。在这种情境下，网络学习空间 V1.0 对学校教育变革的作用是优化课堂教学。

图 6.1　网络学习空间 V1.0 对学校教育的变革

2. 网络学习空间 V2.0

网络学习空间 V2.0 的核心特征是在线资源的开发、数字教育资源的交互、知识生成与智力资源共享，如图 6.2 所示。在网络学习空间 V2.0 的支持下，数字教育资源从以教为主的教学资源开发走向支持学生学习的学习资源开发，大量 App 资源、MOOCs、微课程群等多样化的学习资源得到供给，在线资源共享成为常态，学生能够利用智能终端获取各类资源以支持自己的学习，教师不仅需要在传统课堂中开展教学，而且还需要在网络学习空间中为学生提供支持服务，教师的网络教学能力需要进一步提升。

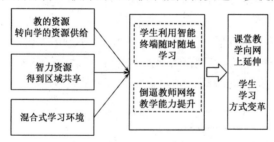

图 6.2　网络学习空间 V2.0 对学校教育的变革

---

[1] 郭绍青, 张进良, 郭炯, 贺相春, 沈俊汝. 网络学习空间变革学校教育的路径与政策保障——网络学习空间内涵与学校教育发展研究之七[J]. 电化教育研究, 2017, 38(8): 55-62.

3. 网络学习空间 V3.0

网络学习空间 V3.0 的核心特征是虚拟仿真资源的开发与应用，从而为学生提供真实化的学习资源，如图 6.3 所示。在网络学习空间 V3.0 的支持下，能够与真实学习环境有效融合的虚拟学习资源环境得以建设，教师在虚实融合的教学环境中开展精准的教学服务，学生在虚拟环境中利用适应性学习资源完成知识学习和技能训练，在真实环境下进行深度学习，完成知识向能力的迁移，获得个性化发展。

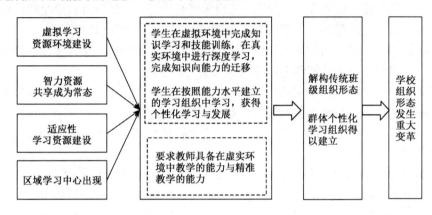

图 6.3　网络学习空间 V3.0 对学校教育的变革

4. 网络学习空间 V4.0

网络学习空间 V4.0 的核心特征是大数据学习分析，为用户提供智能化、适应性、个性化服务资源和服务，如图 6.4 所示。在网络学习空间 V4.0 的支持下，学习环境具备了智能感知能力，学习资源系统和学习资源环境朝着智能化的方向发展，利用学习分析技术、数据分析技术等为学生提供自适应、个性化的学习推荐和学习指导。

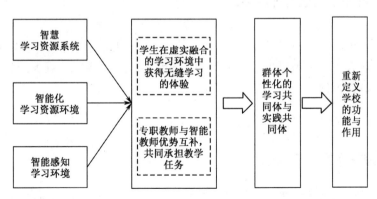

图 6.4　网络学习空间 V4.0 对学校教育的变革

三、网络学习空间分类

依据网络学习空间的呈现方式来划分，目前网络学习空间的建设可以分为以下六类。

第一类是教学资源共享空间的建设，即在线共享资源平台，学习者可以通过网络学习到很多优质教学资源，如大量的公开课、高校录播视频等。教学资源共享空间的建设能够满足学习者随时随地的学习，让学习者能足不出户就享受到优质教育资源。

第二类是个人学习空间的建设，即为每个学习者提供个性化的个人学习环境及一站式学习平台，将多个系统的功能和服务集成到个人空间中。

第三类是网络直播教学空间的建设，即通过相关技术手段实现课堂直播、网络面授等，同时还可以随时提问，与教师即时互动，实现跨时空的教学。

第四类是项目学习空间的建设，即为学习者提供项目式学习支持的网络空间，支持学生开展探究式学习、发现学习。

第五类是虚拟学习空间的建设，即使用虚拟现实和增强现实技术构建空间，突破时空的限制，为学生提供真实的环境。基于虚拟现实技术构建的学习空间可以将学习活动压缩到分子内部，也可以将感知活动拓展到太空中，这种沉浸的、逼真的情境演示在知识呈现、环境体验和模拟训练上均能取得良好的效果。

第六类是教学管理与服务空间的建设。除上述几类空间外，网络学习空间还应提供教学管理与服务，实现教与学相互支持、多角色交互、决策评估等。

第二节　网络学习空间建设

在各种计算机和网络技术的支持下，基于各种线上网站的学习平台层出不穷，在与教育教学的深度融合下，为教学实践中的不同需求和各类主体提供了强大的教育功能支持，实现了良好的教育价值。

一、教学资源共享空间的建设

教学资源共享空间是一个相对独立的系统，将教学资源库、智力资源和生成性资源等通过云存储的方式存储起来。目前建立起来的可共享的资源大多是在线学习资源，以视频的形式呈现给读者，学习者可以在网上观看大量的公开课、高校录播视频等优质教学资源。网易公开课、中国大学 MOOC、学堂在线、Coursera、edX 在线学习平台等是比较出色的在线教学资源平台。

案例1——网易公开课

2010年11月1日，中国门户网站网易推出"全球名校视频公开课项目"，首批1200集课程上线，首批上线的公开课视频来自哈佛大学、牛津大学、耶鲁大学等世界知名学府，内容涵盖人文、社会、艺术、金融等领域，其中有200多集配有中文字幕。如图6.5所示为网易公开课首页。

图6.5 网易公开课首页

2011年11月9日，网易宣布旗下网易公开课项目正式推出中国大学视频公开课，首批上线了20门国内大学课程，覆盖信息技术、文化、建筑、心理、文学和历史等不同学科，这些课程分别来自北京大学、清华大学等十余所国内著名的高等院校。

案例2——中国大学MOOC

中国大学MOOC（慕课）是由网易与高等教育出版社"爱课程网"合作推出的大型开放式在线课程学习平台，如图6.6所示。中国大学MOOC上线于2014年5月，它联合北京大学、复旦大学、浙江大学、新加坡国立大学、微软亚洲研究院等211所知名高校和机构推出上千门精品大学课程，让每一个有提升愿望的用户都能在此学习到中国最好的大学课程，并获得认证证书。截至2021年5月，该平台合作的高校已达762所，开设的课程涵盖国家精品课程、大学计算机、外语、理学、工学、经济管理、心理学、文史哲、艺术设计、医药卫生、教育教学、法学、农林园艺、体育运动、音乐与舞蹈、养生保健、兴趣爱好，以及升学/择业、终身学习等各方面[1]。

中国大学MOOC既提供了相对多元化的课程，又有国内一流高校的教育资源和成熟网络技术的保障。课程由各校教务处统一管理运作，高校创建课程并指定负责课程的教师，教师制作并发布课程。教师新制作一门MOOC课程需要涉及课程选题、知识点设计、课程拍摄、录制剪辑等九个环节，课程发布后教师会参与论坛答疑解惑、批改作业等在线辅导，直到课程结束颁发证书。每门课程有教师设置的考核标准，当学生的最终成绩达到教

---

[1] 中国大学MOOC. 中国大学MOOC[EB/OL]. [2021-05-17]. https://www.icourse163.org/.

师的考核分数标准时，即可免费获取由学校发出的主讲教师签署的合格/优秀证书（电子版），也可付费申请纸质版认证证书。获取证书，意味着学生达到了学习要求，对这门课程内容的理解和掌握达到了对应大学的要求。

图 6.6　中国大学 MOOC 首页

案例 3——学堂在线

学堂在线是清华大学发起的基于互联网技术的新型学习平台，旨在汇聚并共享全球优质教育资源，引领教育教学模式创新，提升教学质量，促进教育公平，如图 6.7 所示。学堂在线于 2013 年 10 月 10 日正式启动，面向全球提供在线课程。任何拥有上网条件的学生均可通过该平台，在网上学习课程视频。

图 6.7　学堂在线首页

平台的国内课程来自清华大学、北京大学、复旦大学、西安交通大学、中国科技大学、台湾新竹清华大学、台湾新竹交通大学等著名高校；国外课程则来自麻省理工学院、加州大学伯克利分校、斯坦福大学、荷兰代尔夫特理工、澳大利亚昆士兰大学等世界一流大学。所有课程均严格遵循慕课的教学特点和规律进行设计和制作，以保证课程品质和教学效果。

此外，学堂在线积极利用在线教育资源促进混合式教学模式创新。混合式教学旨在通过更有效率、更为弹性的学习方式，充分利用并结合线上与线下学习的不同特点，提升学习效果。迄今，学堂在线为国内超过 100 个大专院校及机构搭建了小规模私有在线课程（SPOC）平台，使这些机构能借此开展慕课建设并推进基于慕课的混合式教学实践。

案例 4——Coursera

Coursera 是由斯坦福大学的计算机科学副教授吴恩达（Andrew Ng）和他的同事达芙妮·科勒（Daphne Koller）教授联合创建的一家在线教育科技公司，该公司旨在与世界一流大学合作，在线提供免费开放的网络课程。该公司起源于 2011 年 10 月，当时吴恩达和达芙妮·科勒分别开发了《机器学习》和《数据库导论》两门在线课程，受到上万名在线学习者的自愿注册学习，引起了不同凡响的社会效应。受此启发，两位教授开始着手搭建 Coursera 网络课程在线学习平台（如图 6.8 所示），希望能够为在线学习者提供更多优质的免费开放在线课程。Coursera 在线学习平台号称具有"学科门类最齐全"的课程体系，涉及数学、物理、化学、计算机、生物、医学、法学、教育学和音乐等不同学科。Coursera 在线学习平台的在线课程除英语课程之外，还支持 12 种语言的在线课程。Coursera 还实现了合作机构的多样化，在线学习平台与 108 所大学、机构建立了合作伙伴关系[1]。

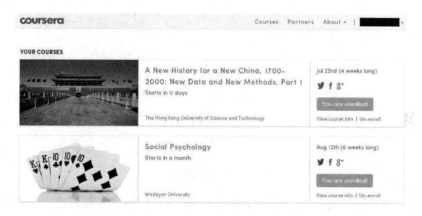

图 6.8 Coursera 首页

Coursera 在线学习平台的选课学习流程主要包括：（1）在线学习者根据自己的兴趣和需求在 Coursera 在线学习平台上提交注册申请，通过之后便可在该平台提供的各类在线课程群中选择适合自己的在线课程进行学习；（2）在线学习者在学习过程中自行决定学习进度，通过观看教学视频适时回答在线课程设置的交互性问题，完成在线学习者互评课程作业，并与在线学习伙伴或在线教师一起交流和讨论；（3）完成选定的在线课程学习任务

---

[1] 蒋平. 美国高校网络课程两大在线学习平台的特征比较分析——以 Coursera 与 edX 为例[J]. 高等财经教育研究, 2018, 21(2): 11-18, 27.

后可申请获得被认可的课程学习成绩,部分在线课程还可以获得相应的课程学习认证证书及课程学分认定。Coursera 在线学习平台主要坚持按照"在线学习的有效性""掌握学习""作业互评""混合式学习"的重要思路来实现预设的愿景。

案例 5——edX 在线学习平台

如图 6.9 所示,edX 是由哈佛大学和麻省理工学院共同创建的,起源于麻省理工学院 2011 年 12 月宣布实施的在线开源学习项目 MITx。该网站提供的主要课程模块有课程通知、大纲、课程信息、视频、作业、习题、讨论区、Wiki。edX 的建设目标是通过 edX 平台建立一个庞大的全球性在线学习平台,并对教学方法与技术展开研究,探索线上/线下混合教学模式、教育效果评价、教学方法、远程教育效果和学业管理等问题[1]。

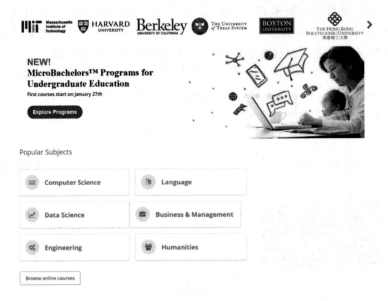

图 6.9　edX 首页

edX 在线学习平台力求通过与大学开展合作,为全球学习者提供最优质的高等教育资源。为此,edX 在线学习平台的宣扬口号是"来自世界上最优秀大学的网络课程"。在与大学合作方面,edX 在线学习平台与 Coursera 在线学习平台存在不同之处,它更加注重大学的质量而不是数量。所以,当 Coursera 在线学习平台与全球上百个合作伙伴建立关系时,通过参与在线高等教育精英联盟 xConsortium 方式与 edX 在线学习平台建立合作伙伴的高校只有 31 所,分别来自美国、中国、澳大利亚等 12 个国家,总共推出了 130 门在线课程。

---

[1] 蒋平. 美国高校网络课程两大在线学习平台的特征比较分析——以 Coursera 与 edX 为例[J]. 高等财经教育研究, 2018(2).

二、个人学习空间的建设

个人虚拟学习空间集成学习管理系统、学习资源平台和各种社交应用，实现跨平台的整合，为学习者提供统一的学习管理界面，让学习者更方便、快捷地使用个人学习空间，不用在各个系统和平台之间相互切换，使得学习更加有效和高效。

案例6——美国凤凰城大学

美国凤凰城大学（University of Phoenix，以下简称"UOPX"）作为美国规模最大的私立大学，在美国39个州建立了63个校园和73个学习中心。UOPX实现了一站式学习平台，将个人学习空间与五大系统进行连接架构。

UOPX将多个应用系统的功能和服务集成到个人空间中，使其成为一站式学习平台，可确保学习者和教师只需登录个人空间，就能使用UOPX提供的全部功能和服务。个人空间与ESP系统的连接架构如图6.10所示。个人空间中的在线课堂菜单项相当于学习者的课程空间，包含了网络课程的学习资源、学习活动、学习评价、学习支持服务等内容，是教师"教"和学习者"学"的集中场所[1]。

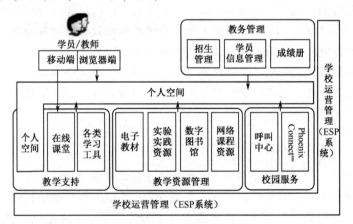

图6.10 个人空间与ESP系统的连接架构

UOPX在线课堂主体页面如图6.11所示，采用三级结构在一个页面中展现课程的所有内容。上方为类目标签，有学习材料（Materials）、讨论（Discussion）、学习任务（Assignments）和成绩（Grades）。其中，学习材料包括课程的介绍、教学大纲、教材、辅导视频和PPT等，学习者可根据需要选择浏览或下载；讨论包含在线视频会议、论坛等形式的交流活动，主要围绕课程相关内容展开；学习任务主要是由教师设计，学生以论文或

---

[1] 张红丽, 袁松鹤. 美国凤凰城大学教育信息化建设与启示[J]. 中国远程教育, 2015(6): 17-26.

问答的形式完成的作业，还包括部分课程内容测试、讨论和实践活动等；成绩是由教师反馈的有关学习者学习任务完成情况的评语和成绩。

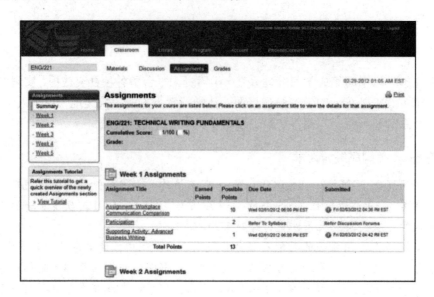

图 6.11 UOPX 在线课堂主体页面

为引导学习者顺利完成学习过程，在线课堂中的每门网络课程都附有教师精心录制的引导视频（10 分钟左右），该视频将指导教师的讲解和在线课堂的操作演示相结合，系统介绍该课程的学习材料、讨论、学习任务、学习评价和注意事项。每周课程正式开始授课前，教师会将本周的课程提纲、课程内容、参考资料和作业等提前发给学习者。教学支持系统中，除在线课堂外，还有四类学习工具，为学习者的学习规划、学习适应、学习交互和能力补救提供支持。

案例 7——可汗实验学校

2014 年，创办可汗学院的萨尔曼·可汗创办了可汗实验学校。学校旨在探索以学生为中心的新型个性化实践，其实体空间布局如图 6.12 所示。与传统学校相比，在实体空间之外，可汗实验学校借助可汗学院在网络平台方面的优势，大力建设了虚拟学习平台[1]。

学生可以通过多种多样的方式进行学习，以"pop-upclass"的形式与教师交流，在Chromebook 上进行工作，通过可汗学院展开在线课程学习。这里的学生们能够按照自己的学习进度随时观看教学视频，学习课程。并且，他们在与教师一对一的交流中更加专注，还可以通过参加一些需要动手实践的项目达到学习的目的。

---

1 Khan Academy[EB/OL]. [2021-05-07].https://www.khanacademy.org/.

图 6.12　可汗实验学校实体空间布局

可汗实验学校的在线平台以个人学习空间为基础，连接"课程""进度""个人资料""教师""账户"等板块。课程板块为学生提供了课程内容和相应练习，其"课程"界面如图 6.13 所示；"进度"界面详细描述了学生技能、视频、活动等进展情况；"个人资料"界面展示了学生的学习活动轨迹和学习成果。

图 6.13　"课程"界面

案例8——普渡大学的课程信号预警系统

美国在个人空间的数据分析方面做了很多探索，一些学校和机构根据自己的需求率先开发了不同的学习预警系统。这些学习预警系统已在相关应用尤其是预防辍学应用中取得了一定的成效，积累了宝贵的经验。例如，美国一些高校通过对学生的 SAT 成绩、家庭经济情况、宿舍停留时间长短及食堂用餐情况进行分析，来了解他们退学的可能性，以便帮助那些在学业及大学生活适应性上出现问题的学生[1]。

课程信号系统（Course Signals）是由普渡大学开发的一款在线学习预警系统，如图 6.14 所示，用于监测学生的学习状态。普渡大学的退学预警系统基于对学生学业变量，如课程 GPA 成绩、等级考试成绩及学生登录课程网站频率的分析。该系统尝试采用一种新的算法 SSA（Student Success Algorithm）来判断处于学业危险中的学生，并对其进行预警——这种预警类似于交通信号灯，即针对教师和学生的不同状态而设定不同的"警示信号"。根据"警示信号"，教师、导师和学校通过电子邮件、短信、在线消息等多种方式联系学习者，对其情况进行提醒和干预，从而促进学生的健康成长[2]。

图 6.14　普渡大学的课程信号系统

案例9——智慧学伴平台

北京师范大学未来教育高精尖创新中心开发的智慧学伴平台致力于构建师生可实际获得的教育服务超市，创新移动互联时代的个性化学习与教学服务提供模式。平台通过对学生学科核心素养和学科关键能力进行评测，汇聚学生全学习过程大数据，对学生知识与能力结构建模，实现对学生全面、综合、动态、系统的分析，从而帮助学生实现学习问题的诊断和学科优势的发现，激发学生的学科潜质，调动学习兴趣，科学引导学生学科能力素养全面综合发展。如图 6.15 所示为学生诊断报告与知识地图，图 6.16 所示为平台基于

---

[1] 刘艳华，徐鹏. 大数据教育应用研究综述及其典型案例解析——以美国普渡大学课程信号项目为例[J]. 软件导刊（教育技术），2014, 13(12): 47-51.

[2] 36Kr. 看到红灯，就表示你快挂科了：普渡大学的 Course Signals 系统利用数据量化和监测学生的学习状态[EB/OL]. (2013-10-16) [2021-6-11]. https://36kr.com/p/1641791045633.

学生测评结果推荐的个性化改进资源。

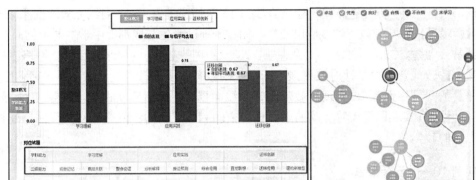

图 6.15　学生诊断报告与知识地图

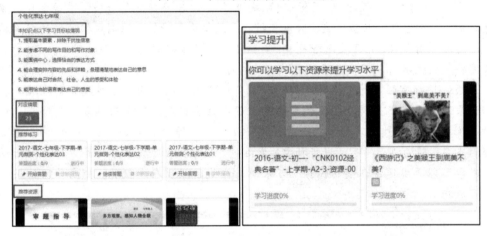

图 6.16　平台基于学生测评结果推荐的个性化改进资源

平台除支持学生个性化的自适应学习外,对学生学科能力和核心素养的评价结果引领教师精准确定教学方向,支持教研活动设计,促进评教学一体化发展。同时,平台也能更好服务家庭,促进高效助学指导和家校协作。通过数据的联通,从而实现连接"学生-学校-研训部门-教育行政部门-家庭"的个性化虚拟学习空间。

三、网络直播教学空间的建设

网络直播教学空间利用网络信息技术以实现课堂实时互动,让学生可以实现跨时空的学习和实时互动。直播教学空间最大的优点体现在"互动"上,即师生、生生之间实时交流,如同真实课堂一样实时互动。与传统教学模式相比,网络直播教学不受地域与时间限制,随时随地进行学习,学生可以查看录播视频,有针对性地加深对知识点的理解。

网络学习空间中直播教学模式一般分为四种:(1)大班课堂模式,在职业教育、成人教育领域应用最多,一名教师教授多名学生,不适用于互动性较高的课程;(2)小班课堂模式，学生人数控制在 10 人以下，教学互动更加便捷；（3）1 对 1 课堂模式，在 K12 领域应用广泛，如 VIPKID 等英语外教一对一学习；（4）双师课堂模式，一名线上教师授课加一名线下教师辅导，在基础教育领域应用最广，如贫困地区学生与成都七中学生同步上课[1]。

网易云课堂、Classin 平台、云朵课堂、北京四中网校等，这类平台目前在网络直播教学上做得比较成熟，教学针对性更强，遍布基础教育、职业教育、考试培训等诸多领域。这些平台的"网络面授"，实现了教师实时在线面授，更贴近真实课堂，视频/音频顺畅，在线互动性强。实现课堂实时互动的虚拟学习空间利用混合同步网络课堂实现并超越真实物理课堂的教学效果。

案例 10——云朵课堂

云朵课堂将"网络平台 ＋ 视频平台 ＋ 直播平台"有机地结合起来，为企业或院校提供"网站 ＋ 多终端 ＋ 管理 ＋ 运营＝一站式服务"。其服务内容包含网络系统搭建、课程直播录播、教学管理、互动交流、数据分析、系统营运等功能。培训机构可快速搭建属于自己的网络教育平台，并开展网络教学，学员可以通过多终端进入网校上课、学习、考试，课程完整、视频清晰、播放流畅，随时随地均可学习[2]。

云朵课堂拥有强大的直播功能，可实现多种交互实时沟通，让在线课堂胜过真实课堂。云朵课堂具有三分屏教学互动直播、课程内容资料共享、桌面共享界面同步、视频/音频在线互动、助教辅助教学、一对一视频互动教学等功能（如图 6.17 所示）。直播时可随时点名、随堂测试，还可进行抽奖、发红包、投票、学员数据分析等多种互动活动。直播教学可以再现传统课堂的优势，万人同时在线、师生在线互动，提高学习效果和降低学习成本。

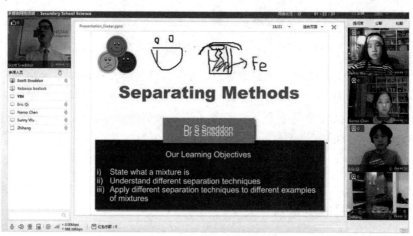

图 6.17　云朵课堂直播教学

---

[1] 聂赵育. 视频直播教学："互联网+教育"新形势[J]. 软件导刊（教育技术），2019, 18(9): 80-81, 86.

[2] 赵国文, 王永坚. 航海卓越人才在线教育研究与实践[J]. 集美大学学报（教育科学版），2019, 20(6): 84-88.

案例 11——网校直播课程

在校教育企业在其网络面授（如图 6.18 所示）加入了"1 分钟解答"，即所有人在集体学完之后，随即开放提问环节，助教可以立刻针对学生们的问题进行集中高效的回答。此外，网校的直播平台还加入了"互动式班级课堂""辅导教师专属服务""课后及时检测"等教学服务。在课前、课中、课后辅导教师会随时随地关注学习者的学习情况，并通过学习数据给出更精准的引导，为每个学生提供个性化服务[1]。

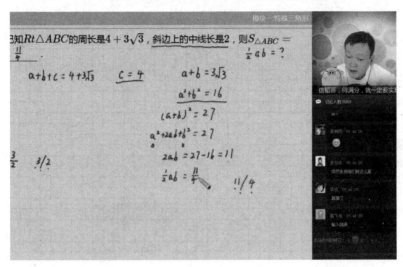

图 6.18 直播课程界面

案例 12——网易云直播课堂

网易云的直播课堂有普通直播和互动直播两种教学模式。普通直播适用于面向大量学员的大班课，学习者可使用云课堂官方的"教育互动直播客户端"观看直播（如图 6.19 所示），也可以主动获取该课程在云课堂的推流地址，使用第三方直播客户端进行直播。直播的过程以教师讲课为主，学员在聊天区互动。互动直播适用于面向少量学员的小班课，支持与至多三名学员实时语音或视频，互动性高。教师可以实时依据每位学生的需求与知识掌握情况调整教学进度和方法，能有效地了解每位学生的情况，更好地帮助学生开展学习[2]。

---

[1] 百度文库. 浅谈学而思在线直播课堂模式[EB/OL]. (2016-11-11)[2021-05-07]. https://wenku.baidu.com/view/60afc7cfcf2f 0066f 5335a 8102d276a200296095.html.

[2] 搜狐网. 网易云课堂直播教程[EB/OL]. (2018-06-07)[2021-05-07]. https://www.sohu.com/a/234416037_229262.

图 6.19　网易云直播界面

案例 13——开放辅导互动课堂

北京师范大学未来教育高精尖创新中心和北京市教育委员会合作，针对目前个性化教育资源不足、教育供给模式单一的问题，搭建了北京市中学教师开放型在线辅导管理平台（简称"开放辅导平台"）。平台可提供一对一实时在线辅导、问答中心、微课辅导、互动课堂、AI 智能学五种教育服务形式。

其中，互动课堂即为"一对多"的实时在线辅导课，是"开放辅导"的重要形态之一。基于互动课堂，教师可对本校或校外其他学生提供辅导服务。教师可通过提前设定在线辅导专题、设置直播时间，面向多名学生开展实时在线直播辅导，从而实现区域教师优质智力资源的在线流转和均衡配置，提升学生和家长的教育获得感。此外，辅导过程可录制成视频，形成优质课程资源，不仅可供接受本次辅导的学生回放学习，还可供全市学生观看回放学习，从而扩大优质资源的影响范围。如图 6.20 所示，两节精彩的中高考复习互动课成为优质资源供全市学生学习。平台相关的辅导数据还可支持课堂精准教学及教师教研。

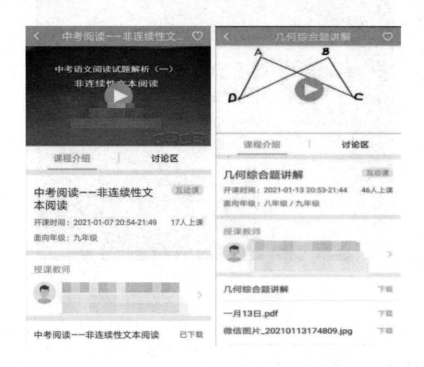

图 6.20　两节精彩的中高考复习互动课成为优质资源供全市学生学习

案例 14——武汉育才高中的"云端教室"

武汉育才高中的"云端教室"由两间教室组成，通过一大块单透玻璃隔开，一边是教室，一边是观察室，如图 6.21 所示。在教室里，教师轻点电子白板，题目同时出现在 51名学生面前的平板电脑上。教师连接学生的电脑，即时上传的解题方案清晰地展现在教室前的白板上，请全班学生一起讨论。通过教室内的白板、4 个摄像头、8 个麦克风，教师走到教室中的任何地方，坐在任何位置的学生回答问题，都能全程录播。观察室里可以看清教室里的一举一动，将课程录像通过互联网传递到异地的同步课堂上。只需一台电脑、一个摄影头、一个专用软件，学生不仅能在家里看到课堂直播，还能随时提问与教师即时互动。另外，在线答疑、在线测评等教学环节全部都可以在云端教室完成，从而提升学生的线上学习体验[1]。

---

[1]　中国教育信息化网.武汉试点"教育云"驱动教育改革纪实[EB/OL].(2014-08-06)[2021-05-07].
https://web.ict.edu.cn/news/gddt/xxhdt/n20140806_16180.shtml.

图 6.21 云端教室

■四、项目学习空间的建设

项目学习空间支持项目式学习的开展，对于发展学生的各方面能力、培养学生的核心素养起到重要作用。基于网络的项目式学习空间旨在通过网络创造良好的项目学习氛围，激发学生的学习热情和探究精神，培养学生的实践意识、创新能力及团队协作的能力。

案例 15——问题解决能力测评系统

PSAA（Problem Solving Ability Assessment）是由北京师范大学未来教育高精尖中心开发的学生问题解决能力测评系统[1]，该系统支持问题解决能力、协作问题解决能力的测试。平台包括教师端和学生端。教师端为教师提供通用的出题框架，包括丰富的题型和交互场景，灵活支持不同教育教学场景下的测试；学生端围绕《中小学综合实践活动课程指导纲要》，提供丰富的模拟真实教学场景的测试任务，包括基于学科知识的探究、基于仿真实验室的实验操作任务、3D 场景虚拟角色任务。通过采集学生在解决问题过程中的过程数据和结果数据，对学生全探究过程进行深度建模，自动对学生不同维度的能力做出相应评

---

[1] ZHANG L, YU S, Li B, et al. Can Students Identify the Relevant Information to Solve a Problem?[J]. Journal of Educational Technology & Society, 2017, 20(4): 288-299.

判，从而帮助学生提高应用知识解决实际问题的能力[1,2]。如图 6.22 所示为 PSAA 平台部分项目任务界面。

图 6.22　PSAA 平台部分项目任务界面

以"露营导游"项目为例，该项目中包含"机票预订""帐篷容量""帐篷分配""路线选择"等多个子任务，如图 6.23 所示为在"帐篷容量"子任务中，学生拖动测量工具（皮尺）测量帐篷的底长、底宽，计算帐篷的底面积。在探究过程中，系统会自动记录学生的一系列操作行为数据，最终形成学生问题解决能力分析报告，如图 6.24 所示。

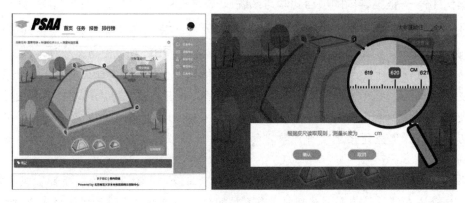

图 6.23　"帐篷容量"任务界面

---

[1] YANG B, LI B P. Identifying and Comparing Elementary Students' Problem-Solving Behavior Patterns Using Lag Sequentia[A]. Proceedings of the 27th International Conference on Computers in Education, 2019.

[2] LIU Y, YANG B, WU L, LI B P, YU S Q. Middle-School Students' Behavior Pattern and Strategy Selection in Problem Solving: A Study Based on Data from PISA 2012[A]. Proceedings of the 28th International Conference on Computers in Education, 2020.

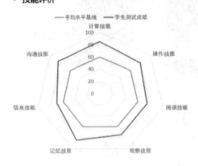

学生测试分能力表现情况雷达图

· 技能评价

计算技能：计算技能是指数学上的归纳和转化的能力，即把抽象的、复杂的数学表达式或数字通过数学方法转换为我们可以理解的数学式子的能力。在本任务中，您表现出良好的计算技能水平。

操作技能：操作技能也叫动作技能、运动技能，是通过学习而形成的合于法则的操作活动方式。在本任务中，您表现出良好的操作技能水平。

阅读技能：阅读技能是指完成对文章的阅读所应该具备的本领，包括对文章感知、理解、鉴赏的具体阅读活动，以及顺利完成阅读所必需的正常动机、兴趣、情感、意志和个性。在本任务中，您反映出中等水平的阅读技能，仍需在其他任务中锻炼提高。

观察技能：观察技能是人们进行观察活动的一种心智技能，它与求知欲相联系，力求对对象进行深入的认识。在本任务中，您反映出中等水平的观察技能，仍需在其他任务中锻炼提高。

记忆技能：记忆技能可以包括瞬时记忆、短时记忆、形象记忆、声音记忆等。在本任务中，您表现出良好的记忆技能水平。

信息技能：信息能力指理解、获取、利用信息能力及利用信息技术的能力。在本任务中，您表现出中等水平的信息技能，仍需在其他任务中锻炼提高。

沟通技能：沟通技能涉及许多方面，如简化运用语言、积极倾听、重视反馈、控制情绪等等。在本任务中，您的沟通技能良好。

······

学生问题解决能力测试"露营导游"主题任务完成情况总体评价说明

　　在"露营导游"主题任务中，您的总得分情况为良好。根据各项分能力表现评分情况，您在计算技能、操作技能、记忆技能、沟通技能、发散思维、直觉思维、科学精神、科学道德和兴趣爱好等方面表现良好，请继续保持。您在阅读技能、观察技能、信息技能、逻辑思维、辩证思维、问题理解能力、策略形成能力、执行操作能力和总结创新能力等方面表现仍需改善提高，建议继续进行其他相关PSAA主题学习任务学习，不断提高思维水平和问题解决能力。

图 6.24　分析报告（部分内容）

案例 16——证据导向的项目式学习系统

　　北京师范大学未来教育高精尖创新中心研发了证据导向的项目式学习系统（Evidence-based Project Based Learning System，E-PBL 系统）。E-PBL 系统借助大数据、人工智能、自然语言处理等多种技术，构建针对学科知识结构和能力素养的项目式学习属性标注机制，搭建支持在线全学习过程的证据收集整合匹配模型，并开展证据导向的项目式学习应用评估，使学生的核心素养和关键能力得到全面发展。同时，系统汇聚了国内外优秀的项目式学习方案，优化并简化了项目式学习的教学设计过程，助力教师的项目式教学设计能力提高。

　　系统包含项目创建、项目展示、项目推荐、项目参与、项目评价、项目管理等模块。项目创建模块支持教师个人创建项目、多人协同创建项目，以及引用模板生成项目；项目参与模块支持学生项目参与，包括加入学习、学习项目内容、参与项目活动、评价学习结果、学习报告生成，为项目学习过程提供资源共享、协同共创等活动的支持等。此外，系统支持教师构建项目知识图谱，教师可查看该项目的知识点分布情况及知识点的均衡情况；基于学习者行为数据的证据收集记录，以及各种行为数据对应的评估标准，教师可动态掌握学习者项目学习情况，并对学习者的知识和能力进行评估。如图 6.25 所示为 E-PBL 系统的部分模板项目。

图 6.25 E-PBL 系统的部分模板项目

五、虚拟学习空间的建设

在《2018 年教育信息化和网络安全工作要点》中，强调要加快推进示范性虚拟仿真实验教学项目建设，形成在线虚拟仿真实验教学项目集成学习环境。虚拟学习空间包括各种学习管理系统、学习资源平台、社交网络平台等[1]。焦建利认为，虚拟学习空间是指由虚拟现实和增强现实技术构建的学习空间[2]。与传统网络学习空间相比，虚拟学习空间通过交互技术、仿真技术在原来教学资源提供的基础上，增加了学习者之间的交互和虚拟环境中的角色扮演，学习者之间的交互和对实践活动的操作促进了学习者的知识学习[3]。

虚拟学习空间中的教学内容呈现方式发生了变化，更能吸引学生的注意力，与传统教学内容相比，虚拟学习空间的内容突出信息化和数字化的特征，方便与多种媒体结合，为学生提供不同角度的刺激以提高教学效果。利用虚拟现实技术和仿真技术的设备增强了现实观感体验，拓展了交互的概念，增加了学习者的参与，从而极大地增强了用户体验，促进了学生的学习效果。例如，弗吉尼亚州诺福克大学的航空航天职业教育智慧教室构建了虚拟学习空间，该教室有虚拟实验室、沉浸式虚拟互动平台和沉浸式虚拟设备等，能够让学生进行知识学习、太空环境真实体验及模拟训练。

---

[1] 杨俊锋, 黄荣怀, 刘斌. 国外学习空间研究述评[J]. 中国电化教育, 2013(6): 15-20.
[2] 焦建利. 学习空间及其发展趋势[J]. 中国信息技术教育, 2016(17): 20-21.
[3] 孙志伟, 吉婉婷. 职业教育虚拟学习空间建设初探[J]. 现代教育科学, 2015(6): 154-156.

案例 17——航空航天职业教育的智慧教室

弗吉尼亚州诺福克大学的航空航天职业教育设计了一个航天主题的虚拟学习原型系统，通过虚拟现实技术和仿真技术为学生开拓虚拟学习空间。该教室将沉浸式学习、视觉模拟、3D 游戏（MMORPG）、交互式故事线和虚拟世界进行融合，设计出了虚拟学习空间，如图 6.26 所示。虚拟实验室用于研究人员加速前沿技术（如纳米技术、生物技术、信息技术、认知科学/技术和合成生物学等）与航空航天技术的融合，提出革命性的航空航天概念和大胆的空间探索项目理念[1]。

图 6.26　虚拟学习空间

教室还配备了沉浸式虚拟互动平台和设备，该学习环境设计了一个面向航空航天学习、培训和劳动力发展的多角度沉浸式互动平台，实现了触摸和移动虚拟对象。沉浸式课堂如图 6.27 所示。交互式动态沉浸式学习/培训设施具备 3D 立体能力，可提供交互式参与体验，并能对现有航空航天进行可视化模拟。

沉浸式虚拟设备融合了最新增强现实技术，以促进分布式协作，并为用户提供 360 度多感官体验。沉浸式物理世界与虚拟世界的融合如图 6.28 所示。系统中还包含可视化接口，这些接口将有助于感知抽象数据并从中获得洞察力。智能多模态与数字环境的新型接口包括新型移动、便携式、可穿戴设备和无线计算设备（如图 6.29 和图 6.30 所示），基于大脑和神经的接口（用于控制虚拟世界中的对象，如图 6.31 所示）、仿生接口、多点触摸、手势和适应性接口。有了这些新型接口，用户与计算设备、物理系统和信息的交互将变得简单、自然和无缝。

---

[1] NOOR A K. Intelligent Adaptive Cyber-Physical Ecosystem for Aerospace Engineering Education, Training, and Accelerated Workforce Development[J]. Journal of Aerospace Engineering, 2011, 24(4): 403-408.

图 6.27　沉浸式课堂（提供互动 imax 式体验）

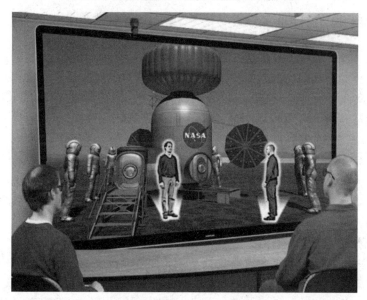

图 6.28　沉浸式物理世界与虚拟世界的融合

图 6.29　具有 3D 自动立体显示功能的智能移动无线设备　　图 6.30　可穿戴无线计算设备

图 6.31　基于大脑和神经的接口

六、教学管理与服务空间的建设

在教育部《网络学习空间建设与应用指南》（以下简称《指南》）中，将网络学习空间分为个人空间和机构空间，并集成了公共应用服务和数据分析服务。《指南》中指出网络学习空间"要支持不同角色用户的互联互通，实现信息沟通与数据交换；支持各类公共应用服务的汇聚与调用，实现服务贯通"[1]。

案例 18——基于智慧学伴平台实现学、教、研、评一体化

北京师范大学未来教育高精尖创新中心的智慧学伴平台是基于大数据、知识语义推理、人工智能技术进行研发的智能服务平台。平台汇聚学生学科、心理、体育、综合表现等全学习过程数据，实现学习、教学、教研和管理协同发展，达到学、教、研、评一体化的目标，从而促进教育质量整体提升。

智慧学伴平台通过对学生学习全过程数据的分析和挖掘，帮助教师了解每个学生的情况，助力教师开展基于数据的特色化教学，提升精准教学能力；汇聚师生大数据，形成关于学校各年级、各班级的可视化分析报告，实现学校管理精细化、信息化。例如，班主任通过学科、心理大数据开展精细化管理，学校管理者可了解学校整体或不同年级、不同班级学生的知识能力结构，教研员通过大数据了解教师的发展和教研主题，家长基于微信科学协同助学并做好学习监控等。如图 6.32 所示为智慧学伴平台多角色诊断分析报告，图 6.33 所示为智慧学伴家长微信端使用界面。

---

[1] 中华人民共和国教育部. 中华人民共和国教育部公报[N]. 2018(04).

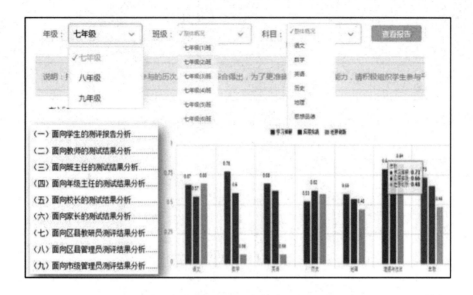

图 6.32　智慧学伴平台多角色诊断分析报告

图 6.33　智慧学伴家长微信端使用界面

第七章
——CHAPTER7——

未来学校非正式学习空间

　　所谓"非正式学习"是相对正规学校教育或继续教育而言的，指在工作、生活、社交等非正式学习时间和地点接受新知识的学习形式。这样的学习是在非正式学习时间和场所发生的，通过非教学性质的社会交往来传递和渗透知识。非正式学习无处不在，生活中随时随处都能发生，当它融入人们的生活很自然地发生时是很有意义的[1]。传统上，培养国民科学素养的任务主要是学校，但是随着科技革命的进程不断加快，信息化社会已经让现代社会的每一个公民身边都充满了科技信息资源，仅仅依靠学校教育来培养学习者的科学素养显然已经不能满足需求；更重要的是，有关学习的大量研究显示，公民作为学习者参与丰富而多元的非正式学习环境中的学习活动，与经历正式的学校教育同样重要。随着人们对非正式学习的不断重视，出现的非正式学习环境也有很多，如博物馆、科技馆、运动场馆等。

第一节　场馆学习空间

　　说起学习，人们首先就会想到学校，但是随着时代的发展，人们学习或者获取知识的场所不仅局限于学校，而是扩展到了以博物馆、科技馆等为代表的场馆学习。场馆学习是重要的非正式学习形式，美国学习改革委员会将场馆界定为与教育有关的公共机构，如博物馆、科技馆、天文馆、美术馆及动/植物园等。自20世纪60年代以来，场馆学习受到了研究者的广泛关注，其中具有代表性的是弗兰克·奥本海默，他在1961年创建旧金山探索馆，鼓励观众通过在科技馆的探索活动来学习科学，这是世界上第一个可以与展品互动的科学中心[2]。

　　场馆学习强调探究，在传统的学校课堂中，由于条件的限制，学生很难对问题进行深入探究，而场馆通过提供形式各样的展品，让学生观察、操作并且积极地投入探究过程；另外，场馆学习基于真实的情境，场馆中丰富的展品可以让学生根据自己的兴趣自由选择，学生通过接触实物，增加了他们观察的经验和做的经验，有助于对知识的理解，实现知识迁移。

　　相比于传统学校而言，场馆学习资源丰富、环境轻松，可以保证整个区域的共享性，有助于沟通交流，推动学习者的多学科思维发展。通过利用场馆中的实物场馆学习为学习

---

[1] 汤雪平. 非正式环境中的科学学习研究[D]. 上海：华东师范大学, 2012.

[2] 伍新春, 曾筝, 谢娟, 康长运. 场馆科学学习：本质特征与影响因素[J]. 北京师范大学学报（社会科学版）, 2009(5): 13-19.

者提供真实的学习体验，创造了真实的学习情境，对于促进学习者知识的理解与内化、充分发挥他们的主观能动性等具有重要意义。除此之外，学习者往往以团体的方式进行学习，因此学习者至少可以通过两个方面来获取知识，一是通过场馆获取知识，二是通过人际间的互动交流获取知识[1]。

案例 1——芝加哥科学与工业博物馆

坐落在美国伊利诺伊州密歇根湖畔的芝加哥科学与工业博物馆建于 1933 年，是西半球最大的科学博物馆，同时也是世界上最大的科学博物馆之一。博物馆的外观为古希腊式建筑，占地 14 公顷，其所展示和收藏的展品展项超过 3.5 万件，汇集了物理、化学、地球、医学、冶金、农业、交通和工程等领域共 22 个展区，以其丰富灿烂的馆藏物品和营造真实情境进行科学教育的理念而著称[2]。

该博物馆最具特色的地方在于为参观者提供大量的珍贵展品及其相关的完全真实的场景，使得参观者可以深度沉浸式地去体验、感知和学习相关的知识信息。

例如，博物馆在一层大厅中放置了一艘美军于"二战"期间俘获的德国 U505 潜艇实物，并开发了配套的教育活动。这艘潜艇长约 77 米，重 750 吨，其精密和复杂程度超乎想象，观众可以进入内部零距离感受精密设备：德文仪表盘、柴油机和鱼雷等，如图 7.1 所示。同时，博物馆还通过特殊的灯光和声音效果，模拟潜艇上浮、下潜和紧急状态，让观众沉浸在巨大的临场震撼中。

图 7.1　参观潜艇柴油机舱

---

[1] 张美霞. 新媒体技术支持下的场馆建设与场馆学习——以现代教育技术博物馆为例[J]. 中国电化教育, 2017(2): 20-24.

[2] 自然科学博物馆研究. 馆窥天下｜芝加哥科学与工业博物馆：展现真实情境[EB/OL]. (2020-01-17)[2021-05-06]. https://mp.weixin.qq.com/s/79QpszWaqcz4eyVFhkMDLw.

　　除了潜艇，博物馆还将伊利诺伊州南部的一座矿井的"17号矿坑"的一段直接搬了进来，让观众体验20世纪早期的真实采矿现场。观众参观煤矿的旅程持续30分钟，每批可容纳20人。观众先乘坐升降机到达黑漆漆的矿井里，在昏暗的矿灯下感受煤矿氛围，然后搭上煤矿工人日常通勤的小矿车，观看煤矿工人的工作与生活场景，接着博物馆教育人员会引导观众思考在矿井中如何打灯不会引起瓦斯爆炸，并演示戴维灯的使用，如图7.2所示。随后，观众来到采矿现场，可以看到长壁采矿机对页岩区域的切割作业，然后所有人走进煤矿监控室，听教育人员依次介绍监控室设备，最后返程时会经过一个有关清洁煤矿的小型展览。置身于真实的煤矿场景让公众既好奇又兴奋，继而激发出深入探究的兴趣。

图7.2　演示戴维灯的使用

案例2——史密森学会博物馆

　　史密森学会是目前世界上最大的博物馆、教育和研究中心，坐落于美国华盛顿特区。作为非正式学习空间的热门基地，史密森学会博物馆在实验环境与建筑设施上具有前瞻性，在学习空间的设计上更加注重空间的开放与互通，既保证学习者的学术沟通，又为思维碰撞提供了优良的环境。在这座规模庞大的博物馆群内，修建有实验室来支持博物馆项目的研究工作。分析生物学实验室就是史密森学会于2003年在自然历史建筑（NMNH）中建成的一处实验室，其整体空间具有13000平方英尺。其中，实验区，即9000平方英尺的大型实验室空间，在满足实验需求的同时可灵活用于其他潜在的未来用途；办公区，即开展实验数据分析及处理的区域，特色在于这两大区域在空间上没有明确的界限区分，实验室与办公区交叉互通，如图7.3所示。

　　史密森学会在分析生物学实验室的修建上，显然考虑到了实验室需要承担的庞大实验责任，在实现环境最大化利用的同时可以满足多学科项目实验的交流。互通的实验室环境与共享的计算机平台，为在实验室开展研究的员工提供了无边界化的科研环境与便捷自由的交流渠道。这也是未来学校建设中可以采纳的建筑特色，整个实验流程从步骤设计到成果产出在同一个区域内完成。同时保证区域的共享性，可以推动学生在学习过程中的多学科融合，有助于项目式思维的发展[1]。

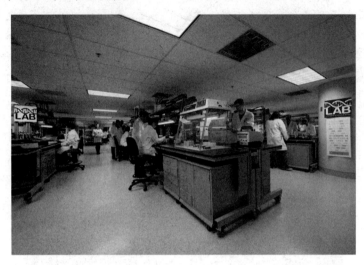

图 7.3　分析生物学实验室

案例 3——大急流城公立博物馆学校

大急流城公立博物馆学校（Grand Rapids Public Museum School）位于美国密歇根州第二大城市——大急流城。大急流城拥有丰富的木材资源，在家居设计和生产业上成就最为瞩目，如今是世界三大办公家具生产商的总部，因此有大量优秀的家具设计作品。大急流城市博物馆保存并展列着自 19 世纪初至今著名设计师设计的家具，汽车产业、飞行器制造上的展品也都保存于此[2]。

大急流城公立博物馆学校在教学上就充分利用了展品的丰富性，在设计的扩展学习计划中就包含探索从微生物到外太空的各种主题。大急流城公立博物馆学校在理念上强调城市是课堂，博物馆是教室，满足教学的多样化需求。同时，能满足学生直接考察当地环境，与当地专家交流的要求。因此，在学校的设计上，实现了博物馆的全景搬移，学生可以在博物馆学校面对面地接触所有展品，如图 7.4 所示。

大急流城公立博物馆学校校内有众多的展品，在教学实践上更注重项目式教学，博物馆环境为学生提供了充分的设计条件。开展教学设计的区域具有谷歌办公室的特色，拥有可以灵活选择的桌椅座位，可用于个人工作或小组项目的正常开展。

---

[1] Smithsonian Institution.[EB/OL].[2021-05-06].https://www.si.edu/.

[2] Grand Rapids Public Museum. Grand Rapids Public Museum School. A Progressive Education Partnership. [EB/OL].[2021-05-07]. https://www.grpm.org/grpms/.

图 7.4　大急流城公立博物馆学校内景

案例 4——芬兰颂歌图书馆

芬兰颂歌图书馆坐落于芬兰首都赫尔辛基的市中心，不同于传统图书馆，除看书之外还可以进行打游戏、做饭、玩乐器等一系列活动。同时，除书、唱片这些传统图书馆借品之外，人们还可以在图书馆免费借用电脑游戏、笔记本电脑、iPad、摄像机，以及网球、哑铃、溜冰鞋等体育用品，甚至有些分馆还提供各种乐器，更有如老花镜、指南针、雨伞、充电器等五花八门的其他生活用品[1]。

颂歌图书馆总共分为三层，第一层更像一个开放式的办事大厅。如图 7.5 和图 7.6 所示，图书馆一层大厅是整个大厅最嘈杂的部分，除可在图书馆中借书、还书之外，还可在餐厅、电影院、多功能报告厅等场所休闲、活动。这一层还设有公共休息区，不需要经过复杂的安检设备即可进入。

图 7.5　颂歌图书馆一层大厅

---

[1] 一条. 全球最颠覆的图书馆诞生了：煮饭、租房、唱 K……无所不能! [EB/OL].(2019-03-18)[2021-05-06]. https://baijiahao.baidu.com/s?id=1628330091281028199&wfr=spider&for=pc.

图 7.6　颂歌图书馆一层电影院

第二层汇集了图书馆的特色服务，这里设有免费开放的房间和形式丰富的工作间。如图 7.7 和图 7.8 所示，3D 打印机、缝纫机工作台、厨房，甚至还有专业的木工手工制作室，所有机器的使用都是免费的，只收取材料费，无论大人还是孩子，在这里都能找到感兴趣的地方。同时，还可以免费租用房间，用于开会、看电影等活动。

图 7.7　开放的房间

图 7.8　免费开放的缝纫机工作台

　　第三层是整个图书馆唯一能找到书的地方,如图7.9所示,这里陈列的基本上是最新、最热门的书,流动性很大,但是这里却不是禁语区,人们可以自由地走动、交谈,还有飘着香味的咖啡和点心区域及儿童玩耍区。

图 7.9　图书馆馆藏图书

　　颂歌图书馆诠释了未来图书馆的方向,图书馆将不仅仅是一个看书、学习的场所,人们在这里可以自由地选择,可以坐在环境轻松的地方看书或者工作,也可以去3D打印间打印东西,坐在缝纫机前缝制衣服,并且还可以和不同的人交流观点、表达思想,以促进知识和文化的交流和传播。

案例5——杜克智慧体育馆

　　目前,随着科技的进步,体育场馆也越来越朝着"智慧型"转变,浙江杜克体育馆实行"无人值守"的运营模式,基于人工智能、大数据等新技术实现自动化运营,如图7.10所示。运动者只需用手机登录App,通过脸部智能识别即可进入场馆参加运动,同时,场馆内的灯光调节、自动贩卖机及离开时的结算等都由运动者个人独立完成[1]。

　　值得一提的是,"无人值守"体育场馆对场馆的建设要求并不高,场馆规模可大可小,场馆内器材设置灵活,有效地解决了体育场馆设备管理难等问题。这种"无人值守"的运营模式,在很大程度上降低了运营成本,同时让场馆更加"智能化",通过收集用户信息推测出用户的年龄、身体状况、喜好等,构成场馆运营生态圈,实现真正意义上的智慧场馆。

---

　　[1] 搜狐网. "24 小时开放 无人值守"浙江杜克推出智享无人值守场馆[EB/OL]. (2018-03-26)[2021-05-06]. http://www.sohu.com/a/226417456_467513.

图 7.10　杜克"智享无人值守"体育馆

第二节　自然实验室

实验室是进行科学研究和实验教学的重要场所,是中小学和高等院校的重要组成部分,同时也是培养学生工作能力、实践能力和适应能力的重要平台[1]。实验室提供了丰富的设备和教学资源,让学生进行个性化学习成为可能。实验室空间既可以像办公室一样是封闭的空间,也可以处于大自然的开放性空间中。开放性空间的实验室中,学习者可以直接面向自然环境进行实地考察,能够接触到直观、具体的事物,可以进行多种形式的探究,增加彼此之间沟通合作的机会,促进学习者进行深度学习。

案例 1——哈佛森林实验室

坐落于大自然中的哈佛森林实验室是哈佛大学极富特色的教育基地,主要承担着科学家及学生在 4000 英亩的土地上的日常研究与教学活动,以及短期教育团体的实地考察计划开展。哈佛森林实验室的使命是满足跨学科领域研究项目的实施和教育计划的开展。哈佛森林实验室的学习空间自然都处于宽阔的原始森林中,为了满足实验与教学过程的开放互动性,在实验设备的设计过程中,与原始森林形态进行了充分结合,保证在开展教学时,学习者直接面向自然环境展开调研,从而避免说教式教学。如图 7.11 所示为大型开顶环境室;如图 7.12 所示,学生爬上 70 英尺的铁杉树冠通道塔,以了解有关大气碳交换的研究信息[2]。

---

[1] 杨子舟, 荀关玉. 高校实验室的工作场所隐喻与学习模式研究. 现代远距离教育, 2018(3): 88-96.

[2] Harvard Forest. Harvard Forest[EB/OL].[2021-05-06]. https://harvardforest.fas.harvard.edu/.

图 7.11　大型开顶环境室

图 7.12　铁杉树冠通道塔

案例 2——新西兰的自然教育

由于独特的地理位置，新西兰有着随处可见的绿地、森林和海洋，以及比人还多的羊群。在新西兰的奥克兰周边布满了地区公园，这些公园不仅是市民休闲消遣的好地方，更是宝贵的自然教室。

在这间自然教室中，学生可以直观地感受、接触课本上的知识。如图 7.13 所示，学生

图 7.13　森林课堂

可以跟随老师或者同伴一起穿梭在茂密的森林中，与不同的植被接触，认识各种植物的类型；或者去地热公园探寻火山喷发留下的痕迹，想象火山喷发时的景象，学习火山的地貌及岩石形状等知识。新西兰的这种自然教育将丰富的自然资源利用起来，为学生带来了除正式课堂之外的生动有趣的学习。

第三节　创客空间

创客空间是创客聚会、活动和合作的场所，是实验室、工作室和机械加工室的结合。创客空间具有实体活动场所，即一定的物理空间[1]。虽然现在创客可以通过互联网交流与分享，但是提供一定面积的物理空间是创客发展的基本条件。创客空间为学习者提供了能支持其进行学习和操作的工具和技术，鼓励他们多进行实际操作，从亲身实践中发现问题并解决问题。此外，创客空间在设计上更加开放、共享，促进学习者在创客空间中交流、分享并展开合作。

创客空间能够培养学生的创新思维和创造能力，整合形式多样的工具、技术及社会资源，支持学生以个体或者协作的形式完成创作，将创意通过创作转变为产品，提高其创造能力，形成创新思维。

案例——创客空间（Makerspace）

在国外，成熟的创客营地完全实现了工厂化的搬移，就像在创客教室里建立了一个真实的工厂。在创客教室内的所有工具都可以快速使用，并且种类齐全。当学习者需要独立或者合作完成一个项目时，可以进行多次尝试，最终选择最适合的工具与材料来匹配项目的设计要求。在这样的创客空间完成项目设计的学习者就已经掌握了相应领域的知识，并且可以通过开发独特的解决方案来应对开放性的挑战。

如图 7.14 所示的费森登创客中心[2]，学习者可以通过创客空间内的各种工具来解决实际操作问题，改变了传统科学学习中仅依靠成熟的设备与现成的材料来完成简单的成品加工的片面学习模式。

又如图 7.15 所示的新泽西理工学院创客空间[3]，实现了工厂化，使得学习者可以处在一个非教室环境中，可以更为放松地完成项目的设计与实施。空间工厂化的设计突破传统

---

[1]　ABRAM S. Makerspaces in Libraries, Education, and Beyond[J/OL]. www. in fernetatschools.com, 2013(2): 18-20.

[2]　Makerspace Camp – Entering Grades 4 – 7[EB/OL].[2021-05-06]. https://fessendensummercamps.org/specialty-camps/summer-makerspace-camp.

[3]　NJIT[EB/OL].[2021-05-09]. https://news.njit.edu/njit-center-pre-college-programs-host-hands-workshop-nov-14.

的封闭狭小的教室空间，大采光落地窗更具有活力，工厂式吊顶也更能激发学习者的创造力，提升项目过程中的思维活跃度和发散性，创造出更富有创造力的作品。

图 7.14 费森登创客中心

图 7.15 新泽西理工学院创客空间

第四节 智慧图书馆

学校图书馆不同于社会性图书馆，它有着固定的服务对象。在学校，图书室是学生学习的第二课堂，是对学生进行素质教育的重要阵地，它为学生提供了丰盛的图书信息资源。

传统的校园图书馆兼具藏、阅、借等功能，但随着科技日益丰富，传统的功能已不能满足需求，校园图书馆设计已向空间多样化与功能多元化、管理智能化迈进，成为复合型学习空间。智慧图书馆是指把新型智能技术运用到图书馆建设中而形成的一种智能化学校空间，是智能学习空间与数字图书馆的有机结合。空间设计创新和智能技术应用的融合可以突破校园图书馆空间场地的限制和单一阅读功能的束缚，打造出可以灵活动态调整、支持多种学习活动、提供个性化学习资源的新型校园空间板块。

■ 一、智慧图书馆概述

智慧图书馆在保留传统图书馆必要的元素之外，主要通过物联网、大数据和云计算等新兴技术及相匹配的空间设计创新来构建高效率、交互式和智能型图书馆学习空间。因硬件和技术方面的优势，智慧图书馆与传统图书馆相比能提供更高层次、更具个性、更加智慧的信息服务，但两者的服务理念与内涵是一致的，都是"以用户为中心，以个性化服务为原则"。比如，学校图书馆可通过建设视听区、数字体验区、自助借阅区等区域为学生构建自主、自助的资源发现和获取渠道，实现查、借、阅、视、听的全方位数字化阅读服务体验。例如，当图书馆员不在场时，可借助自助还书机来缩短等待时间，延长图书馆开放时间。

此外，智慧图书馆不再只是一个提供图书资源的空间，而是一个让学生体验和感知信息与技术的所在。比如，香港理工大学希望降低所有学生体验新兴技术的门槛，通过在图书馆中提供 3D 打印、虚拟现实设备和交互式视频录音室等工具来实现这一目标。

同时，智慧图书馆可以极大地增强图书馆的使用体验，优化相关服务。例如，新加坡管理大学（SMU）图书馆还对 Wi-Fi 信号进行跟踪，为图书馆访客提供有关空间可用性的实时信息。另外，智能摄像头被用来监测图书馆和专业阅览室中的人流量及其分布，从而更好地进行座位查询、空间引导和服务供给。

随着人工智能技术的应用，智能机器人在图书馆中也开始得到应用，根据赵强强对在架图书自动存取机器人的研究，在图书馆的特定环境下，图书馆机器人能够完成自主导航与定位及在架图书识别、定位和存取等操作[1]。目前，一些学校图书馆设有机器人提供一些图书馆服务，如德国洪堡大学、美国犹他州立大学、日本早稻田大学等都使用了图书搬运机器人，可以自主完成图书搬运和归架。

■ 二、智慧图书馆范例

案例——松山湖智慧图书馆

东莞市松山湖学校建设了以 RFID 技术为核心的智慧图书馆，其应用架构如图 7.16 所示[2]。

---

[1] 赵强强. 图书馆机器人导航与定位系统研究[D]. 北京：北方工业大学, 2014.
[2] 搜狐网. 改造后的松山湖图书馆，爱看书的你怎能错过！[EB/OL].(2019-06-26)[2021-05-06]. http://www.sohu.com/a/ 323128116_99909133.

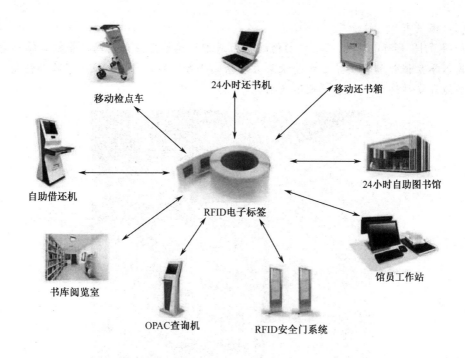

图 7.16 图书馆 RFID 技术应用架构

该智慧图书馆主要包括下列功能应用。

（1）查询

如图 7.17 所示，智能查询终端可以通过人脸识别来确定学生身份，提供借阅查询、智能问答、个性化推荐，以及区域导航等服务，在微信公众号微服务大厅、自助查询机和自助上网区可多渠道查询资源信息。

图 7.17 智能查询终端提供服务

（2）借还书

如图 7.18 所示，学生可在自助借还机上通过扫描学生证条形码、手机二维码电子证或者输入学生证号和密码等方式登录来办理借阅手续。同时，只要录入了脸部信息，人脸识别功能即支持通过"刷脸"来借还书。

图 7.18　在自助借还机上完成借还书

（3）阅览

除了传统的纸质书籍阅览，该图书馆还有丰富的电子书籍资源，支持手机扫码随时品读。如图 7.19 所示，还提供大型立式电子阅读屏，自带电子书资源和阅读预览功能，采用护眼去蓝光显示技术能有效保护视力。数字图书馆通过智能化搜索引擎和交互式多媒体搜索工具，可以一键式统一检索图书馆中存储的实体书、电子书、多媒体数据和文献数据库。

图 7.19　立式电子阅读屏

（4）视频

视听一体机配备了学科强化视频、科普教育视频和英语视听资源等。如图 7.20 所示，通过 AR 互动终端，与现实中的场景趣味互动，强化视听体验。

图 7.20　AR 互动终端

（5）听读

图书馆安装了有声资源借阅机，自带丰富的热门经典有声书，可以即点即听，也可以扫码下载，同时还支持读者自带设备接入。如图 7.21 所示，智能朗读亭与云系统对接，提供了不同主题的朗读资源，由读者自主选择。封闭式隔音材料让学生可以不打扰他人地专心诵读中英文经典。

图 7.21　智能朗读亭

第五节　学习中心

在教室和教学楼之外，学习中心作为一种新兴的学习空间开始出现在校园之中，成为新型学习空间的重要组成形式，在普通教室、图书馆和实验室等专用化场馆之外为学生提供自由开展学习活动的空间区域。

一、学习中心概述

尽管没有统一的范式，但学习中心往往是多种不同形态与规模的学习空间的集合体，比如个人自习座位、双人协作空间、小组合作教室、自由研讨大厅、休闲交流茶歇等。与主要进行学科教学和班级教学的普通教室相比，学习中心被设计为支持多种学习活动，尤其是学生自主进行的探究式学习、协作化学习和个性化学习。同时，学习中心注重为学生在校内提供非正式学习的空间，便于学生们通过休闲聊天、自主探索、项目推进、交互讨论、互动展示等多种学习方式进行自由交流。学习中心通过加强学生们的交互联系和协作共享，帮助构建校园内部与班级架构完全不同的互动式学习社区，有效地丰富了学生的学习体验，有助于实现更好的学习效果。

二、学习中心范例

案例——多伦多瑞尔森大学学习中心

瑞尔森大学位于加拿大安大略省，成立于 1948 年，是一所典型的城市大学，因而整座学校被整合在城市的建筑中。但由 Zeidler Partnership Architects 与 Snøhetta 联合设计的瑞尔森大学学习中心，为学生创建了一处可以满足迫切需要，用于学习或课间能在校园内停留的空间，同时为该大学创建了一个具有识别性的标志[1]。该建筑设有玻璃幕墙立面、架空广场、连接图书馆的连桥和一系列学术、学习及合作空间，如图 7.22 所示。

在这个极富设计感的学习中心内，每一层都有不同种类的空间，都因不同的自然主题而形成不同的氛围。建筑的每个楼层都拥有独特的氛围，灵感来自大自然的主题。六楼被称为"海滩"，是一个开放和非正式的学习区，通过一系列的坡道和梯田向下倾斜，鼓励

---

[1] UBC Library. Library Spaces at Ryerson University[EB/OL].(2015-12-01)[2021-05-06]. https://about.library.ubc.ca/2015/12/01/library-spaces-at-ryerson-university/.

学生坐在地板上，开展自由讨论，如图 7.23 所示。

图 7.22 瑞尔森大学学习中心外景

图 7.23 "海滩"学习区

"天空"学习区位于建筑的顶层，是一处开放的学习空间，以抬高的天花板为人们提供了广阔的俯瞰景观并且可以亲近自然光线。良好的自然采光更能使学生保持积极的学习状态。同时还配备不同的学习区域，如学生服务间、安静的学习区和教室。"天空"学习区如图 7.24 所示。

图 7.24 "天空"学习区

第六节 情境感知的学习空间

随着信息技术的发展，今后学习将无处不在。而情境感知的学习空间将为泛在学习环境下的学习者提供基于学习者行为、情感、社会网络等信息的个性化服务，满足学习者的个性需求。

一、情境感知的学习空间概述

"情境感知"即能够利用用户的情境信息给用户提供适合于当时人物、时间、位置、活动的信息或服务[1]。情境感知学习空间能够自动感知学习者的行为、情感、社会网络，通过多通道信息获取，收集学习者的个性化学习成长信息，通过对大数据进行分析获得学习者个性需求，在此基础上构建个性化的推荐模型，为学习者提供个性化的学习支持服务，给予学习者有针对性的指导。物理场景中的情境感知设备主要包括：获取学习者学习信息的输入设备，如拾音器、实时跟踪摄像头等；学习者展示信息的输出设备，如交互式白板、专家指导系统、三维情境互动教学平台等；情感信息获取设备，如 Kinect 捕捉设备等；情境数据传输设备，如智能网关等。

基于情境感知的学习空间架构如图 7.25 所示，共分为五层，分别为感知层、传输层、

---

[1] DEY A K. Providing Architectural Support for Building Contextaware Applications[D]. Atlanta: Georgia Institute of Technology, 2000.

数据层、控制层、应用层[1]。感知层主要用于在泛在学习环境中通过多通道方式获取学习者个性化的信息，包括学习行为、情感状态、社会化交互；传输层主要通过局域网、宽带网、专线网、Wi-Fi 或 VPN 等将收集到的学习者个性化信息进行网络传输；数据层主要将个性化的信息进行存储，建立学习者特征模型；控制层主要通过大数据分析获得学习者个性化需求；应用层主要用于为学习者提供个性化的服务，包括学习内容、学习活动、学习评价、学习路径、学习资源、学习策略、呈现服务及知识管理等。

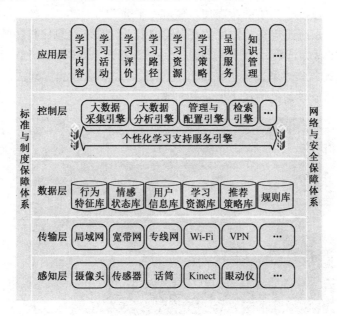

图 7.25　基于情境感知的学习空间架构

二、情境感知的学习空间范例

案例 1——IDO2.0 个性化学习体系

学而思网校推出了 IDO2.0 个性化学习体系，通过个性化学习系统[2]、人脸识别[3]、语音识别等智能化技术的应用获取可被量化的大数据，从而进一步了解学员对知识点的掌握

[1] 赵慧勤，张天云，王丽. 泛在学习环境下基于情境感知的个人学习空间研究[J]. 中国电化教育，2016(7): 36-42.

[2] 多知网. 从体验到效果，学而思网校升级"IDO 个性化学习方案"[EB/OL]. (2017-07-08)[2021-05-06]. http://www. duozhi.com/company/201707086264.shtml.

[3] 中国新闻网. 人脸识别技术引入在线课堂[EB/OL]. (2017-07-08)[2021-05-09]. https://m.btime.com/item/00u04707jlc 5gtsca25kkblo61q.

情况，进行个性化推送学习。

通过个性化学习任务系统（IMS），解决学生的个性化学习需求。学而思网校通过大数据收集需求之后，可以帮助学生制定计划，以两周为一个周期，学生的学习进度、订正情况等都会影响到系统为学生制定的具体计划。同时，学而思网校还实现了个性化主页面的更新，即根据登录的IP、账户信息等推送最适合此学生的课程内容。

在上课期间，通过人脸识别技术对学生进行全程学习状态跟踪。如图7.26所示，利用人脸识别技术，可以观察孩子的微表情，理解"平静""开心""疑惑"等标签识别出的学习状态。此外，该系统还定义了常见的几种异常行为（如不在场、打瞌睡、烦躁、长时间吃东西、眼睛离屏幕太近等），以及常见的几种正常行为（如专注、兴奋、困惑、疲惫等），并加入了专注力评分和"家长旁听系统"，让家长可以在线收到提醒，远程陪孩子一起学习，并在不打扰孩子学习的情况下监督和打赏。

图 7.26　学而思人脸识别技术

在英语教学中，中英文语音识别可以让学员在电脑前开口答题互动，教师随时能够"听见"电脑前学生的回答，使师生之间的互动变得更直观、更高效。与此同时，收集学生在线学习中更多可被量化的数据，以便于追踪学生的学习轨迹。

案例2——基于智能手环与体质健康监测设备的体育教学

北京师范大学未来教育高精尖创新中心依托北京师范大学信息科学与技术学院和体育与运动学院，设立了"可穿戴的青少年体质健康实时监测系统"项目，该项目以智能手环硬件为前端，手机中的"体质监测App软件"为中端，青少年体质健康分析平台为后端，形成运动及体质健康监测方案的创新应用案例。其中智能手环依托智能穿戴技术、信号处理技术、数据挖掘和机器学习技术，实现基于可穿戴设备的学生运动与体质健康实时监测。此项目通过日常体育运动数据的采集和汇聚，助推体育运动评价和体质健康评估，为青少年健康成长提供保障。如图7.27所示为智能手环与体质健康监测设备界面。

图 7.27 智能手环与体质健康监测设备界面

在北京通州六中的体育课上，高精尖创新中心研制的智能手环开始实际应用于体育教学，图 7.28 所示为体育课上通州六中的学生佩戴智能手环进行 600 米跑。借助智能手环，实时收集学生的运动和身体数据，再通过数据分析和可视化呈现将学生的情况实时反馈给体育教师，使得改进体育教学和促进体质健康不再仅仅依靠体育教师的个人判断或每年一次的体测，而是每位学生拥有属于自己的、全面的体质健康档案。

图 7.28 学生佩戴智能手环进行 600 米跑

第八章
——CHAPTER8——

可持续发展理念下的
未来学校空间建设

随着地球存量资源的逐渐消耗及气候变化、全球变暖等环境问题的日益加剧，为了实现可持续发展，造福子孙后代，建设资源节约型和环境友好型社会势在必行。因此，节能环保理念日益得到世界国际组织、各国政府和人们的重视。例如，2020 年联合国教科文组织世界可持续发展教育大会呼吁人们提高对地球及其居民所承受的愈发严重的资源、气候和环境的认识，并强调可持续发展教育对于成功实现所有可持续发展目标至关重要[1]。联合国教科文组织第 28 次大会认为，环境教育和发展教育是可持续发展教育不可或缺的组成部分[2]。

空间建筑作为密切联系人们生产生活的日常性场所，开始越来越多地引入节能环保相关的设计思路，以实现人类社会发展与地球可持续发展的和谐统一。作为一种专门的空间建筑类别，学校的整体空间设计可以在融入和体现节能环保理念方面发挥独特而深刻的作用：一方面，节能环保理念尽管得到了较为广泛的传播，但与占据主导地位的传统粗放式理念相比仍然处于弱势，要成为全民接受并自觉践行的社会意识仍旧任重道远。而作为社会公共基础设施的学校，能够直接影响来自社会各个不同阶层的学生和家长，进而间接影响无数家庭，可以在理念传播方面发挥巨大的作用；另一方面，节能环保理念的根本目的并不拘泥于当下的一时一地，而是着眼于确保人类社会未来的可持续发展，而学生作为未来的社会主导力量、未来政策的决策者和实施者，倘若他们有机会在校园中近距离亲身观察、体验和感受节能环保的设计，就可以为推动未来的良性发展提供最坚实的人员基础。

第一节　欧盟"未来学校"改造项目

为此，欧盟及其成员国开展了名为"未来学校：向着良好空间环境和零排放目标前进"的项目，旨在通过对已有的老旧学校的升级改造，探索建设符合未来可持续发展的新型节能环保学校，培养学生的节能环保意识，为向全社会传播环保理念打造现实样板。该项目中的两个典型学校案例如下。

---

[1]　UNESCO. 联合国教科文组织世界可持续发展教育大会[EB/OL]. [2021-05-07]. https://zh.unesco.org/events/lian-he-guo-jiao-ke-wen-zu-zhi-shi-jie-ke-chi-xu-fa-zhan-jiao-yu-da-hui.

[2]　史根东. 可持续发展教育的理论研究与实践探索[J]. 教育研究, 2003(12): 44-50.

案例1——德国 SOLITUDE-GYMNASIUM 学校

SOLITUDE-GYMNASIUM 是一所位于德国西南部的巴登-符腾堡州斯图加特市的小学，始建于 20 世纪 70 年代。该校因为设备老化和设计缺陷，每年低效地消耗大量能源。2012—2014 年，该校进行了系统性的升级改造，主要包括以下方面。

首先，项目实施者改造了校园建筑以提高室内保温隔热效果。根据使用需要，教室里的单层窗户被替换为了双层和三层玻璃并安装了百叶窗帘用于合理控制阳光热量。同时，鉴于当地冬季漫长寒冷，取暖热量散失很大的特点，教室墙体也增加了由矿物棉和软质聚苯乙烯泡沫材料填充的保温层，如图 8.1 所示。此外，对于体育场等带有大面积房顶设计的部分，使用硬质聚苯乙烯泡沫材料对房顶和天花板进行强化加盖，夏天降低日晒热量影响，冬季提升保温能力[1]。

图 8.1　教学楼外墙保温改造前后对比

其次，对校园建筑服务系统各个组成部分进行升级换代。

供热系统：对 2004 年安装的多套燃气锅炉加装热电联产装置，同时供电供热，互为峰谷补充，提高锅炉工作效率。仅此一项，每年即可节省燃料费用超过 1 万欧元；对于校内体育馆和图书馆等大型开阔空间的供热管道进行更换，并全部使用热绝缘材料包裹，减少供热季节的热量损耗。

通风系统：在校园中根据不同情况因地制宜地设置带有热量回收循环功能的通风系统。对于演讲厅等开阔空间，安装集控式装置，实现了 90% 的室内热量回收；对于教室等数量多但单个面积较小的空间，采用分散式装置，实现了 80% 的室内热量回收；对于室内体育馆等学生活动量大、新陈代谢快的场所，安装二氧化碳感应装置，实时自动调节排气和进气速度。

电力及照明系统：在主教学楼的屋顶上安装 75 千瓦容量的光伏发电和储能模块，利用可再生清洁能源，如图 8.2 所示；使用节能护眼的新型 T5 日光灯替换老式的 T8 日光灯，电子镇流器替换老式镇流器，并安装灯光自动调节装置，根据楼道、走廊和室内日光

---

[1] MORCK O, PAULSEN A, STEIGER S, ERHORNKLUTTING H, ERHORN H, ZINZI M, BUVIK K, THOMSEN M. Screening of Energy Renovation Measures for Schools-Germany[R]. EU7th Framework Programme-EeB-ENERGY, 2014: 1-79.

强度实时调节，避免电力浪费并保护师生视力。

图 8.2　主教学楼屋顶上的光伏发电面板

依靠上述改造措施，该学校实现了能源能耗的大幅降低。经过测算，改造前后能耗对比如表 8.1 所示。

表 8.1　改造前后能耗对比

能源类别	改造前（单位面积）/（kW·h/m²）	改造后（单位面积）/（kW·h/m²）	节能幅度
供暖供热	211	53	75%
电力消耗	34	24	29%
总能耗	245	77	69%

节能环保改造不仅大幅降低了学校的能源消耗和碳排放，同时还有效地改善了学校室内空间的舒适度，提升了师生在校园中的学习和生活体验。该校在改造后实施的全校问卷调查显示，改造工程为室内环境感受的多个方面都提供了更佳的体验，比如空气质量、冬季室内温度、室内采光条件等。只有夏季空气质量这一个方面有所下降，学校随即进行了针对性调整，提高了通风系统在夏季的空气交换频率，将二氧化碳感应装置的感应阈值降低，得到了学校师生的认可。

案例 2——意大利 The Tito Maccio Plauto 学校

The Tito Maccio Plauto 学校是一所位于意大利北部切塞纳市的中学，修建于 20 世纪 60 年代。除建筑和设备老旧之外，该校的主教学楼采用 L 形的外形设计，教室较为分散，加之线路老化，热量、电力等散失较大。而且该校建筑结构大量采用钢制材料，虽然经久耐用，却进一步加剧了热量传导损失，因而导致只有 300 余名学生规模的校园却消耗了大量能源[1]。

---

[1] School of the Future[EB/OL]. [2021-05-08]. https://www.school-of-the-future.eu/images/files/20141126_SotF_Italy.pdf.

针对学校的实际情况，一项因地制宜的改造工程被付诸实施，主要内容包括以下几个方面。

1. 窗户与外墙

采用以 PVC 材质为框架，中间充氩的双层玻璃窗替换原有的单层玻璃窗，大幅强化保温效果；在教学楼内外墙、屋顶均安装矿物棉组成的隔热保温层，在地下一层安装聚苯乙烯板。教学楼外墙保温改造前后对比如图 8.3 所示。

图 8.3　教学楼外墙保温改造前后对比

2. 供热系统

安装由三台冷凝式供热锅炉串联而成的高效率锅炉系统，总功率可以在 13.4～215 千瓦之间自由调节，满足峰谷变化，为校园供暖、供热水；同时将以前的压力式暖气管网更新为电子管网，提高供热效果；此外，改变全校一个供热供暖管网的状况，根据使用频率和时长，将全校划分为三个可以各自独立调控的区域管网，最大限度地根据各自区域不同情况匹配，提高利用效率。

3. 通风系统

一般年龄较大的学生的新陈代谢更快，因此根据年级高低不同，将学校的通风系统划分为适应不同年级的六个分支管网，根据各自情况分别调整，实现了 77%～80% 的空气热量回收，同时也改善了师生们的环境体验。

4. 电力系统

主教学楼的 L 形造型尽管导致了能源使用分散的问题，却也为安装较大面积的光伏发电模块提供了便利条件。学校共计安装了 250 平方米的单晶硅太阳能光电面板，如图 8.4 所示。这些面板的发电功率为 64.7 千瓦，年发电量可达 68000 千瓦时，超过了该校年均总电力消耗。

图 8.4　主教学楼顶的太阳能光电面板

在改造完成后，根据测算，改造前后能耗对比如表 8.2 所示。

表 8.2　改造前后能耗对比

能源类别	改造前（单位面积）/（kW·h/m²）	改造后（单位面积）/（kW·h/m²）	节能幅度
供暖供热	145	28	81%
电力消耗	24	0	100%
总能耗	169	28	83%

其中，依靠光伏发电，该学校的电力供给已经完全实现了自给自足，甚至还有结余。

除欧盟项目以外，其他国家的学校也同样进行了节能减排方面的尝试。与欧盟在对老旧学校的翻新改造中注重采用节能环保的设计和设备不同，下面的学校案例更加注重因地制宜地利用当地得天独厚的自然资源来实现节能减排。

第二节　美国 Ameresco 清洁能源项目

美国 Ameresco 公司一直致力于为各行各业提供清洁能源解决方案。其与美国多所大中小学合作，对传统校园进行了符合节能环保要求的改造，取得了良好的经济、社会和教育效益。下面以该公司与美国亚利桑那州立大学和洛克斯伯里学院的合作项目为例加以展示。

案例 1——美国亚利桑那州立大学

亚利桑那州立大学是一所位于美国亚利桑那州凤凰城的研究型大学。作为美国学生人数最多的大学之一，该大学现有在校学生 8 万余名。由于规模巨大，该校每年能源消耗惊人，花费巨额能源开支。随着越来越多的国际学生的报考，该校的能源供应系统面临着越来越大的压力。同时，大学所在地的亚利桑那州凤凰城属于亚热带沙漠气候，全年气候干燥，日照时间长，年平均温度居全美主要城市之首。针对这样的现实情况，学校与Ameresco——一家提供清洁能源解决方案的美国公司合作，因地制宜地对学校进行了节能环保改造。这项改造计划规模宏大，因此采用了分阶段的方式逐步推进。根据联合实地调研，Ameresco 公司将改造工作的突破口选定在利用当地丰富的太阳能资源上，主要包括以下三个方面[1]。

一是充分利用学校巨大的面积，特别是空闲屋顶、校园空地和停车场简易顶棚等不会对校园师生造成任何不便的场所，一共安装了面积达 200 万平方米的太阳能光伏发电面板，如图 8.5～图 8.8 所示。

图 8.5　停车场太阳能光伏发电面板

图 8.6　运动场太阳能光伏发电面板

图 8.7　空地太阳能光伏发电面板

图 8.8　楼顶太阳能光伏发电面板

---

[1] AMERESCO. ASU Sets Goal to Become Climate Neutral by 2025[EB/OL]. [2021-05-08]. https://www.ameresco.com/portfolio-item/arizona-state-university/.

二是安装了采用最新技术的高效率光电转化装置，配合面积巨大的太阳能光伏发电面板，年发电供热量可达 8 兆瓦。

三是建造了大容量储能装置，从而在日照条件变动时平衡性地满足校园电力需求，实现资源合理优化配置。同时也为医院、实验室等高精尖设备场所在电网故障等极端场景下提供应急电力保障。

在分阶段完成了上述建设工程之后，整个大学平均每年可以节省能源消耗 800 万美元以上。同时，采用清洁可再生能源也大幅降低了传统方式发电过程中的大量污染物排放，取得了良好的经济价值和环保效应。此外，储能应急系统也为学校的先进实验室和特殊设备的运行提供了充分的保障，确保了校园大型科研装置持续、安全、平稳运行。

案例2——美国洛克斯伯里社区学院

洛克斯伯里学院位于美国马萨诸塞州，是一所主要针对所在的周边地区提供普及型本科阶段教育的社区学院。该学院规模不大，但十分注重将节能减排的实践活动与绿色环保的理念教育相结合，践行真正意义上面向未来可持续发展的教育理念[1]。

首先，在校园空间方面，学校在停车场的下面安装了 115 个 500 英尺深的热力井，充分利用学校所在地的地热资源为学校供热发电，其原理如图 8.9 所示。仅此一项，每年可为学院节约数十万美元的电力开支，同时还极大地减少了学校的碳排放足迹。

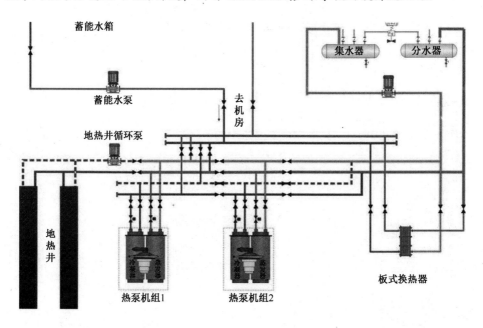

图 8.9 地热设备示意图

1 AMERESCO. Roxbury community college reduces annual emissions by 5689934 pounds of CO_2[EB/OL]. [2021-05-08]. https://www.ameresco.com/portfolio-item/roxbury-community-college/.

　　此外，学校还利用地热装置作为开展节能环保教育的生动场所，多次与为学校提供节能技术的 Ameresco 公司合作，组织本校学生和周边社区的中小学生开展探究观摩活动。其真实场景和现场讲解给参与者带来了与单纯文字浏览不同的体验，取得了良好的社会效应，如图 8.10 所示。

图 8.10　探究观摩活动